誰でもできる!

LINE WORKS 導入ガイド 第3版

株式会社サテライトオフィス　監修

日経BP

はじめに

スマートフォンやタブレットが普及し、あらゆる場所で高速インターネットが利用できるようになったことで、私たちのコミュニケーションの形は大きく変わりました。いつでも、どこでも、つねに誰かとつながっている状態が、当たり前になったのです。

この動きを加速したのがLINE（ライン）です。スマホでLINEさえ起動しておけば、自宅にいても電車で移動中でも、家族や友人・知人と文字やスタンプ、音声で好きなだけコミュニケーションをとることができます。

そのメリットに気づいたユーザーは、仕事でもLINEを使い始めました。しかし、企業で利用する以上、セキュリティやガバナンスなど、個人とは異なるルールを守らないと危険です。どんなに便利でも、LINEを通じて会社の機密情報や顧客情報が漏れてしまったら一大事だからです。

そこで開発されたのが、LINE WORKS（ラインワークス）です。LINEの手軽さや使いやすさはそのままに、企業利用に必要なセキュリティ機能、管理機能、監査機能などを追加し、企業でも安心して利用できるツールとして開発されました。

本書は、そのLINE WORKSを利用する一般ユーザーはもちろん、ユーザーを管理したり、セキュリティ・監査への対応が求められたりするIT管理者にも役立つ最新のLINE WORKSの情報を1冊に凝縮しました。

本書が、LINE WORKSの可能性を引き出し、あなたの会社のコミュニケーション環境を変革することに少しでも貢献できたら、こんなにうれしいことはありません。

2024年2月

著者代表 井上健語

監修者から

日本だけで月間9,500万人（2023年6月時点）が利用するLINE。そのUI/UXを踏襲して開発されたビジネスコミュニケーションツールLINE WORKSの提供が2017年2月に開始されました。

LINE WORKSは、LINE同様にチャット機能をベースに、アドレス帳やメール、カレンダー、ファイル共有といった、ビジネスコミュニケーションに必要な機能を有したツールです。スマートフォンだけでなく、パソコン上でも同じ環境が提供され、すべての機能を一元的かつシームレスに利用できるのが特長となっています。

従来のLINEはチャットやスタンプといったカジュアルでパーソナルな機能を持っています。その印象から、「LINE WORKSをビジネスシーンで活用するのは難しいのではないか」と考える情報システム管理者の方も少なくないのではないでしょうか。一般ユーザー向けのクラウドサービスを会社の許可なく、社員が無断で使用する「シャドーIT」が猛威を振るい、ユーザーがクラウド上に保存した機密情報が意図せず外部から閲覧可能になるといった情報漏えいの問題が多発しているためです。

LINE WORKSは、LINEの手軽さや使いやすさはそのままに、企業利用に必要なセキュリティ機能、管理機能、監査機能などを追加し、企業でも安心して利用できるツールとして開発されています。ただ残念なことに、まだまだその機能の全体像が認知されていないのかもしれません。

そこで、本書では、LINE WORKSの概要から、スマートデバイス/パソコンでの利用、管理者機能の説明とその設定方法までを詳しく紹介しました。また、導入事例は2社をご紹介しています。実際の利用シーンを感じ取っていただければと思います。

さらに、今回、改訂版の発行にあたり、2019年以降に追加された新機能についても、詳しく紹介しています。

今後、導入を検討されている方、すでに導入されていても「まだまだ活用しきれていない」とお感じの方に、本書が活用されることを願っています。

株式会社サテライトオフィス

目次

第4章　管理機能を利用する　163

Chapter

1

LINE WORKSの概要

いま、ビジネスの世界ではコミュニケーションツールの変革が起きています。その牽引役となっているのがLINE WORKS（ラインワークス）です。ここでは、LINE WORKSが誕生した背景やその特徴、LINEとの違いなどについて説明します。

1-1 LINE WORKSとは

LINE WORKSは、LINEと見た目も機能も似ています。しかし、その開発コンセプトは大きく異なっています。ここでは、ビジネスで使われるメールの問題点とLINEの関係、LINEとLINE WORKSの違いなどについて、ご紹介します。

1-1-1 もうメールだと限界！ ビジネスメールが抱える３つの課題

ビジネスで利用されるコミュニケーションツールといえば、誰もが「メール」を挙げるでしょう。企業に就職すれば、会社専用のメールアドレスが発行され、以降は、そのメールアドレスを使って社内外の人とメールをやりとりするのが一般的です。

しかし、最近は、ビジネスコミュニケーションツールとしてのメールの限界が指摘されています。特に次の3つは、メールが抱えている大きな課題です。

メールはビジネスに不可欠なコミュニケーションツールだが、さまざまな課題も抱えている。画面はマイクロソフトのOutlook。

•問題１：リアルタイム性が低い

メールを送信しても、相手がすぐに読むとはかぎりません。相手が読むには、新着メールに相手が気づき、さらにメールを開かなければなりません。このように、メールはリアルタイム性の低いコミュニケーションツールです。このため、すぐに連絡をとりたい要件には向いていません。

•問題2：メールが多すぎて重要なメールが埋もれてしまう

メールが多すぎて、重要なメールが埋もれてしまうのも課題です。大量の迷惑メール（スパムメール）も問題ですが、より本質的な問題は、仕事のメールそのものが増えた結果、より重要なメールがそれほど重要ではないメールに埋もれてしまうことです。

•問題3：文字の限界

文章を書くことは、多くの人にとって、必ずしも日常的な作業ではありません。このため、メールを書く前に身構えてしまう人は少なくないようです。しかし、ビジネスでは、ちょっとした気づきや思いつき、他の人との何気ないやりとりが重要な意味を持つことがあります。

ところが、文章を書かなければならないメールだと、こうした貴重な情報が抜け落ちてしまう可能性があります。さらに、文章だと人の感情・気持ちを伝えるのが難しいという問題もあります。ちょっとした行き違いや表現のミスから、誤解を招いてしまうトラブルも起きがちです。このため、メールでは事務的な連絡だけしかしない、というビジネスパーソンも少なくありません。

こうしたメールの限界は、ビジネスの現場でも聞かれるようになりました。たとえば、店舗のスタッフが「在庫が切れそうなので、補充をお願いします」という緊急性の高い連絡をメールでするのは現実的ではありません。リアルタイム性の低いメールでは、相手がすぐに見てくれるとはかぎらないからです。

あるいは、商談中に担当外の商品について質問を受けたとき、社内の担当者にメールで問い合わせていたら間に合いません。その場で回答するには、相手にすぐ連絡をつけて、緊急の要件であることを瞬時に納得してもらう必要があるからです。

現在のビジネスでは、こうした場面はいくらでもありますが、メールはあまり役に立ちません。そこで注目されているのが「チャット」です。中でも、特に注目を集めているのが、皆さんご存じのLINEです。

1-1-2 ビジネスコミュニケーションに活用されはじめた「LINE」

LINEは、前述したメールが抱えている3つの課題を解決できます。まず、LINEはリアルタイムのコミュニケーションが得意です。「トーク」を使うと、Aさんの発言がBさんにリアルタイムで届き、それぞれが離れた場所にいても、あたかもすぐ近くでしゃべっているようにコミュニケーションできるのが、LINEの特徴です。

メールが多すぎて重要なメールが埋もれてしまうという問題も、LINEを活用すれば緩和できます。ちょっとした連絡や問い合わせにはLINE、詳しい説明が必要なときはメールというように、LINEとメールを使い分けることで、メールだけに頼ったコミュニケーションから脱却できます。

文字の限界も、LINEならほとんど問題になりません。そもそも、LINEでやりとりできるのは短い文章なので、メールのように「文章を書かなければならない」と身構える必要はありません。さらに、「スタンプ」を使って気持ちや感情を伝えるのも得意です。

このように、スマートフォンを使って時間・場所を問わず情報をやりとりできるLINEのメリットが評価され、ビジネスでLINEを活用する企業がいま急増しています。

しかし、もともとLINEは、個人の一般ユーザー向けに開発されたサービスで、企業での利用を前提にしていません。このため、企業でそのまま活用すると、思わぬ危険な落とし穴が潜んでいるのも事実です。

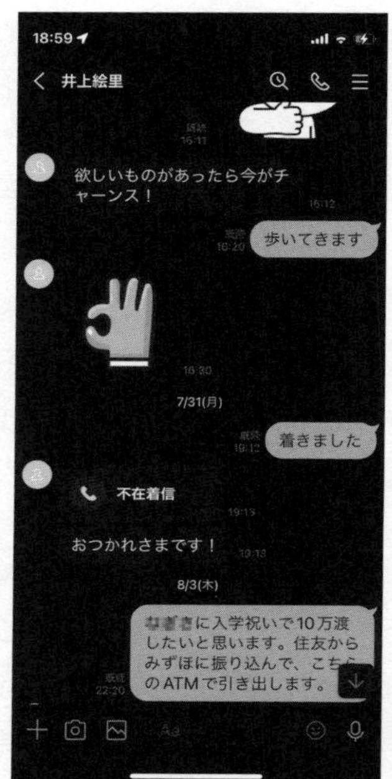

LINEは、メールの課題を解決できるさまざまな特徴がある。

1-1-3 ビジネスでLINEを使うリスクとは？

LINEをビジネスで活用すると、確かにメールが抱えている課題を解決できます。コミュニケーションも活性化し、ビジネスのスピードも上がるでしょう。しかし、同時に危険性も高まります。LINEには、企業で利用するために必要なセキュリティ機能が用意されていないからです。

たとえば、店舗のスタッフがLINEで連絡を取り合っているとします。その店員が、同時に個人的な知人・友人ともLINEでやりとりしていたら、社内の重要な情報が社外に漏れるかもしれません。万が一、LINEのアカウントが乗っ取られたら、そこから社内ネットワークに侵入され、大きい被害につながる可能性もあります。

こうした事態は、企業の情報システム部門にとっては非常に困ります。情報システム部門が管理していないITシステムのことを「シャドウIT」と呼びます。管理できていないので、情報システム部門は、シャドウITが原因で発生する事故を防ぐことはできません。さらに、事故が起きたあとで、その原因や影響を確認するのも困難です。ユーザーの行動を記録しているログなどの情報も残っていないからです。

このため、企業でLINEを使うことは、メリットよりも危険性の方が大きいのが現実です。しかし、そんなことをいっていられないのもビジネスの現場です。目の前の課題をLINEで解決できるなら、誰もがLINEを勝手に使うでしょう。それだけ、情報システム部門の危機感は強いといえます。

ここで登場するのが、LINEのメリットを活かしたまま、企業での利用にも耐えられるセキュリティ機能を備えた「企業向けLINE」です。それこそ、本書で取り上げる「LINE WORKS（ラインワークス）」に他なりません。

1-1-4 LINE WORKSとは？ LINEとの違いは

LINE WORKSはLINE WORKS株式会社（旧ワークスモバイル株式会社）が開発した企業向けのLINEです。LINE WORKS社は、LINEを開発したLINE株式会社の兄弟会社にあたります。つまり、LINE WORKSは、LINEと同じ会社が開発した純正の企業向けLINEというわけです。

LINE WORKSの見た目は、LINEと似ています。しかし、その開発コンセプトは根本的に異なっています。LINEとの違いをまとめると、次のようになります。

表1-1　LINEとLINE WORKSの違い

LINE	LINE WORKS
個人用	企業用
友達・知人と利用する	登録された社員で利用する
データは端末に保存される	データはクラウドに保存される
個人で管理する	会社で管理する

LINEは家庭などの一般ユーザーを対象とした個人用、LINE WORKSは企業用であることは、すでに述べたとおりです。利用するユーザーも異なります。LINEは友達申請して相手に承認されれば、誰とでもコミュニケーションできます。一方、LINE WORKSは、あらかじめ登録された社員同士でしか利用できません(※注1)。

また、LINEのデータは端末に保存されますが、LINE WORKSのデータはクラウドに保存されます。さらに、LINEではサービスの使い方や機能はすべて自分で管理する必要がありますが、LINE WORKSでは、管理者が存在し、その管理者によってほとんどの機能が管理されます。

※注1：管理者による管理のもとで、外部のLINE/LINE WORKSユーザーとメッセージをやりとりすることは可能です。

1-1-5 LINE WORKSでできること

LINE WORKSには、チャットのほかにもさまざまな機能が用意されています。ここでは、LINE WORKSでできることを簡単に紹介します。

•トーク・音声通話・ビデオ通話

LINE WORKSは、一般ユーザー用のLINEと同じトーク、音声通話、ビデオ通話が利用できます。もちろんスタンプも利用できます。使い方もLINEと共通なので、LINEが使えるならLINE WORKSもすぐに使い始めることができます。この敷居の低さは、LINE WORKSの大きな特徴の1つです。

LINE WORKSはLINEと同じトーク・音声通話・ビデオ通話が利用できる。スタンプも利用可能。

•メールや掲示板などのグループウェア機能

メール、掲示板、カレンダー、クラウドストレージなど、情報を共有するためのグループウェア機能が利用できます。なお、メールとクラウドストレージは、プランによっては利用できません（LINE WORKSのプランについては「LINE WORKSのプラン」を参照）。

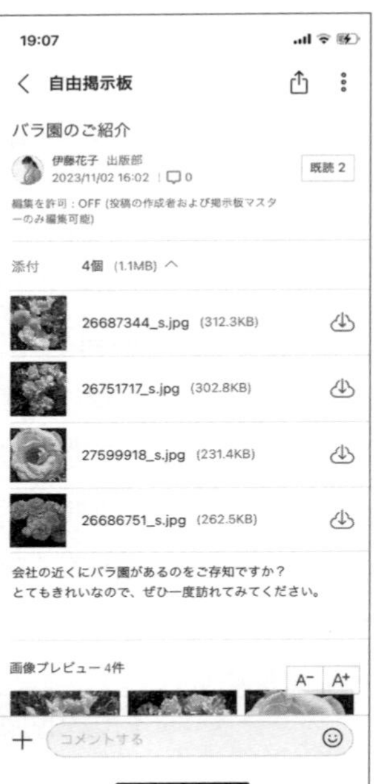

メールや掲示板、カレンダーなどのグループウェア機能を利用できる。画面は掲示板。

•管理者機能

すべてのプランで管理者画面が利用できます。管理者権限を持つユーザー（管理者）は、パソコンのWebブラウザを使って管理者画面にログインして、メンバーの登録や削除、機能の有効/無効や機能の詳細を設定することができます。企業で利用するうえでは、管理者画面は不可欠の機能です。なお、無料のフリープランでは機能制限があります。

すべてのプランで管理者画面を利用できる。パソコンのWebブラウザ、モバイル版アプリで利用できる。

•セキュリティ機能

セキュリティ機能が用意されているのもLINE WORKSの特徴です。セキュリティ機能は管理者画面で設定します。パスワードの長さや有効期限の設定、端末を紛失した際の端末からのデータ消去など、企業での利用に求められるさまざまなセキュリティ機能が用意されています。なお、無料のフリープランでは機能制限があります。

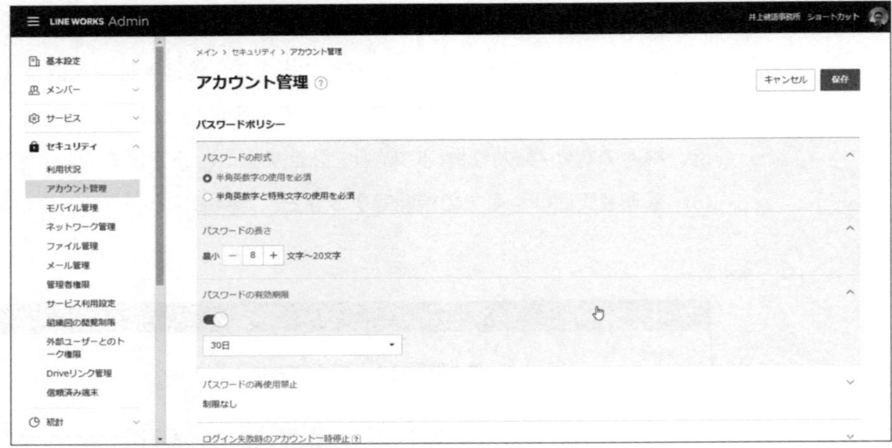

管理者画面でさまざまなセキュリティの設定ができる。

•監査機能

メンバーがLINE WORKSで実行した作業は、すべてログとしてクラウドに記録されています。LINE WORKSの管理者画面を使うと、こうしたログを確認したり、特定の条件に合致する活動を監視して、メールで通知したりできます。なお、無料のフリープランでは機能制限があります。

メンバーが実行した作業はすべてログとして記録されている。管理者画面では、こうしたログを確認できる。

•さまざまなデバイスで利用できる

LINE WORKSはWebブラウザで利用することができます。また、モバイル版アプリとしてはiOS版とAndroid版、PC版アプリとしてはWindows版とmacOS版が提供されています。さらに、クラウドストレージサービスを利用する場合は、パソコンに「Driveエクスプローラー」という専用アプリを導入することで、クラウドストレージをローカルドライブと同様に扱えるようになります。

表1-2　提供されるアプリ

モバイル版アプリ
Android版 iOS版
PC版アプリ
Windows 32bit版 Windows 64bit版 macOS版
Driveエクスプローラー
Windows 32bit版 Windows 64bit版 macOS版

1-2 LINE WORKSのプラン

LINE WORKSでは、用途や目的に合わせて3つのプランが用意されています。いずれも企業向けの機能を備えていますが、利用できるサービスが異なるため、必要な機能・サービスを確認したうえで選択してください。なお、上位プランへのアップグレードは可能ですが、下位プランへのダウングレードはできません。

1-2-1 LINE WORKSの3つのプラン

LINE WORKSには、次の3つのプランが用意されています。各プランで利用できる機能、価格は「表1-3　プラン比較表」のとおりです。

- フリー
- スタンダード
- アドバンスド

また、オプションとしてクラウドストレージやアーカイブの機能が用意されています。

表1-3　プラン比較表

製品プラン		フリー	スタンダード	アドバンスド
料金(1ユーザー)	年額プラン	0円/月	450円/月	800円/月
	月額プラン		540円/月	960円/月
プランの特徴		はじめてビジネスチャットを利用する会社が無料で100人まで利用できるプラン	仕事に必要な充実した機能が備わった、ビジネスコミュニケーションのスタンダードプラン。メンバー数は制限なし	メールとDriveを兼ね備え、社内外の連携をより強くするコラボレーションプラン。メンバー数は制限なし
共有ストレージ容量		合計5GB	基本容量1TB+1メンバーにつき1GB追加	基本容量100TB+1メンバーにつき1GB追加
トーク		○	○	○
LINEユーザーとのトーク		○	○	○
掲示板		10個まで	300個まで	300個まで
カレンダー		○	○	○
タスク		○	○	○
アンケート		○	○	○
アドレス帳		500件まで	10万件まで	10万件まで
メール		×	×	○
Drive		×	オプションで対応可	○
1:1の音声/ビデオ通話		○	○	○
グループ音声/ビデオ通話		60分/4人まで	制限なし/200人まで	制限なし/200人まで
画面共有		○	○	○
管理・セキュリティ機能		制限あり	制限なし	制限なし
ドメイン使用		×	×	○

製品プラン	フリー	スタンダード	アドバンスド
統計機能	×	○	○
モニタリング機能	×	トーク	トーク/メール/Drive
アーカイブ(トーク)	×	オプションで対応可	オプションで対応可
アーカイブ(メール)	×	×	オプションで対応可
シングルサインオン(SSO)	×	○	○
カスタマーサポート	導入から1ヶ月は利用可能	○	○
SLA保証	×	○	○
広告表示	○	×	×

※価格は全て税抜価格。

表1-4　オプションサービス

Drive
クラウドストレージサービス 100円/1ユーザー/月（年額契約）
アーカイブ（トーク）
トークの送受信データを最長10年間保存するサービス 300円/1ユーザー/月（年額契約）
アーカイブ（メール）
メールの送受信データを最長10年間保存するサービス（アドバンストプランのみ追加可能） 300円/1ユーザー/月（年額契約）
追加ストレージ
現在の共有ストレージ容量に追加できるストレージサービス。 1TB……………………… 12,000円/月 5TB……………………… 54,000円/月 10TB…………………… 102,000円/月 25TB…………………… 252,000円/月 50TB…………………… 498,000円/月 100TB………………… 984,000円/月 500TB……………… 4,800,000円/月
アドレス帳登録数拡張
アドレス帳の登録数を拡張するサービス。 250,000件まで………… 40,000円/月 500,000件まで………… 80,000円/月 1,500,000件まで……… 125,000円/月 5,000,000件まで……… 250,000円/月

＊価格や機能は変更されることがあります。最新の情報は、LINE WORKSのWebサイトを確認してください。

Chapter

2

スマートデバイスで利用する

LINE WORKSは、スマートフォンやタブレットなど、スマートデバイスでも利用することができます。外出先でもオフィスにいるときと同じように情報をやりとりすることができるので便利です。ここではモバイル版LINE WORKSの基本的な機能・使い方を説明します。

2-1 トーク機能を利用する [フリー /スタンダード/アドバンスト]

トーク機能では、LINEと同じように一対一や一対複数でメッセージのやりとりができます。

2-1-1 トークでできること

LINE WORKSでは、LINE WORKSやLINEユーザーとメッセージのやりとりやファイルの共有ができます。スタンプでのコミュニケーションは個人向けのLINEと同じようにでき、写真や動画、位置情報も共有することも可能です。

・テキストのやりとり
・画像や動画、位置情報の共有
・複数のメンバーとのトーク
・会話中のタスク登録
・音声通話・ビデオ通話

2-1-2 トークの画面構成

トーク機能の画面構成を紹介します。トークルームでは絵文字やスタンプ、ファイルの共有もできます。

•メイン画面

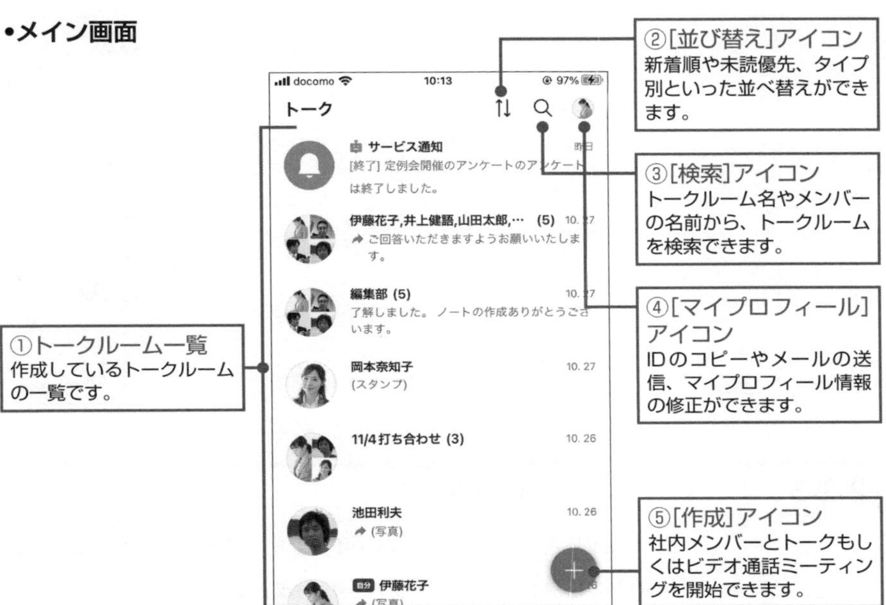

•トークルーム

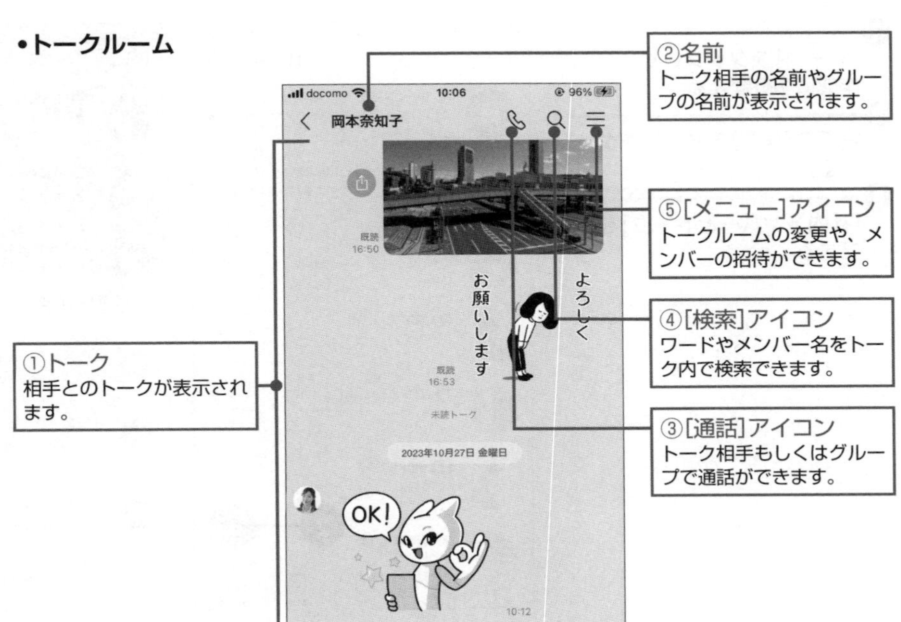

•ノート

意見交換や議論に便利で、画像などのデータも遡って閲覧することができます。

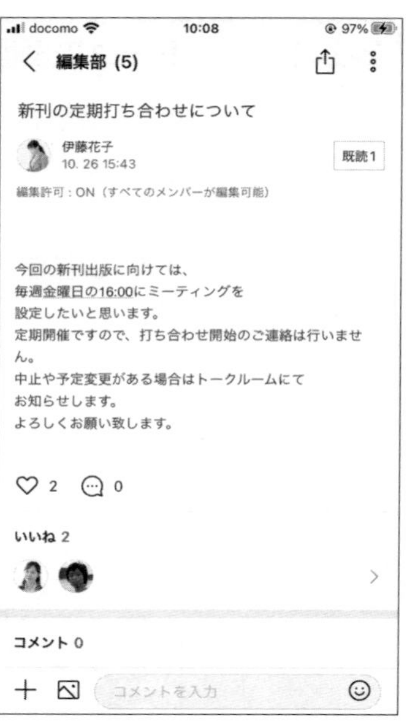

2-1-3 トークの相手を招待する

通常のLINEと同じように特定の相手とトークすることができます。基本的には社内アドレス帳に登録されているメンバーが対象となります。

1. [トーク]をタップして、トーク作成に切り替える。
2. 右下の[作成]アイコンをタップする。
3. [社内メンバーとトーク]をタップする。

❹ 招待相手の連絡先が表示されるので、トークしたい相手を検索する。

❺ トークする相手をタップする。

❻ 右上の[OK]をタップする。

❼ トーク画面に移行する。

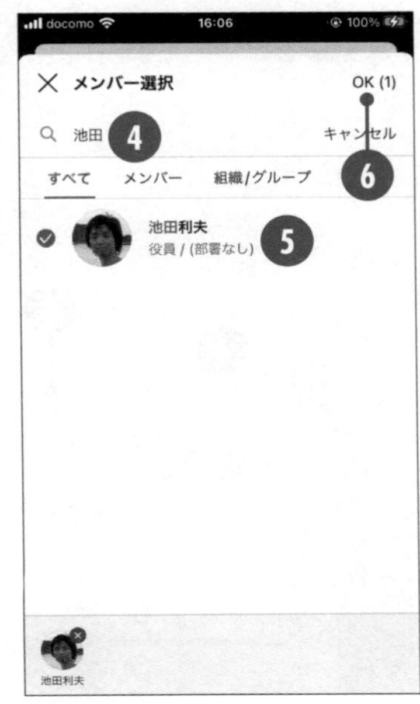

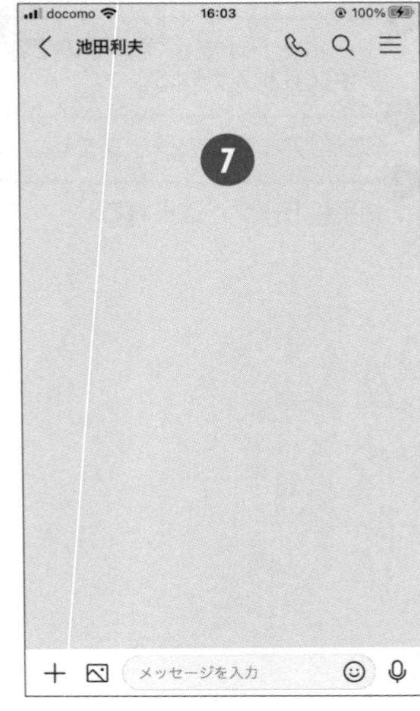

2-1-4 テキストのメッセージでやりとりする

テキストのメッセージをやりとりできます。

❶ [トーク]をタップして、トーク画面に切り替える。

❷ トークの相手を選択する。

❸ 下部のメッセージ入力欄をタップする。

❹ キーボードが表示されるので、テキストを入力する。

❺ [送信]アイコンをタップする。

❻ 相手にトークが送られる。

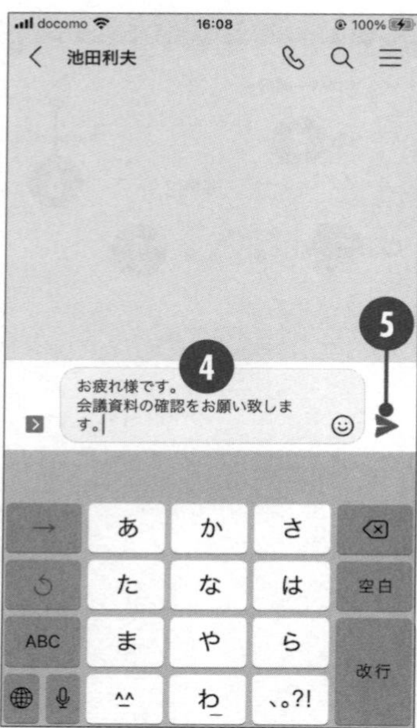

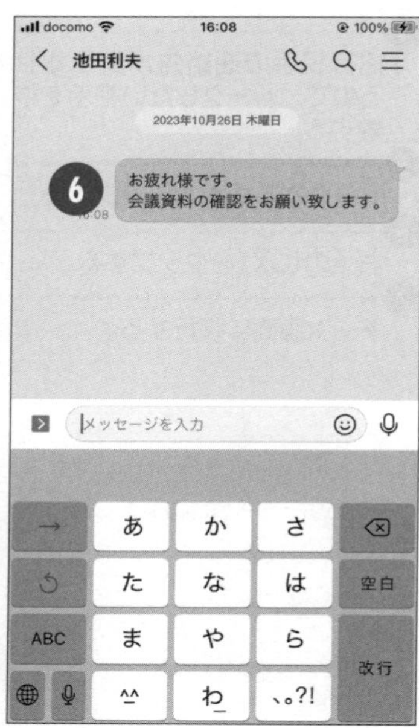

2-1-5 画像を送る

写真など画像のやりとりも簡単にできます。

❶ [トーク]をタップして、トーク画面に切り替える。

❷ トークの相手を選択する。

❸ 下部のメッセージ入力欄の左にある[画像]アイコンをタップする。

4 右下の[全画面表示]アイコンをタップする。

5 送信したい画像を選択し、右上の[送信]をタップする。

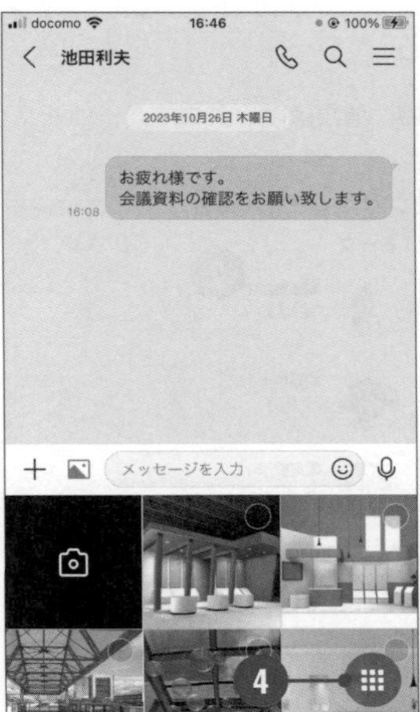

6 画像が送信される。

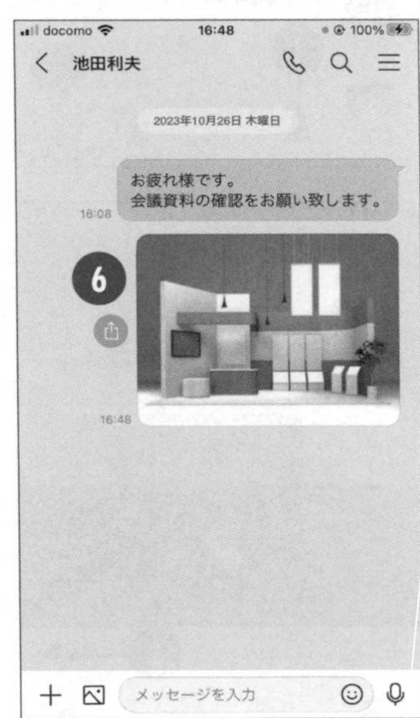

2-1-6 スタンプを送る

LINE WORKSでも、種類は限られますが、LINEスタンプを送ることができます。

❶ [トーク]をタップして、トーク画面に切り替える。

❷ トークの相手を選択する。

❸ 下部のメッセージ入力欄の左にある顔アイコンをタップする。

❹ 送りたいスタンプをタップする。

❺ プレビューが表示されるので確認し、[送信]アイコンをタップする。

❻ スタンプが送信される。

2-1-7 トークの内容を削除する

LINE WORKSでは、送信したトークを操作デバイスから削除できます。ただし、削除しても相手側の端末からは削除されないため注意が必要です。

1. [トーク]をタップして、トーク画面に切り替える。
2. トークの相手を選択する。
3. 削除したいトークを長押しする。
4. [削除]をタップする。

送信取消

送信から30分以内であれば［送信取消］を選択でき、相手側からも削除されます。ただし、通知は表示されます。

5. 削除したいトークを全て選択したら[OK]をタップする。
6. 確認画面が表示されるので、確認して[削除]をタップする。
7. トークが削除される。

トークルームの削除

以下の手順でトークルームを削除できます。

1. トークルームの一覧から削除したいトークルームを選び、長押しします。
2. 削除したいトークルームにチェックマークがついているか確認して[ゴミ箱]アイコンをタップします。

トークルームを削除すると、トーク内容は全て削除されますが、相手側の画面には残ります。

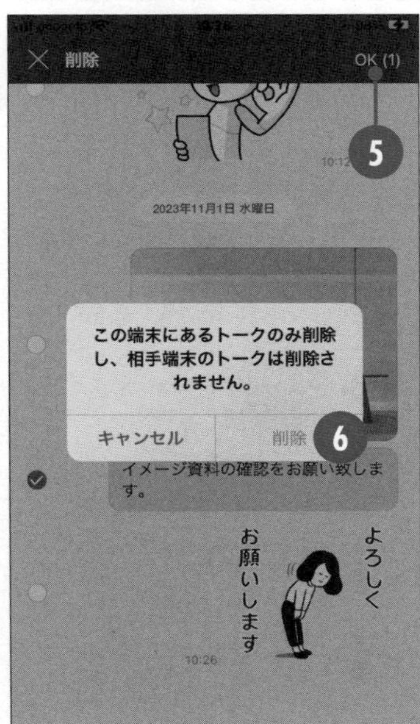

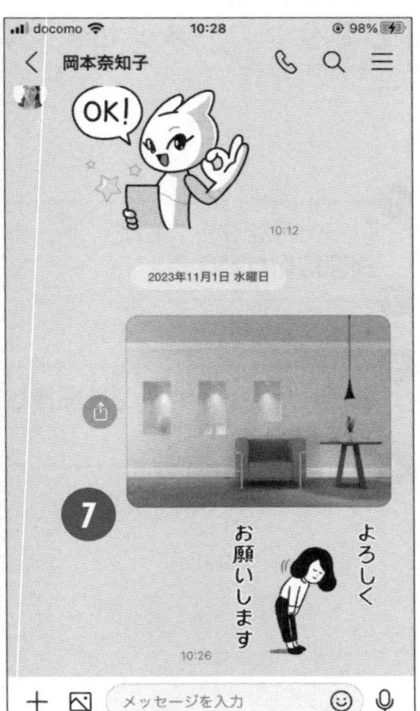

2-1-8 長文をドラッグしないでコピーする

長文のトークもドラッグせずにコピーすることができます。

❶ [トーク]をタップして、トーク画面に切り替える。

❷ トークの相手を選択する。

❸ コピーしたいトークを長押しする。

❹ [コピー]をタップすると、コピーされる。

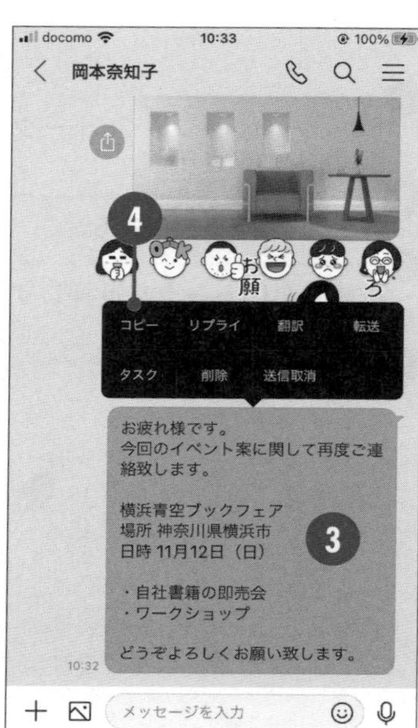

2-1-9 メッセージやファイルを転送する

トーク上にあるメッセージやファイルを選んで、転送することができます。

❶ [トーク]をタップして、トーク画面に切り替える。

❷ トークの相手を選択する。

❸ 転送したいメッセージを長押しする。

❹ [転送]をタップする。

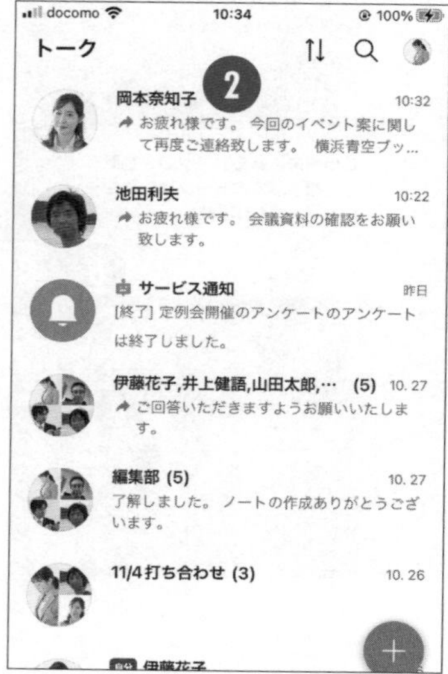

❺ トークの送信方法を選択する。ここでは[1件ずつ転送]をタップした。

❻ 転送するトークを選択し、右上の[OK]をタップする。

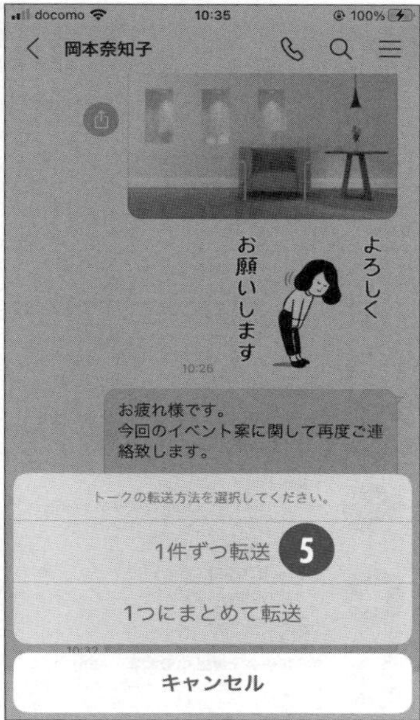

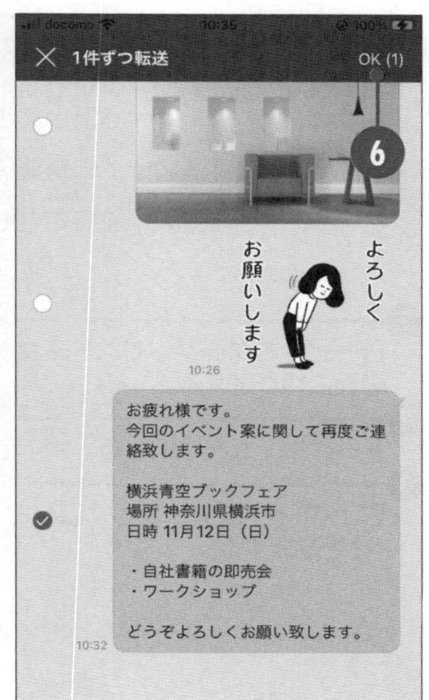

1つにまとめて転送

手順❺で［1つにまとめて転送］を選択すると、複数のトークが1つのトークにまとめられて転送されます。

❼ 転送するトークルームを選択する。

❽ 右上の[OK]をタップする。

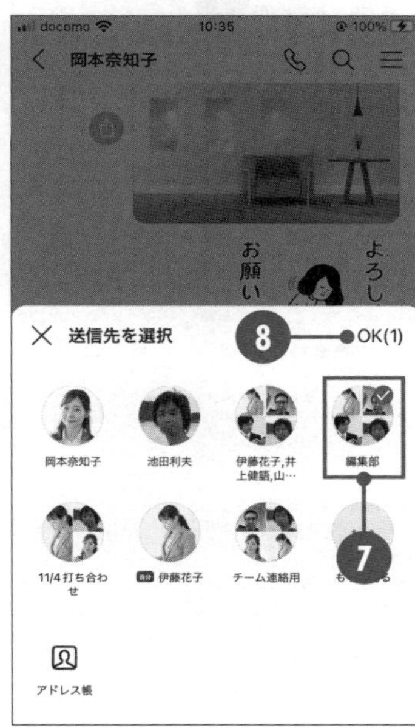

2-1-10 ノートを作成する

チームトークルームでは、メンバーと情報を共有するためのノート機能が便利です。

ノートの情報はトークルームに途中参加したメンバーも確認でき、トークルームに固定表示することもできます。

❶ [トーク]をタップして、トーク画面に切り替える。

❷ トークルームを選択する。

❸ 右上の[≡]をタップし、[ノート]を選択する。

❹ 右下の[+]をタップする。

❺ ノートに入力する。

❻ [投稿]をタップする。

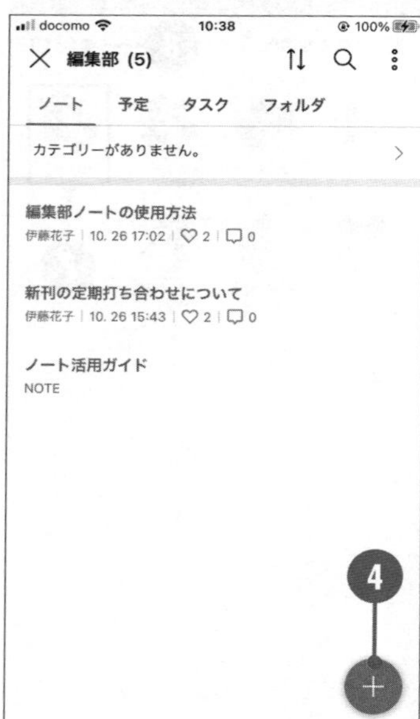

2-1-11 会話中にタスクを登録する

LINE WORKSでは、トーク内容をタスクとして登録することができます。

1. [トーク]をタップして、トーク画面に切り替える。
2. トークの相手を選択する。
3. タスクとして登録したいトークを長押しする。
4. [タスク]をタップする。

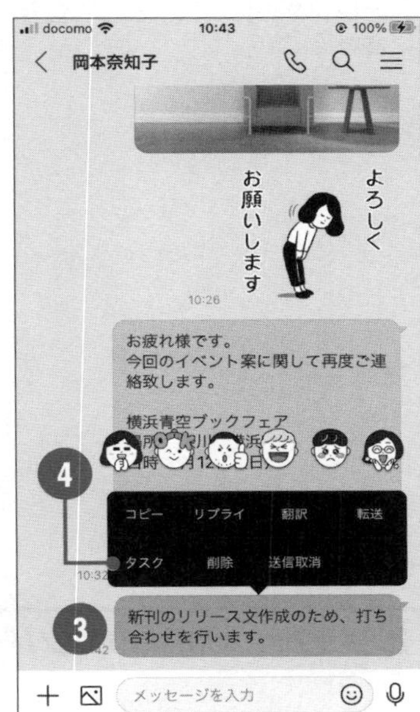

5. タスクとして登録するトークを選択したら、[OK]をタップする。

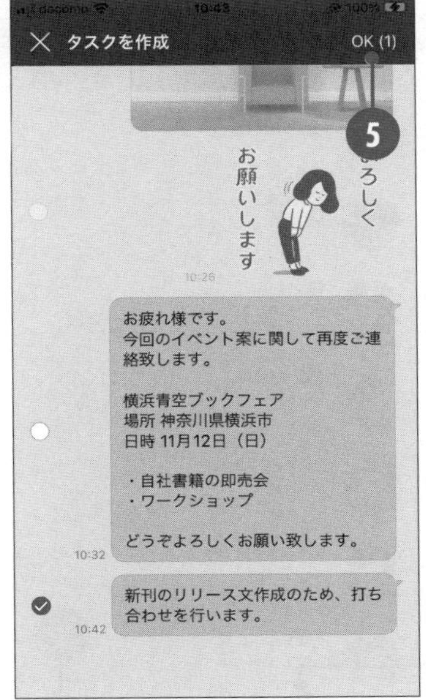

❻ 打ち合わせ内容を入力し内容を確認して、[保存]をタップする。

❼ カレンダーにタスクとして登録される。

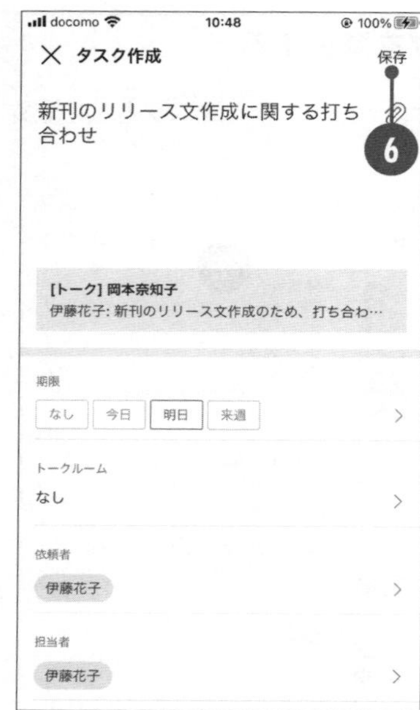

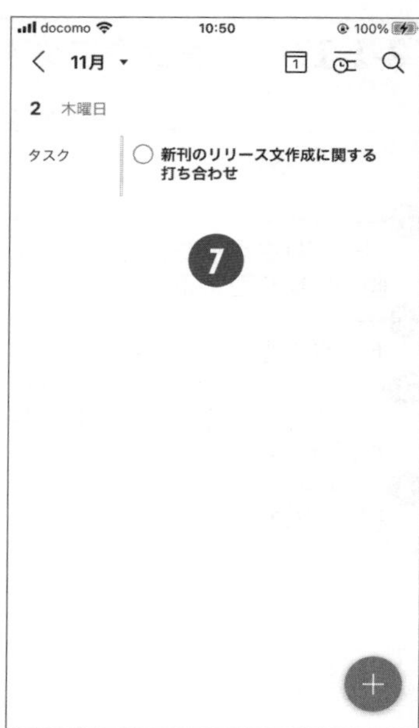

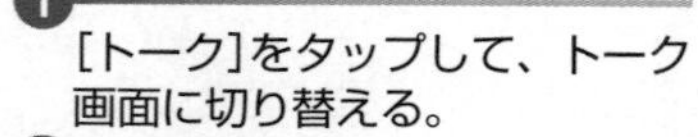

2-1-12 複数のメンバーとトークする（グループトーク）

複数のメンバーとトークすることもできます。

❶ [トーク]をタップして、トーク画面に切り替える。

❷ 右下の[作成]アイコンをタップする。

❸ 「社内メンバーとトーク」をタップする。

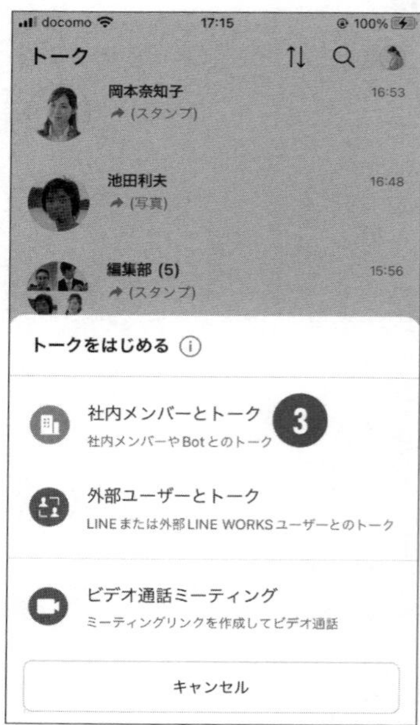

4 招待相手の連絡先が表示される。ここでは[組織図]タブをタップする。

5 トークしたい相手をタップしてチェックを入れる。

6 右上の[OK]をタップする。

7 この画面が表示された場合は、[別トークルーム作成]をタップする。

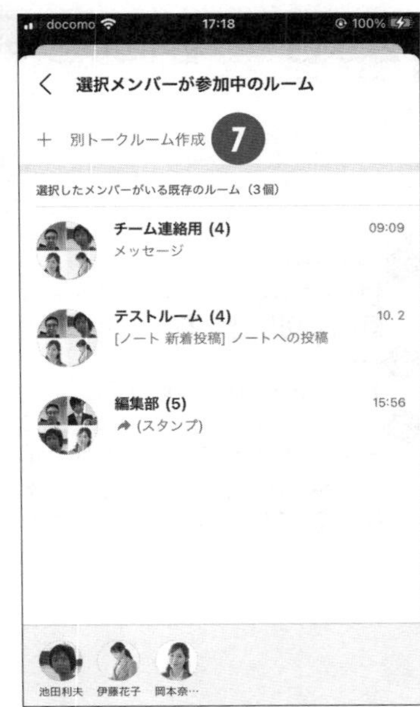

8 右上の[作成]をタップする。

9 トーク画面に移行する。選択したメンバーが招待される。

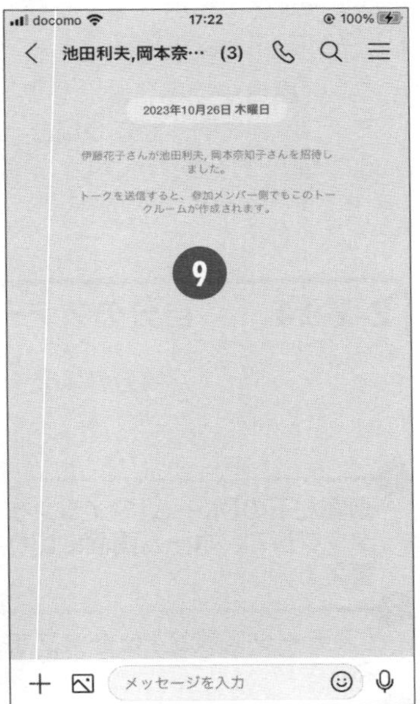

2-1-13 相手がメッセージを受け取れる状態かどうかを確認する

LINE WORKSのモバイル版では、相手がステータスを設定している場合に簡単に確認することができます。

1. [トーク]をタップして、トーク画面に切り替える。
2. トークの相手を選択する。
3. トーク相手が取り込み中の場合、名前の右に[ ]がつく。不在設定の場合は[ ]アイコンがつく。

ステータスの表示

不在設定の場合は［ ］アイコン、離席中の場合は［ ］アイコン、時間外設定の場合は［ ］アイコンがつく。

2-1-14 自分のステータスを変更する

自分のステータスを状況に合わせて変更することができます。

1. 画面左下の[ホーム]アイコンをタップして、ホーム画面に切り替える。
2. [ステータス設定]をタップする。
3. 設定したいステータスをタップする。
4. 右上の[保存]をタップする。

❺ ステータスが変更される。

2-1-15 トークルームの名前を変更する

複数人のトークルームやグループトークでは、トークルームの名前を変更できます。トークに参加しているメンバーは誰でも可能です。

❶ [トーク]をタップして、トーク画面に切り替える。

❷ 名前を変更したいトークルームを選択する。

❸ 右上の[≡]をタップする。

4 [設定]をタップする。

5 [名前を編集]アイコンをタップする。

6 名前を設定する。

7 [OK]をタップする。

8 名前が変更される。

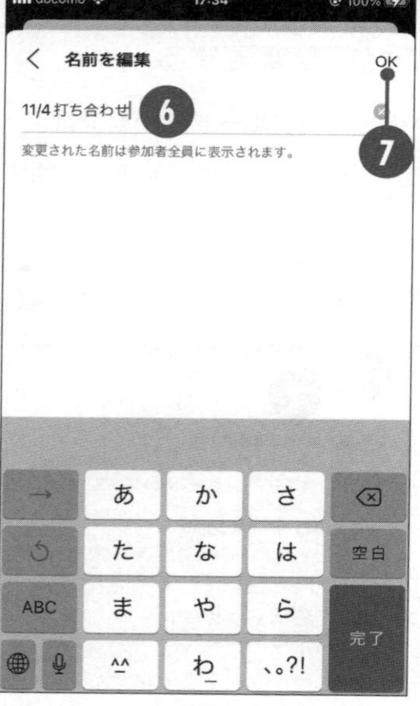

2-1-16 トークルームのメンバーに予定招待する

トークルームのメンバーに予定招待ができます。活用すれば、予定の調整が容易になります。

1. [トーク]をタップして、トーク画面に切り替える。
2. 会議を設定したいトークルームを選択する。
3. 右上の[≡]をタップする。

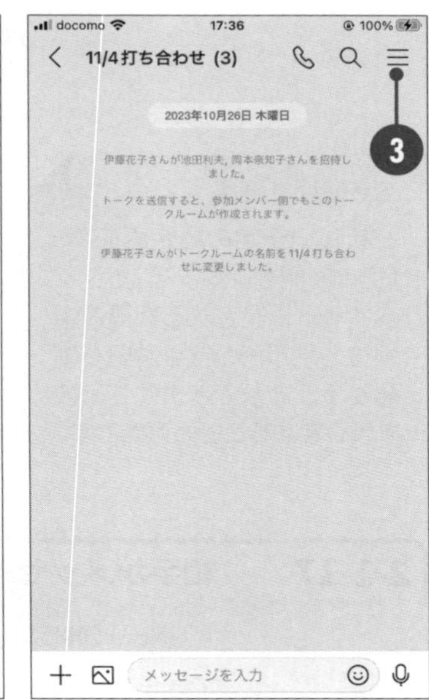

4. [予定招待]をタップする。
5. 招待するメンバーを確認する。
6. [OK]をタップする。

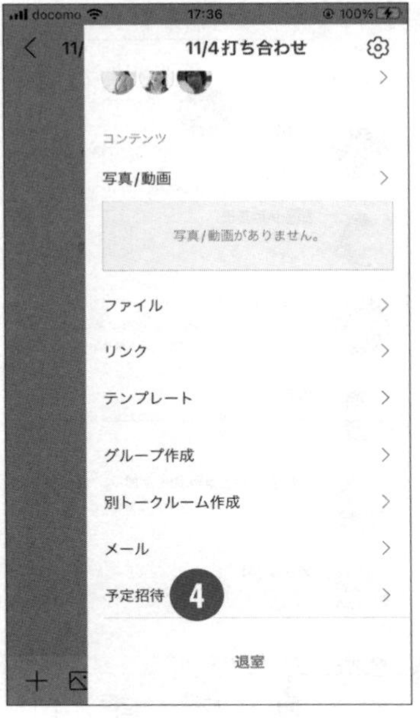

❼ 新しい予定を設定する。

❽ [保存]をタップする。

❾ メンバーに予定が招待される。

空き時間を確認

新しい予定の設定画面で、[空き時間を確認する]をタップすると、設定する期間の中からメンバーの空き時間を確認することができます。そのまま設定することも可能です。

2-1-17 相手がメッセージを読んだかどうかを確認する（既読確認）

LINE WORKSでは、LINEと同様に相手がメッセージを読んだかどうかをひと目で確認できます。

❶ [トーク]をタップして、トーク画面に切り替える。

❷ トークの相手を選択する。

❸ メッセージを送信する。

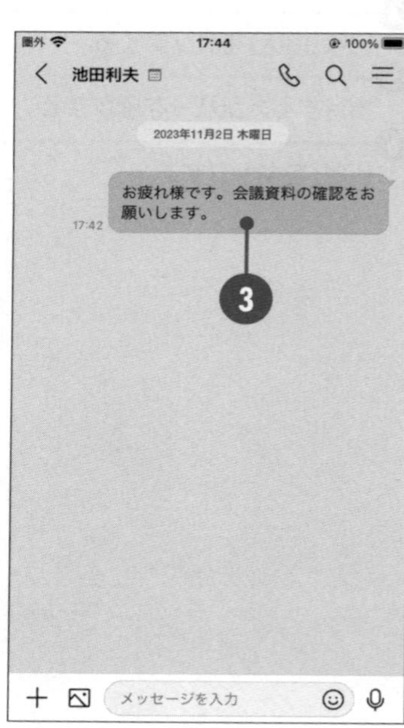

❹ 相手がメッセージを表示すると[既読]マークがつく。

2-1-18 過去にやりとりしたトークの内容を検索する

LINE WORKSには、メッセージ検索機能があります。最長3年間のメッセージおよびファイルや写真を遡ることが可能です。

❶ [トーク]をタップして、トーク画面に切り替える。

❷ 右上の[検索]アイコンをタップする。

❸ キーワードを入力する。

❹ キーワードを含んだトークルームが表示されるので、閲覧するトークルームをタップする。

5 キーワード部分がハイライトで表示される。

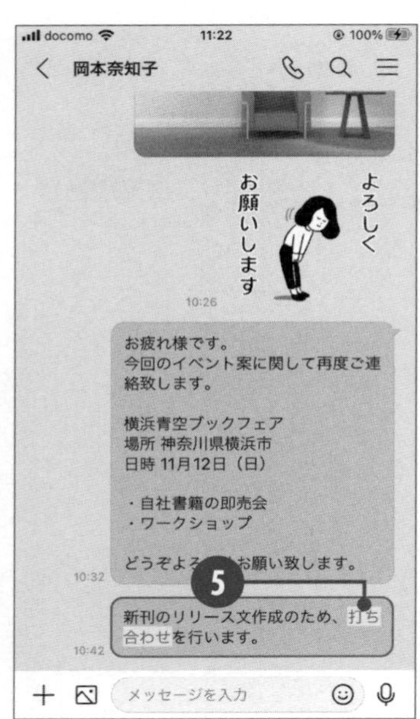

閲覧するトークの選択

トークルームの中でキーワードを含んだトークが複数ある場合は、トークルームを選ぶとキーワードを含んだトークが一覧で表示されます。内容を確認して、閲覧するトークを選択すると、トーク画面に移動します。

2-1-19　外部のLINEユーザーとやりとりする

LINE WORKSでは、外部のLINEユーザーともやりとりが可能です。外部トーク連携にはあらかじめ管理者が外部ユーザーとの連携機能を有効にし、その利用を許可する必要があります（管理者の設定は第4章の「4-3　基本設定とメンバーの管理」を参照）。

1 画面左下の[ホーム]アイコンをタップする。

2 自分の名前またはプロフィール写真をタップする。

3 ID欄の[コピー]アイコンをタップしてIDをコピーする。

4 IDをSMSやメールで送信する。

5 ほかにもオンライン名刺やQRコードを共有することもできる。

6 IDが送られたユーザー側がLINEの検索画面からID検索をするとプロフィールが表示される。

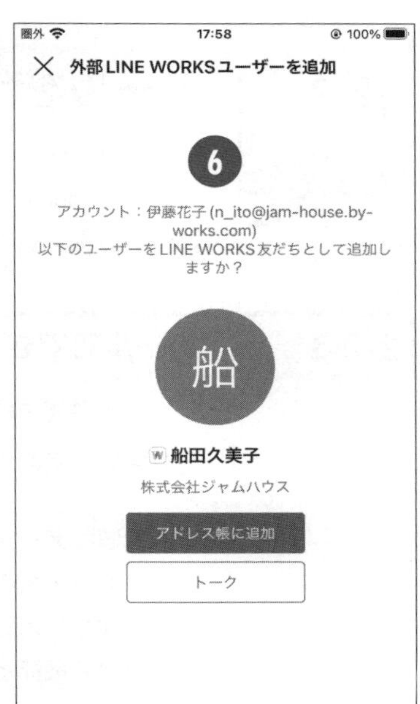

トーク時のスタンプ・絵文字の表示制限

LINEユーザーが購入したクリエイターズスタンプは表示されますが、ポップアップスタンプは静止画での表示、ボイスやサウンドつきスタンプの音声は再生不可といった制限があります。また、LINE絵文字はiOSのみ対象で、かつLINEのデフォルト絵文字のみ対応しています。

7 LINEユーザーのトークルームが追加される。

2-2 メールを利用する［アドバンスト］

メール機能では、フィルタリング機能や送信確認機能など、LINE WORKSならではの機能も充実しています。

2-2-1 メールでできること

メール機能には、誤送信対策やほかの機能とメールの連携など、ビジネスシーンに適切な機能が搭載されています。

- 重要なメールのフィルタリング設定
- アドレス帳の連動
- 送信取り消しと開封確認
- ほかの機能との連携

2-2-2 メールの画面構成

メール機能の画面構成です。一覧からメールを左方向にスワイプすることで、未読や削除が選択できます。

•メイン画面

•メニュー画面

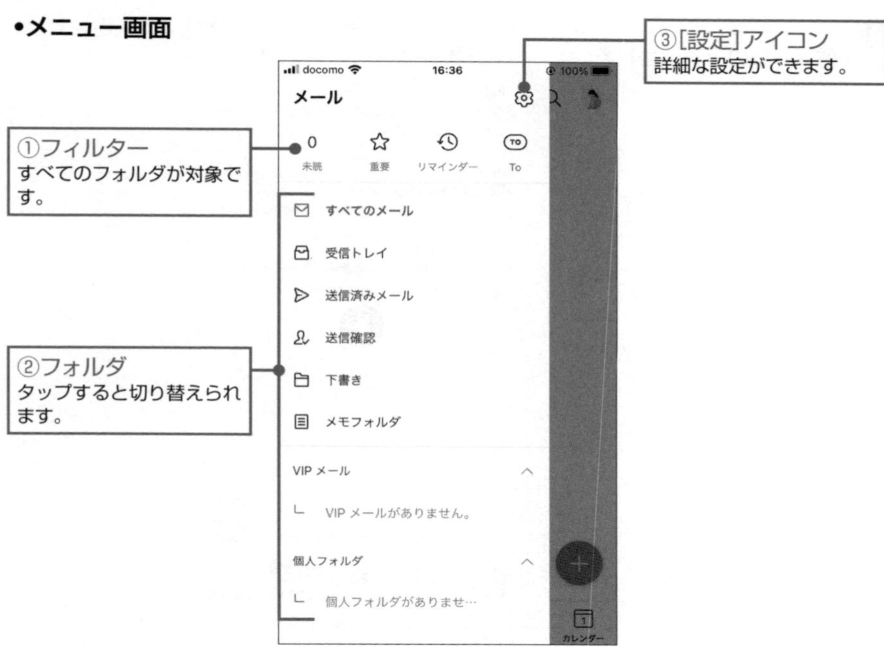

2-2-3 受信メールの表示

初期の状態だと、送信メールも同列に表示されます。そこで、受信メールのみを表示します。

1. [メール]をタップして、メール画面に切り替える。
2. 画面左上の[メニュー]アイコンをタップする。
3. [受信トレイ]をタップする。

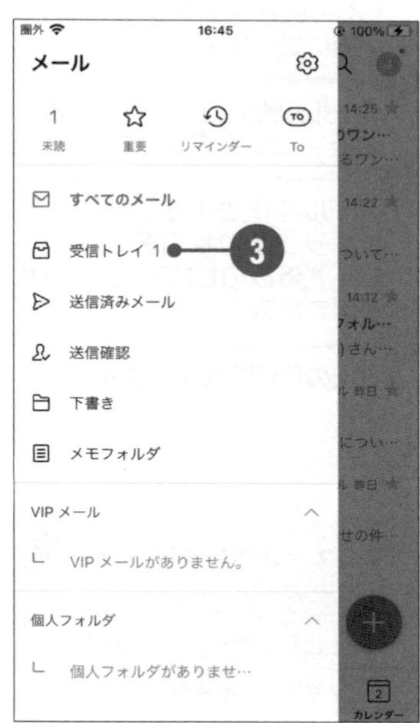

❹ 受信メールのみ表示される。

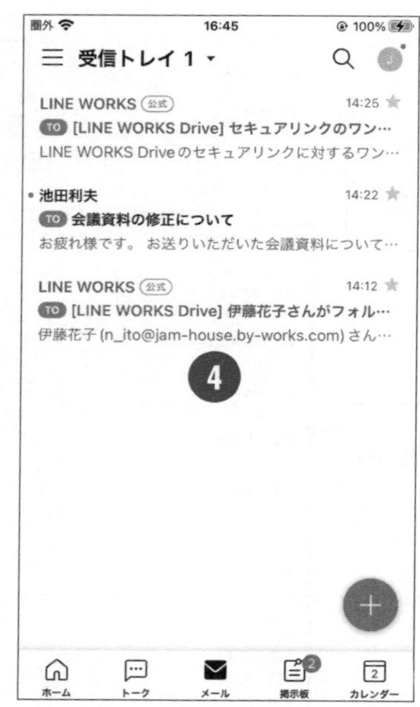

2-2-4 メールの作成

メールの作成では、キャリアメールと同様にファイルの添付ができるほか、LINEスタンプの送信も可能です。

❶ [メール]をタップして、メール画面に切り替える。

❷ メール画面で、右下の[メール作成]アイコンをタップする。

❸ メールを作成する。[スタンプ]をタップすれば自分がダウンロード済みのLINEスタンプも使用できる。

❹ 右上の[送信]をタップする。

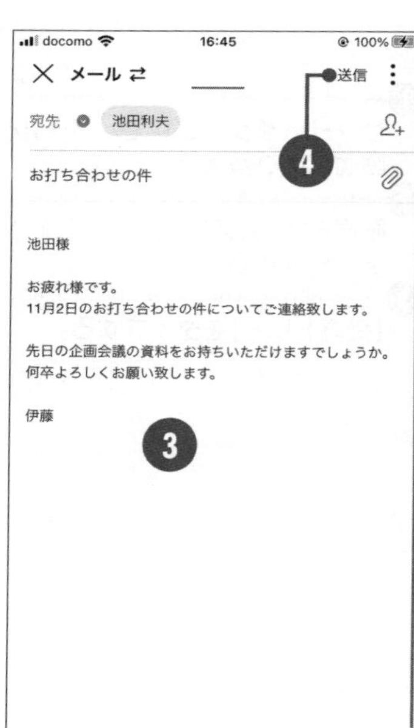

メニュー送信のオプション

右上のメニューをタップすれば、[送信予約]と[情報レベル]などの設定ができます。

❺ 送信され、メール画面に表示される。

メール作成中に他の作業をする

メール作成画面の上部のバーを下にスワイプすると作業中の操作を維持したまま他の画面への切り替えが可能です。下書きのアイコンが表示され、アイコンをタップすると下書きを開くことができます。

2-2-5 重要なメールのフィルタリング

重要メール、未読メール、添付ファイル付きメールなど、様々な条件でメールを分類できるフィルタリング機能があります。

❶ [メール]をタップして、メール画面に切り替える。

❷ 画面上の[すべてのメール]の右にある▼をタップする。

❸ 表示したい条件をタップする。ここでは[未読]を選択した。

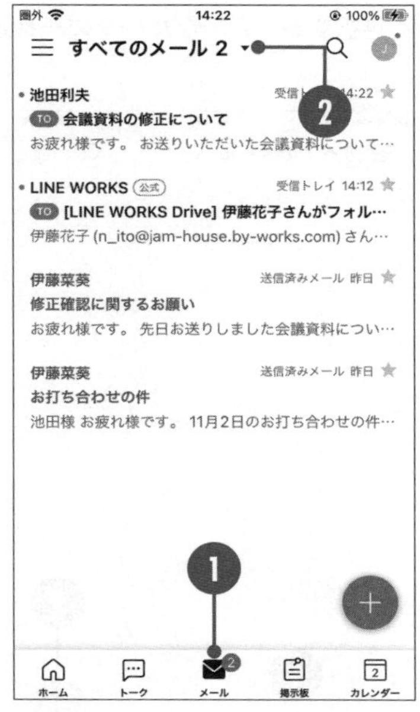

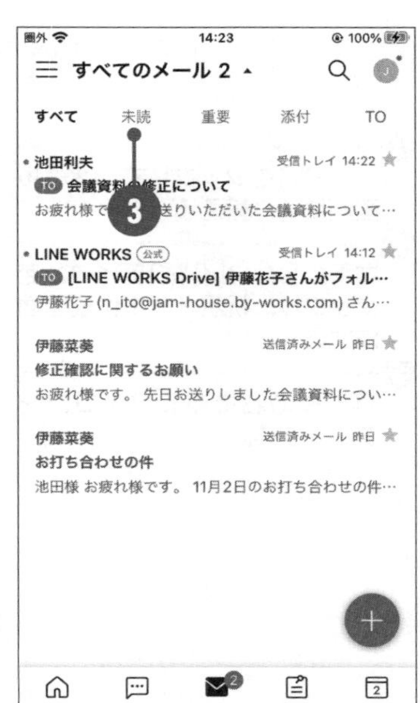

❹ 未読メールだけが表示される。

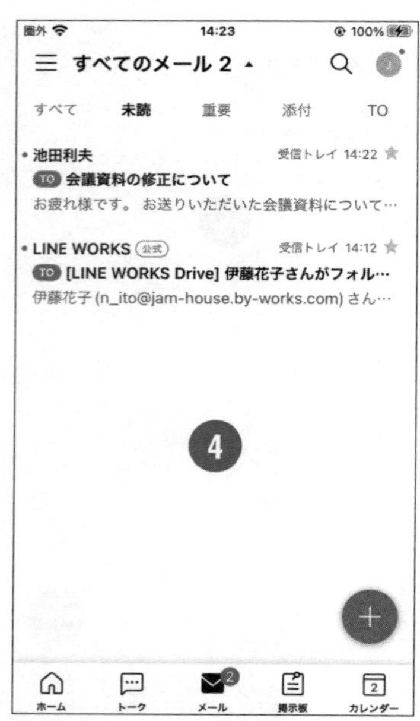

2-2-6 アドレス帳連動

宛先欄は、アドレス帳と連動しているため、宛先欄にあるアイコンをタップするだけでアドレス帳が開き簡単に宛先を選択できます。また、アドレスを入力する場合も、すべて入力しなくてもサジェスト機能で登録されている宛先の候補が表示されます。登録しているグループを選択することでグループに一括送信も可能です。

❶ [メール]をタップして、メール画面に切り替える。

❷ 右下の[メール作成]アイコンをタップし、新規メール作成画面にする。

❸ 宛先欄の右にあるアイコンをタップする。

4 アドレス帳から宛先を選択し[OK]をタップする。

5 宛先が設定された。

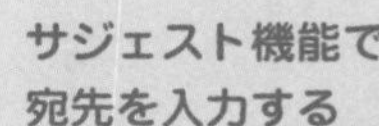

サジェスト機能で宛先を入力する

宛先欄にアドレスもしくは登録名を途中まで入力すると、サジェスト機能で登録済みの宛先から候補が表示されます。

2-2-7 誤送信対策に送信取消、開封確認

LINE WORKSでは、送信相手がメールを開封したか否かも確認することができます。また、同じドメイン内のユーザーならば、誤送信してしまっても、未読のものか、既読でも送信から24時間以内のものに限り、取り消しができます。

1 [メール]をタップし、メール画面に切り替える。

2 左上の[メニュー]アイコンをタップし、メニューを開く。

3 [送信確認]をタップする。

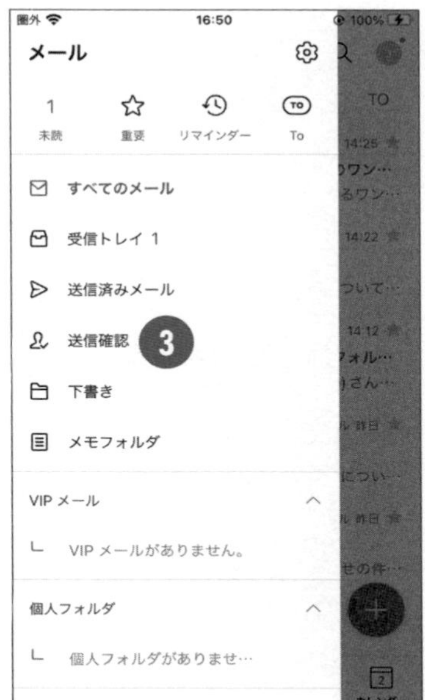

4 未読かどうか確認できる。

5 送信を取り消したいメールをタップする。

6 [送信取消]をタップする。

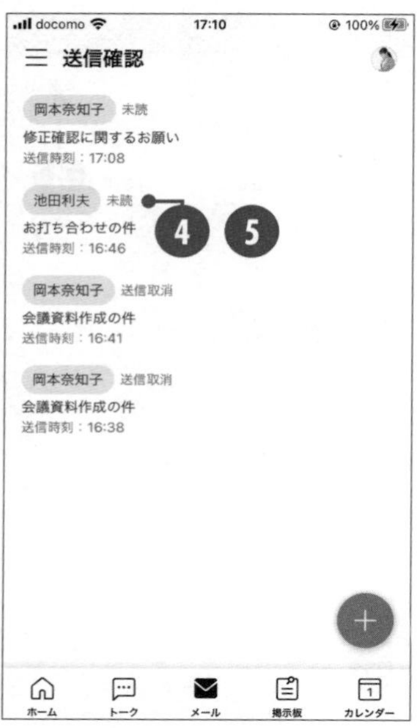

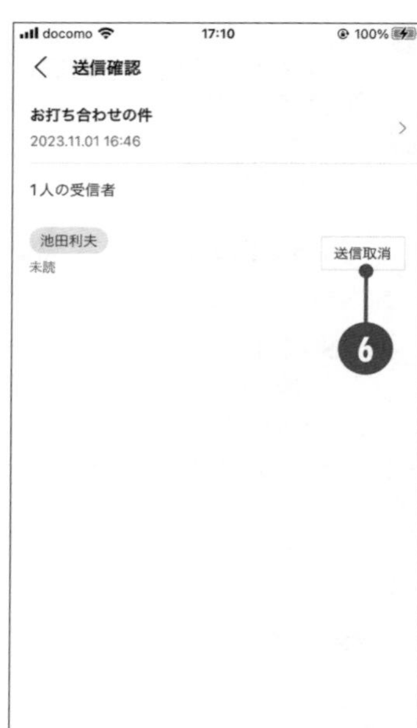

7 確認されるので[送信取消]をタップする。

8 送信が取り消される。

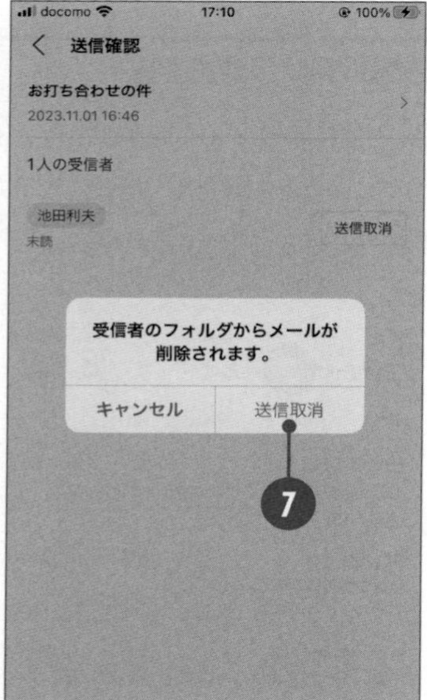

2-2-8 メールと連携する様々な機能：大容量ファイル添付・メモ・Drive連携

LINE WORKSでは、大容量ファイルの添付やメモの作成もメール機能でできます。そのほかのLINE機能と連携することが可能です。

1. [メール]をタップして、メール画面に切り替える。
2. 右下の[メール作成]アイコンをタップし、新規メール作成画面にする。
3. タイトル入力欄の右にあるクリップのアイコンをタップする。

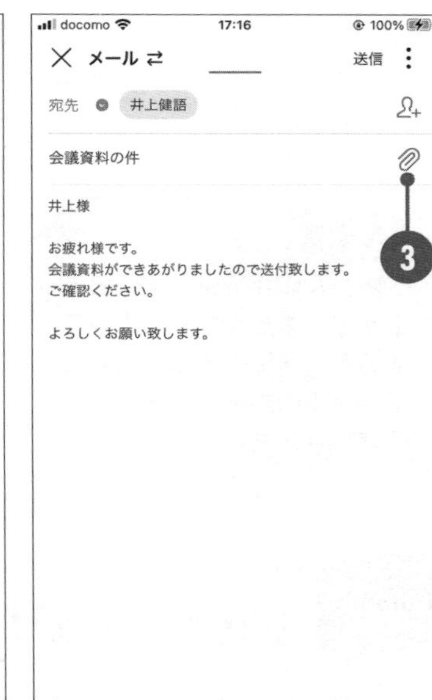

4. 添付するデータを選択する。その場での撮影や写真や動画ファイルからも可能。ここでは[Driveから選択]をタップする。
5. 添付するデータを選択し、右上の[OK]をタップする。

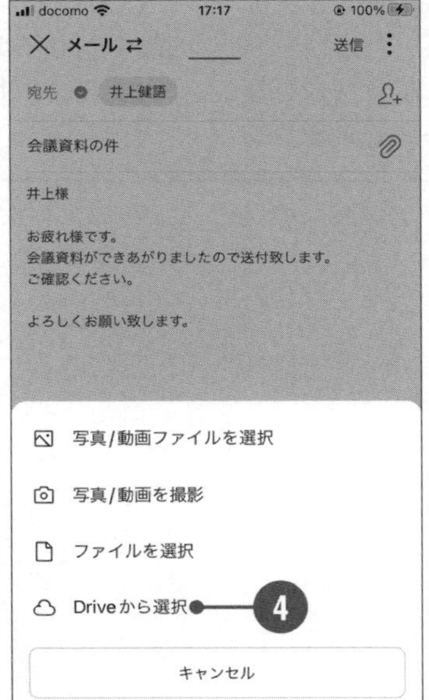

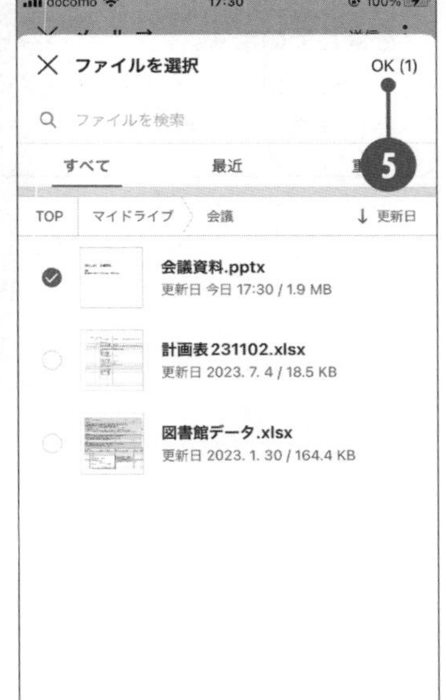

カレンダーの連携

送受信メールの内容に日付が含まれるものがある場合、メール本文の日付を選択することでイベント作成やカレンダーへの表示を設定することができます。

6 データが添付された。

メモ作成

メールの作成画面で、画面上部の［メール⇄］をタップすると、メモの作成に遷移してメールの内容をメモとして保存できます。

Column

強固なセキュリティ、強力なスパムフィルター

LINE WORKSはSOC認証を取得し、データ暗号化通信（TSL）により強固なセキュリティを備えています。

TSLでは、パソコンとサーバ間のデータを暗号化することで第三者によるデータの盗聴や改ざんなどを防ぐことができます。迷惑メールの自動分類、ウィルスファイルの送受信や添付は遮断し、なりすましメールを検知する技術も提供されています。

2-3 掲示版機能を利用する

掲示版機能は、重要な連絡事項など見逃してほしくない情報を共有し、いつでも確認することができます。アクセス権限を設定できるため、登録している人全員だけでなく、グループごとに必要な情報を一斉に送ることができます。新規に投稿があると、スマートフォンに通知が届くので見落とす心配もありません。

2-3-1 掲示版でできること

モバイル版のホーム機能では、以下のようなことができます。

- **掲示板への投稿**
- **ファイルを添付しての投稿**
- **掲示板の閲覧**
- **投稿への返信**
- **既読・未読の確認**

2-3-2 ホームの画面構成

まずはホーム画面の構成を見ていきましょう。メイン画面では、掲示板の一覧を確認できます。左上の［メニュー］アイコンをタップすると、各掲示板ごとに一覧を表示したり、「必読」設定されている投稿だけを表示することができるようになっています。

•メイン画面

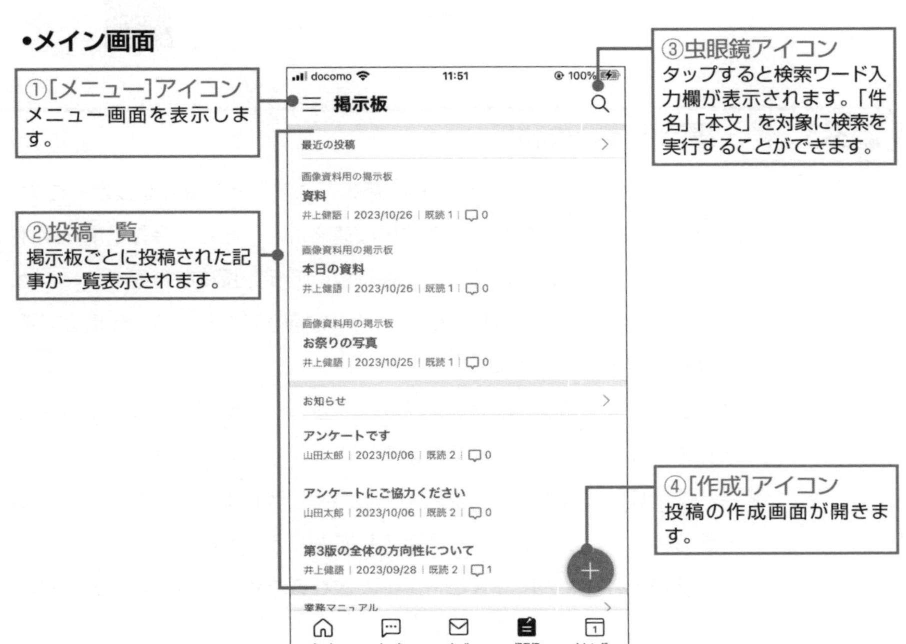

検索と作成は他の画面からも実行できる

検索と作成は、「必読」、「マイ投稿」、各掲示板のトップ画面からも行えます。メイン画面から実行した場合は、すべての掲示板が対象となりますが、各画面から行った場合は、絞り込まれて表示されている投稿が対象となります。

•メニュー画面

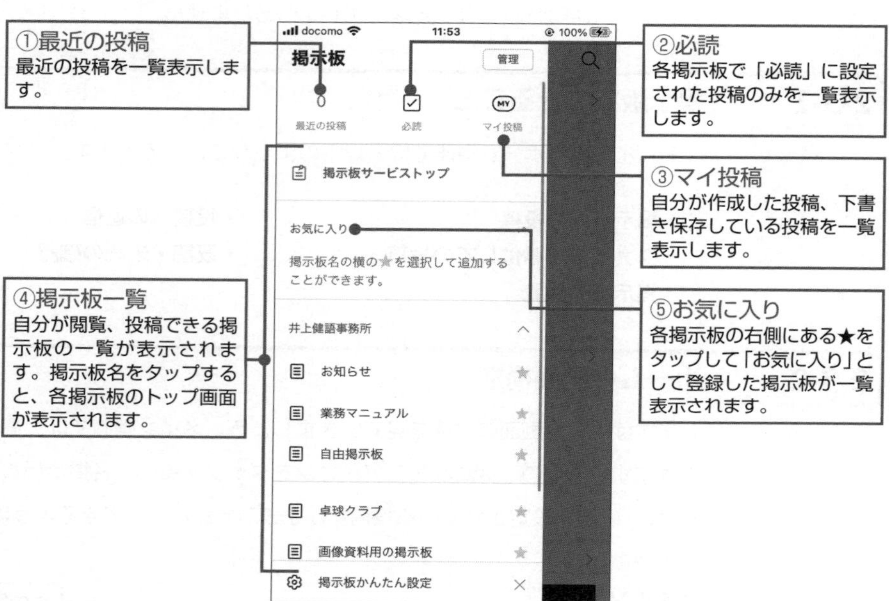

2-3-3 掲示板機能の利用

LINE WORKSの掲示版は、掲示板ごとにアクセス権限を設定できます。

社員全体へのお知らせ、部署内の連絡ごと、そして今稼働中の案件に関してのやりとりといったように、いくつかの掲示板に分けて投稿を管理できるため、情報を管理しやすいのが特徴です。投稿にはファイルも添付できるため、仕事上必要なデータをやりとりすることにも使えます。

さらに、投稿は、既読か未読かはもちろん、誰が未読なのかも確認できるため、情報伝達の漏れを防ぐことができます。

掲示板に投稿があった際には、モバイル版LINE WORKSにプッシュ通知することができるので、どこででもすぐに確認してもらうことができます。

情報を必要な人に、スピーディに送れるため、仕事の効率化を図れます。

2-3-4　掲示板への投稿

掲示板への投稿は、掲示版のメイン画面から行えます。投稿する掲示板を選択して、タイトル、本文を入力して投稿します。必ず見てもらいたい重要な投稿については、「必読」設定を有効にするとよいでしょう。

1. [掲示版]をタップして、掲示版画面に切り替える。
2. 右下の[作成]アイコンをタップする。
3. [掲示板を選択]をタップし、投稿したい掲示板を選択する。
4. [件名]に投稿のタイトルを入力する。
5. 本文を入力する。

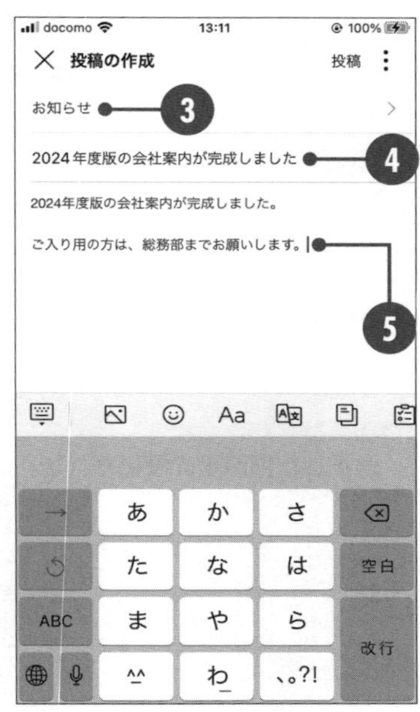

6. 投稿に個別の設定をするには、右上の[⋮]をタップする。
7. 必ず読んでもらいたい投稿には、[必読]をタップして、スライドを動かし[必読]をオンにする。

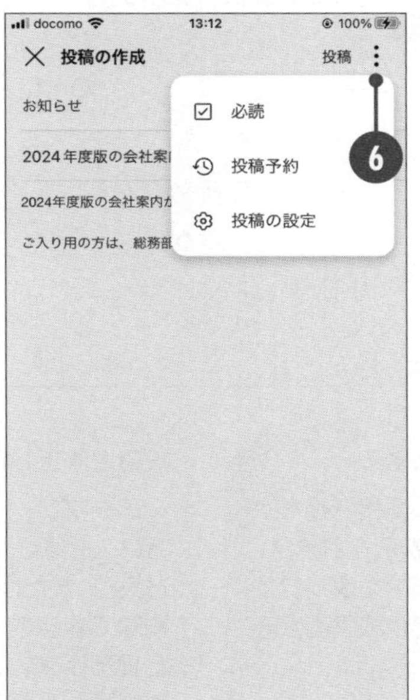

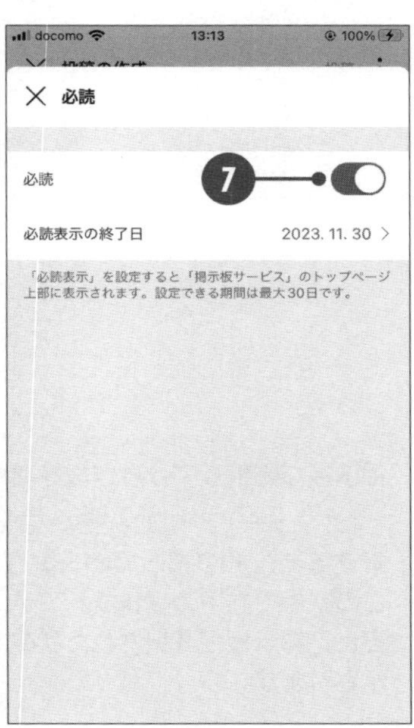

8 相手にコメントを書き込んでもらえるようにするには、[投稿の設定]をタップして、スライドを動かし[コメントを許可]をオンにする。

9 右上の[投稿]をタップする。

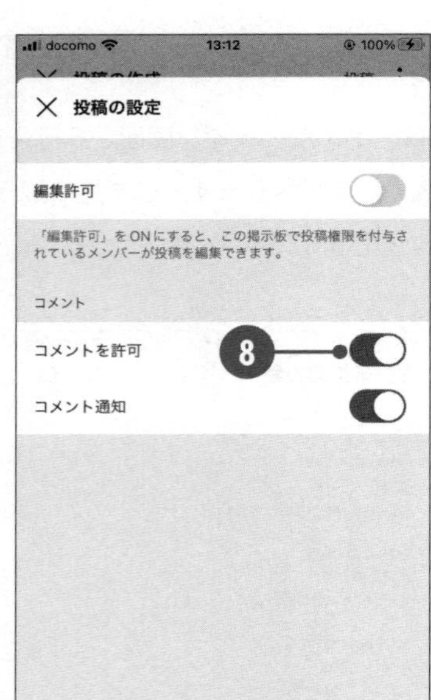

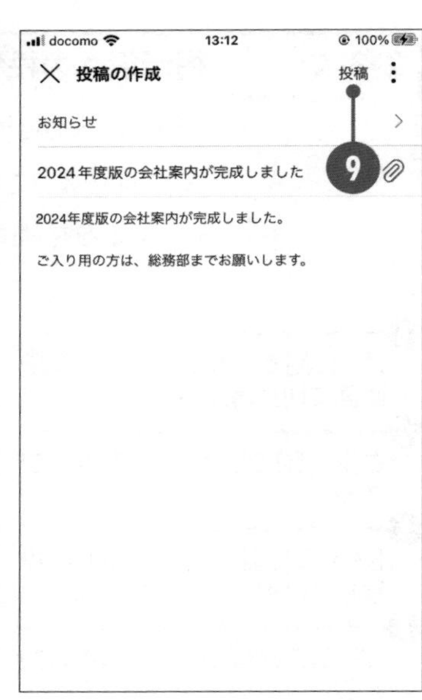

10 選択した掲示版に投稿された。

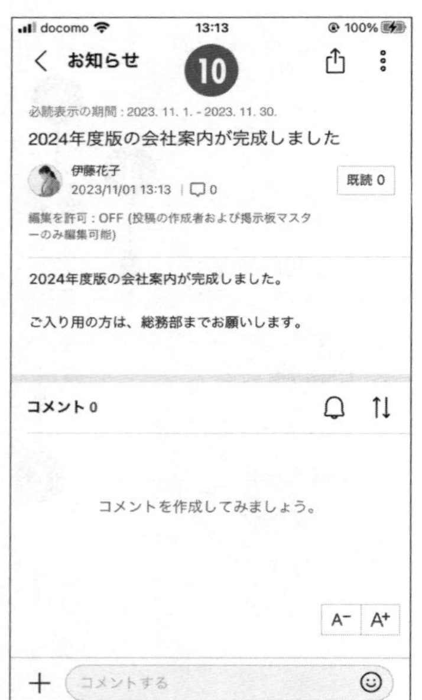

掲示板を選択してから作成を開始する

［メニュー］アイコンをタップして掲示板を選択すると、その掲示板の一覧が表示されます。この状態で右下の［作成］アイコンをタップすると、掲示板が選択された状態で作成画面が表示されます。

投稿を修正したり削除したりする

アップロードした投稿を修正、削除したい場合は、投稿を開き、右上のアイコンをタップし、［修正］または［削除］をタップします。修正、削除できるのは、自分の投稿だけです。管理者と掲示板マスターはすべての投稿に対して修正や削除を行うことができます。

2-3-5 ファイルを添付して投稿する

投稿には、写真など、端末に保存されているファイルを添付することができます。添付したファイルは閲覧できるのはもちろん、ダウンロードすることもできるので、グループ内でファイルをやりとりすることにも使えます。

❶ 投稿の作成画面でクリップ型のアイコンをタップする。

❷ [写真/動画ファイルを選択]をタップする。

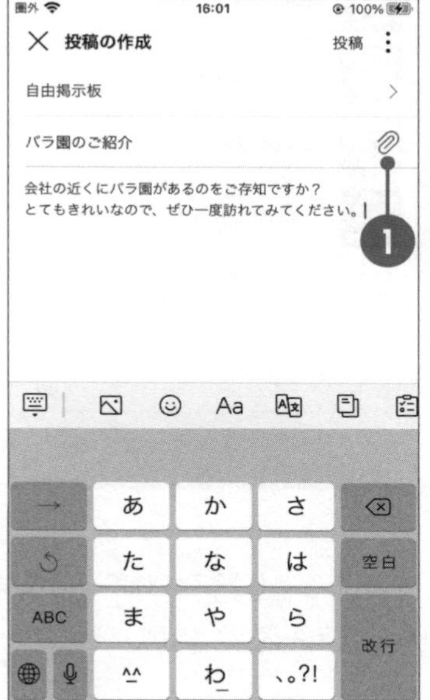

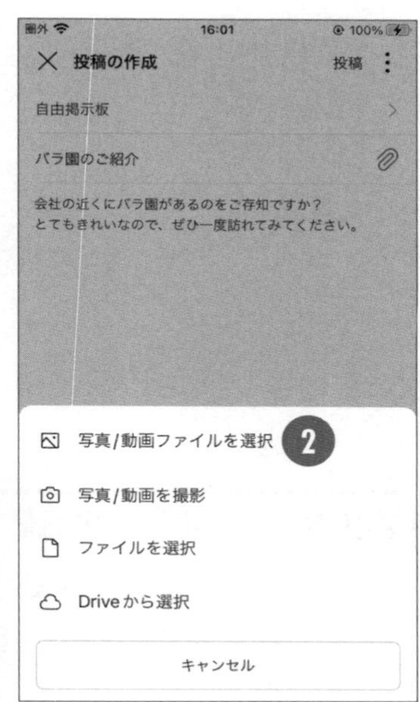

❸ 写真が表示されるので、添付したいファイルをタップして選択し、[OK]をタップする。ファイルは一度に複数選択することができる。

❹ ファイルが添付された。

❺ 右上の[投稿]をタップする。

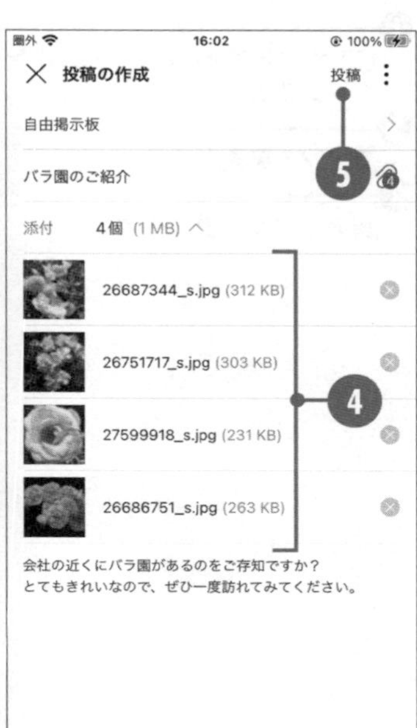

6 ファイルが添付された状態で投稿された。

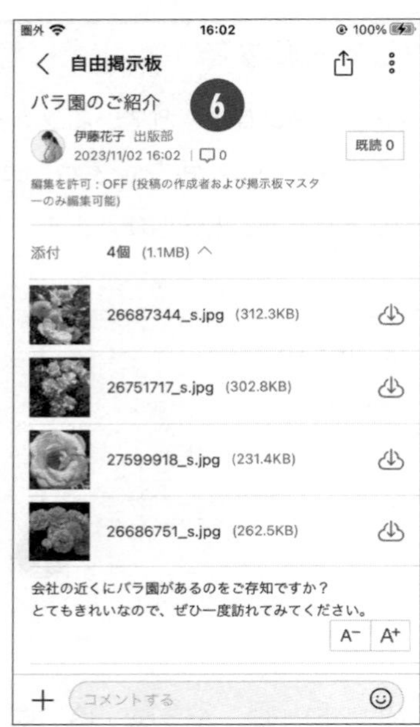

2-3-6 投稿への返信

［コメント設定］が［許可］に設定されている投稿には、コメントを返信することができます。コメントには、テキストのほか、LINEスタンプも使用できます。

1 ［コメントする］という部分をタップする。

2 コメントを入力する。

3 顔アイコンをタップする。

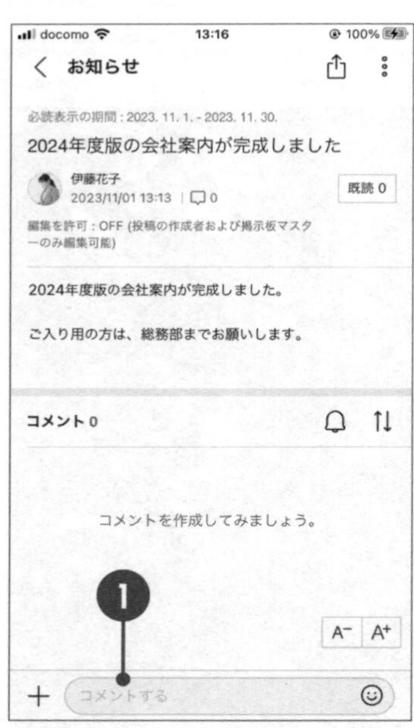

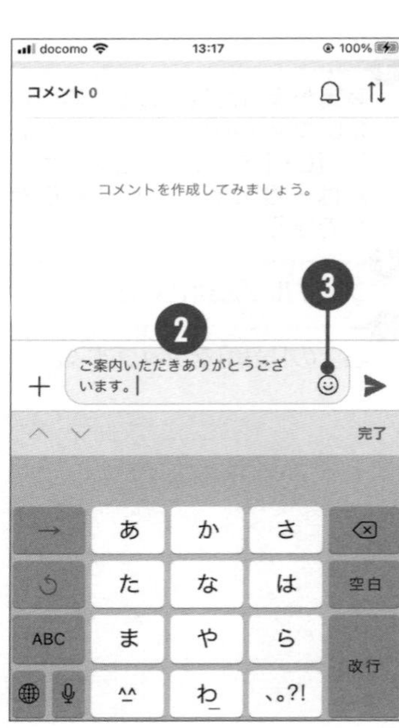

❹ 投稿したいスタンプをタップする。

❺ [送信]アイコンをタップする。

❻ コメントが入力された。

コメントを修正、削除する

一度アップロードしたコメントを修正、削除したい場合は、コメント欄の右上のアイコンをタップし、[修正] または [削除] をタップします。

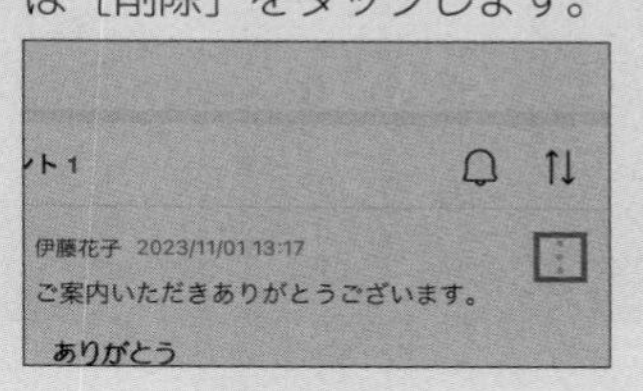

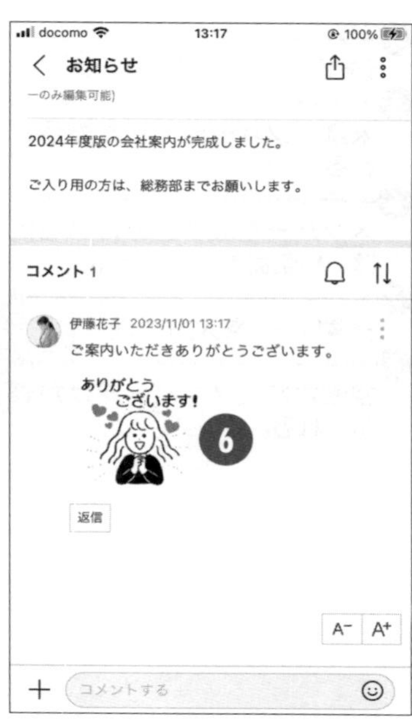

2-3-7 既読メンバーの確認、検索

自分の投稿を、メンバーの誰が読んだかを確認することができます。人数が多い場合は氏名や部署で絞り込んで表示することもできます。

❶ 既読メンバーを調べたい投稿を開く。

❷ 既読数をタップする。

❸ 既読メンバーの一覧が表示される。

❹ [未読]をタップする。

❺ 未読メンバーの一覧が表示される。

❻ メンバーを絞り込みたい場合は、検索欄をタップする。

❼ 検索ワードを入力する。

❽ 検索されたメンバーだけが表示される。

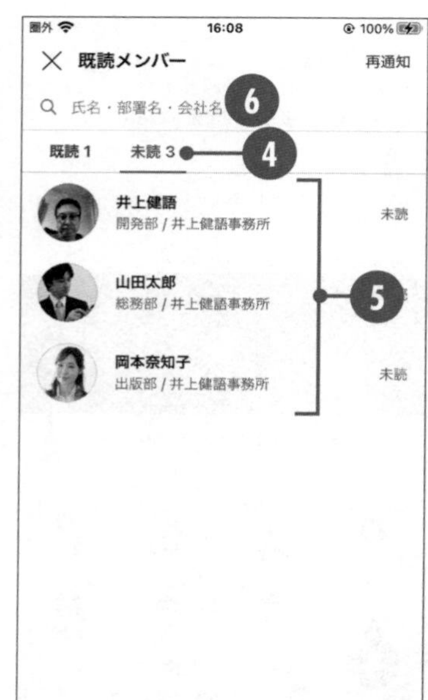

未読のメンバーに再通知する

まだ投稿を読んでいない人に読んでもらうために、再度通知を送ることができます。未読メンバーの一覧画面で、[再通知] をタップし、再通知したいメンバーを選択した後、右下のベルのアイコンをタップしてください。

選択したメンバーにプッシュ通知が送信されます。

2-3-8 投稿のリアルタイム通知（プッシュ通知）

掲示板に新たな投稿がされた時、自分の投稿にコメントが書き込まれた時に、リアルタイムに通知を受けることができます。通知は､「プッシュ通知」で送信されます。通知は掲示板ごとに受け取るかどうかを設定することができます。

❶ 画面左下の[ホーム]アイコンをタップして画面に切り替える。

❷ 右上の[設定]アイコンをタップする。

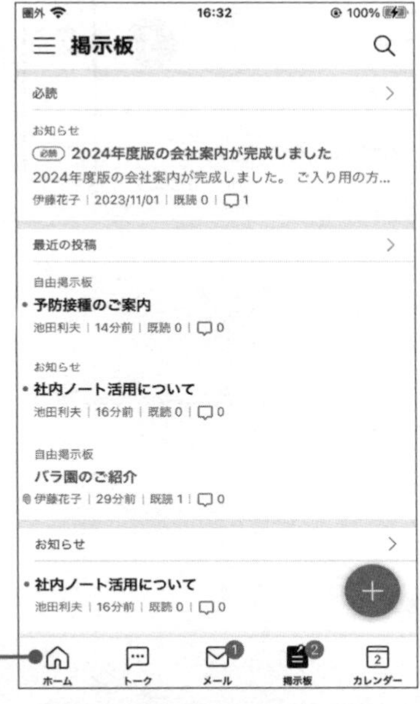

❸ [通知設定]をタップする。

❹ [掲示板通知]をタップする。

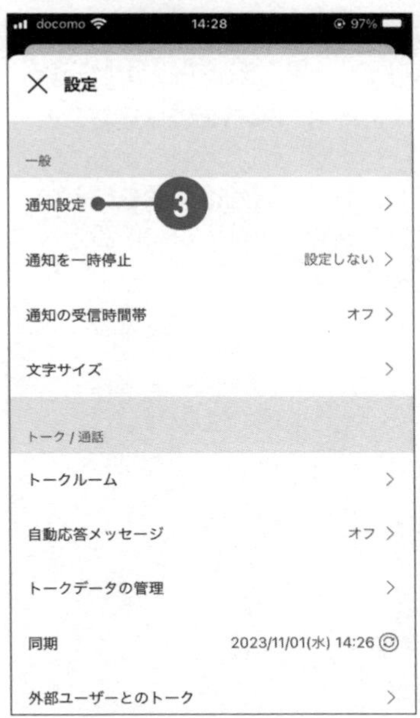

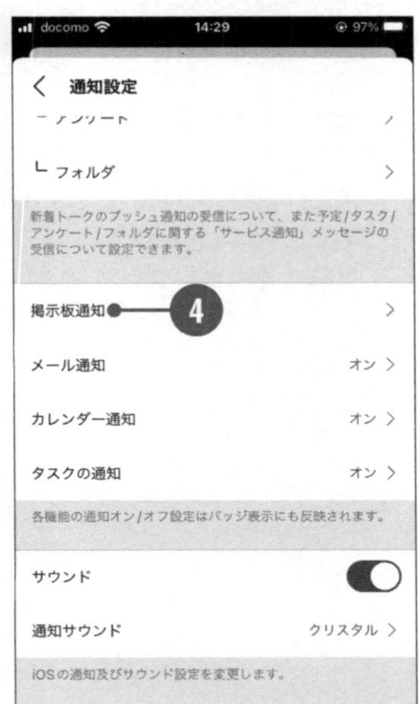

5 通知を受け取りたい掲示板だけをオンにする。

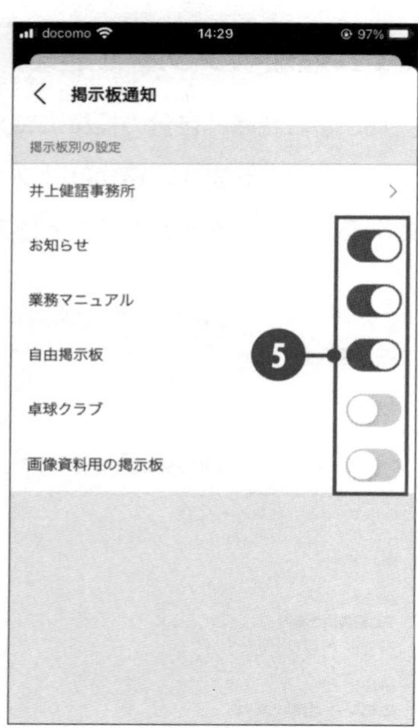

受け取る通知を制限する

あまりにたくさんの通知を受け取ってしまうと、逆に重要な情報を見落としてしまう危険性もあります。そんな時は、重要な掲示板のみ通知を受け取る設定にしておけば、通知を絞り込むことができます。

また、自分の投稿に対してのコメントも、通知は必要ないというのであれば、投稿の際に、［コメント通知］を［オフ］に設定して投稿するようにするとよいでしょう。

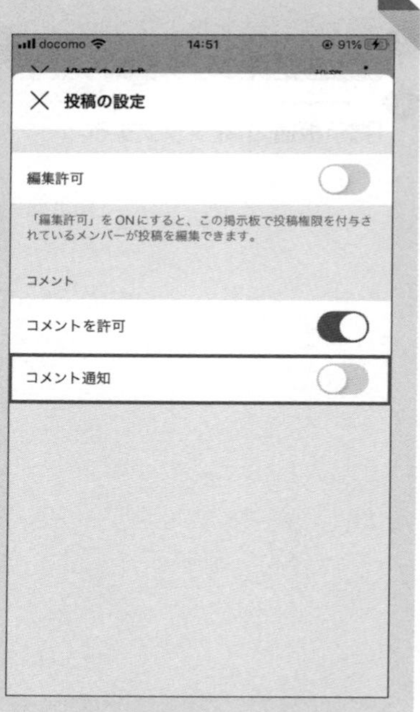

2-4 カレンダー機能を利用する

LINE WORKSでは、カレンダー機能を活用することでスケジュールの管理ができます。さらに、メンバーとの予定の共有も簡単です。

2-4-1 カレンダーでできること

カレンダー機能では、空き時間を自動検索してくれる機能や、グループのスケジュール管理等ビジネスシーンで役立つ機能が揃っています。

- **1日、週、月単位の表示切り替え**
- **空き時間の自動検索**
- **グループのスケジュール管理**

2-4-2 カレンダーの画面構成

LINE WORKSのカレンダーは、見やすさと予定の共有が優れています。月、日の単位の設定や、グループ内のメンバーの予定の把握が簡単です。

2-4-3 1日、週、月単位の表示切り替え

LINE WORKSで、カレンダーの表示の単位を切り替えることができます。

1. [カレンダー]をタップして、カレンダー画面に切り替える。
2. 画面左上の[メニュー]アイコンをタップする。
3. 切り替える単位を選択する。

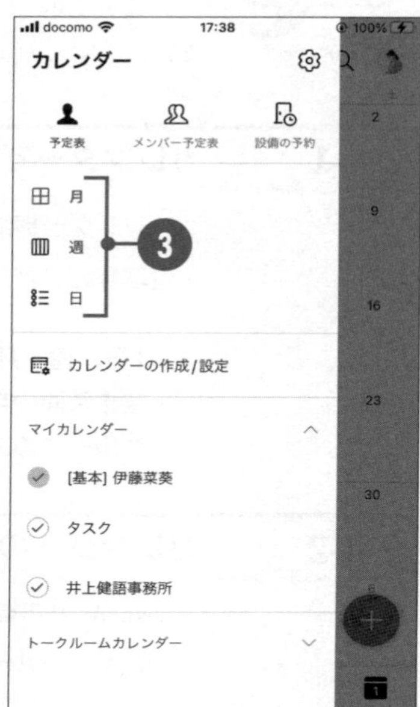

4. 選択した単位で表示される。

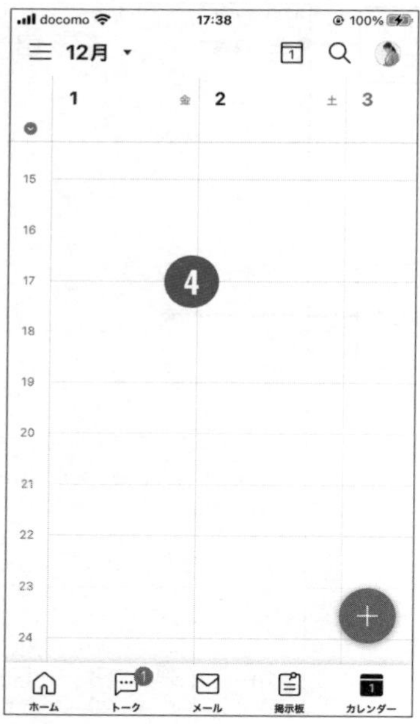

2-4-4 カレンダーの登録

カレンダーに予定を登録しましょう。日時のほか、設備や参加者も設定できます。

❶ [カレンダー]をタップして、カレンダー画面に切り替える。

❷ 画面右下の[作成]アイコンをタップする。

❸ 日時や設備、参加者など必要な情報を入力し、[保存]をタップする。

❹ カレンダーに予定が表示される。

2-4-5　空き時間を自動検索してくれる予定登録機能

予定を登録する際に、空いている時間を自動で検索してくれます。

1. [カレンダー]をタップして、カレンダー画面に切り替える。
2. 画面右下の[作成]アイコンをタップする。
3. 参加者や使用する設備を選択する。ここでは参加者を選択している。参加が必須か、任意かをタップして設定できる。
4. [<]をタップする。
5. [空き時間を確認する]をタップする。
6. 条件を設定すると、メンバーと設備が空いている候補時間が青枠で表示される。

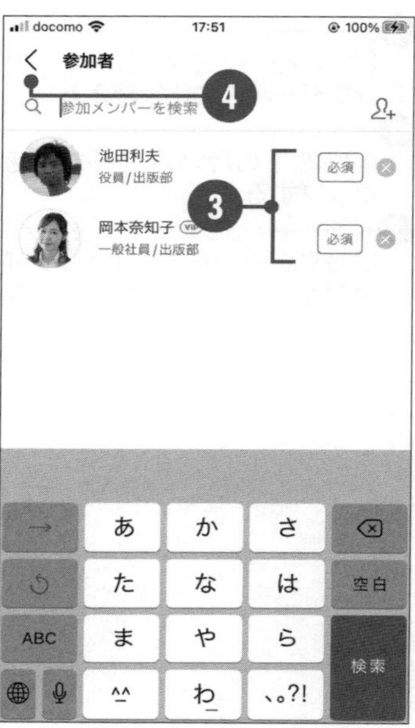

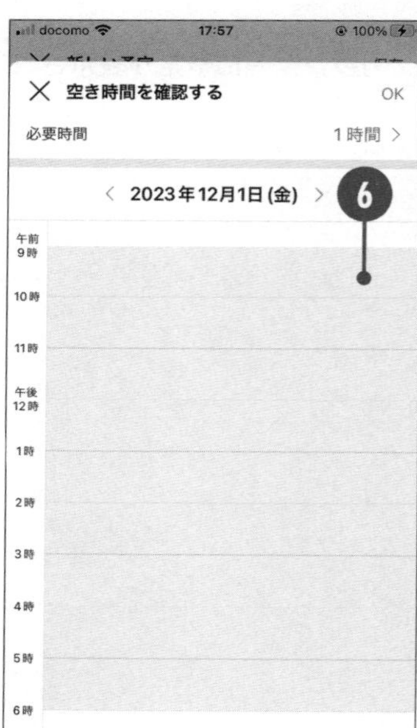

2-4-6　手軽なスケジュール管理

スケジュールの変更も手軽です。ここではスケジュールを繰り返しに設定し直してみましょう。

❶ [カレンダー]をタップして、カレンダー画面に切り替える。

❷ カレンダー画面で、変更したい予定が設定されている日をタップする。

❸ 変更する予定をタップする。

❹ 条件を設定する。定期的に実施される予定であれば日付をタップする。

❺ [繰り返し]をタップする。

❻ 頻度に合うものを選択してタップする。

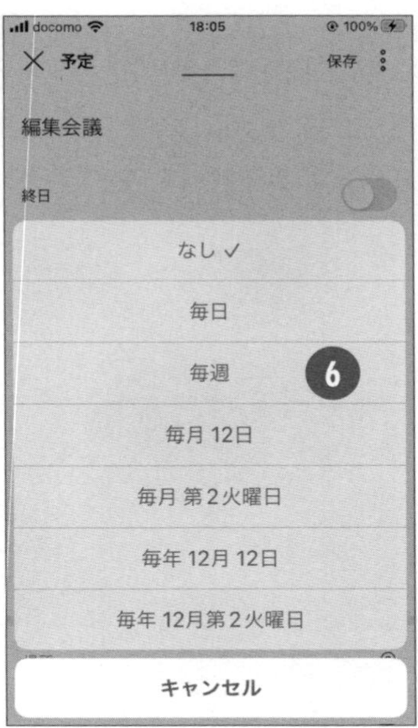

7 右上の[保存]をタップする。

8 予定が変更された。

2-4-7 メンバーの予定を確認

LINE WORKSではスマートフォンでもメンバーの予定を確認することができます。

❶ [カレンダー]をタップして、カレンダー画面に切り替える。

❷ 画面左上の[メニュー]アイコンをタップする。

❸ [メンバー予定表]をタップする。

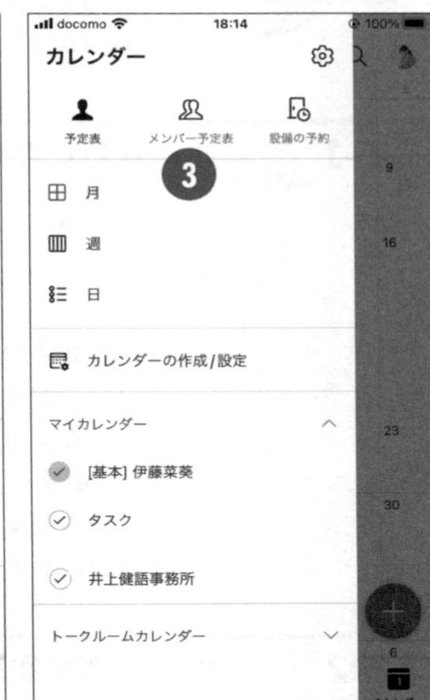

❹ 日付をタップして、確認したい日付にする。

❺ 選択した日付の各メンバー予定が確認できる。

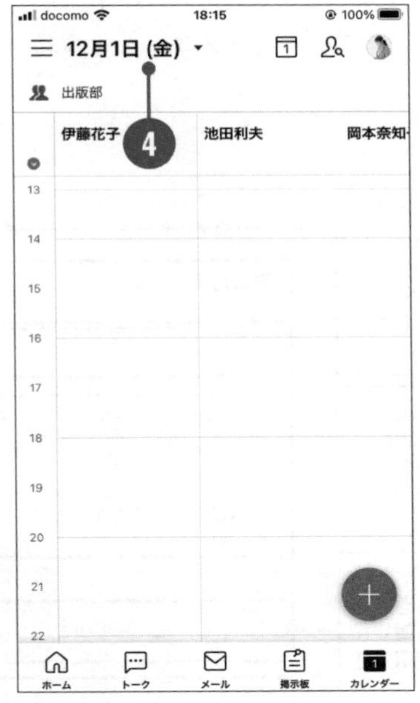

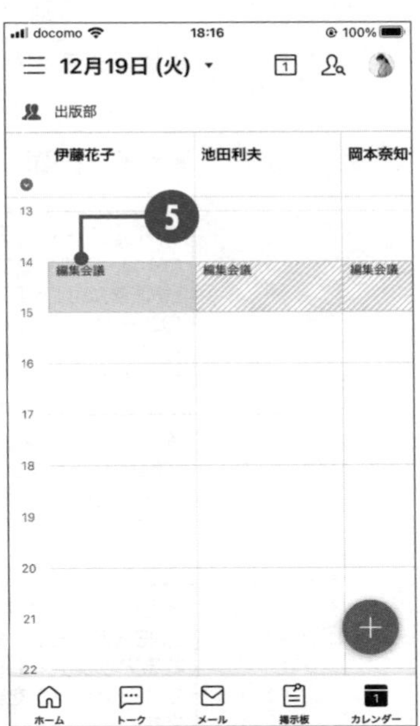

メンバーの一括管理

メンバーのスケジュールを一括で管理するならば、ブラウザ版が便利です。詳しくは第3章の「3-2 パソコン版での各サービスの使い方」をご参照ください。

2-5 ホームを利用する［フリー／スタンダード／アドバンスト］

ホーム機能では、マイプロフィールの確認、各機能の起動、ヘルプとサポートの利用などができます。

2-5-1 ホームでできること

アドレス帳、タスク、アンケート、Drive、アプリの機能をアイコンのタップで起動できます。また、ヘルプとサポートのメニューを選んで表示できます。

- トーク相手の追加
- マイプロフィールの表示
- ステータス設定
- 機能の起動
- ワークスだよりの表示
- ヘルプとサポートの表示

2-5-2 ホームの画面構成

ホームの画面構成を見てみましょう。アイコンやメニューをタップして、必要な機能やサービスを呼び出すことができます。

•メイン画面

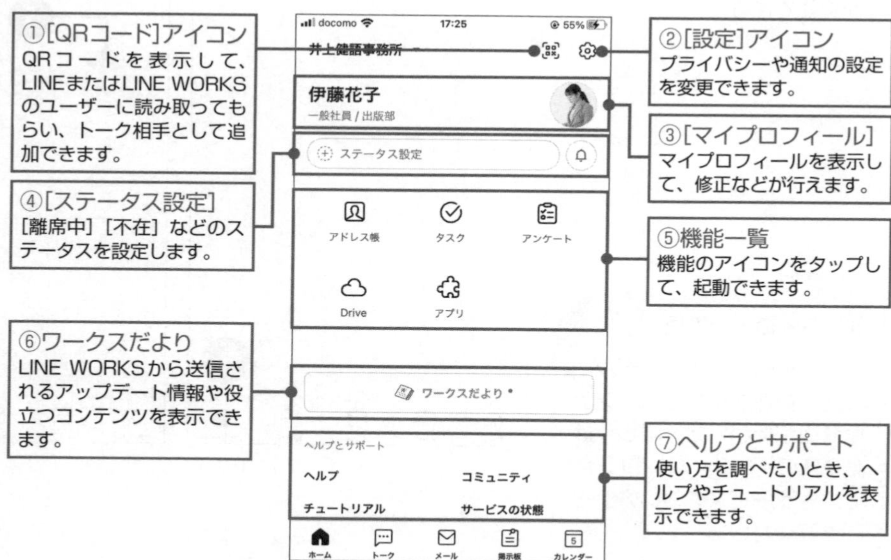

•QRコード画面

LINEまたはLINE WORKSのユーザーに読み取ってもらい、トーク相手として追加してもらいます。[QRコードをスキャンする] をタップすると、相手のQRコードを読み取ることができます。

•設定画面

docomo 17:24 51%
設定
マイプロフィール
プライバシー
ログイン情報/セキュリティ
アクセス状況
デバイス
タイムゾーン設定
一般
通知設定
通知を一時停止 設定しない
通知の受信時間帯 オフ
文字サイズ

各項目名をタップして、プライバシーや通知の設定を変更できます。

•マイプロフィール画面

マイプロフィールを表示します。[修正] をタップすると各項目を修正できます。

•ワークスだより

[コンテンツ][アップデート情報] を切り替えて、LINE WORKSのアップデート情報や役立つコンテンツを表示できます。

•ヘルプ

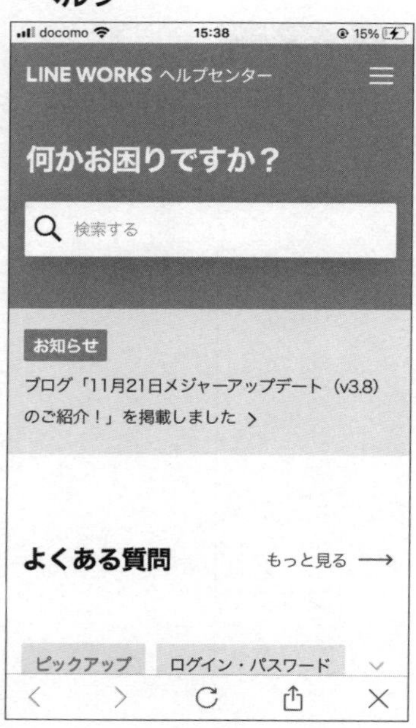

操作方法など分からないことがあったら、質問して、調べられます。その他に、チュートリアルやコミュニティも利用できます。

•現在のサービス状態

トーク、掲示板などの各サービスが正常に動作しているかを確認できます。

•アプリケーション情報

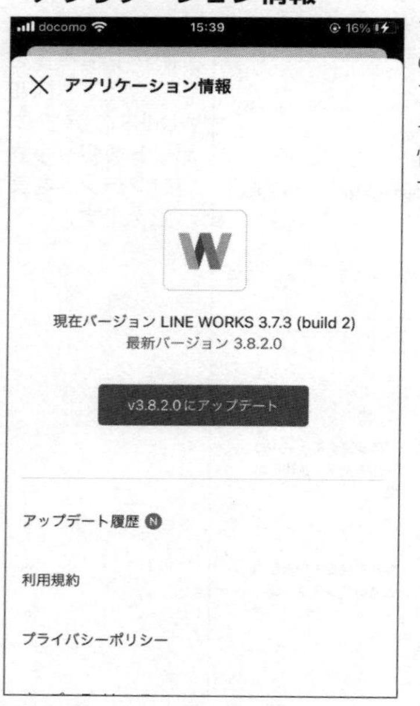

アプリケーションのバージョンや、アップデートファイルの有無などの情報を確認できます。

2-5-3 各機能の起動

下段のメニューにはないアドレス帳、タスク、アンケート、Drive、アプリの機能をタップして呼び出せます。

❶ [アドレス帳]アイコンをタップします。タスク、アンケート、Drive、アプリの各機能も、それぞれタップして呼び出せます。

❷ アドレス帳が起動します。アドレス帳の各機能を利用することができます(2-6参照)。

2-6 アドレス帳を利用する

社内アドレス帳で、メンバーの情報や組織の情報などを確認することができます。組織階層型になっているので、所属部署などから検索したりといったことも可能です。アドレス帳からトークやメールを起動したり、無料通話をすることもできます。

2-6-1 アドレス帳でできること

モバイル版でのアドレス帳では、以下のようなことができます。

- **メンバーの情報を確認**
- **所属部署や氏名からメンバーを検索**
- **共有のアドレス帳の作成**
- **トーク、メールなどを実行**
- **メンバーの予定を確認**
- **メンバーの不在や休暇中などステータスを確認**

2-6-2 アドレスの画面構成

アドレス帳の画面構成を見ていきましょう。階層型になっているため、組織からメンバーを絞り込むことができます。起動した際、デフォルトでは自分が所属している組織の一覧が表示されます。また、画面左上の［メニュー］アイコンをタップするとメニュー画面が表示されます。

•社内アドレス帳

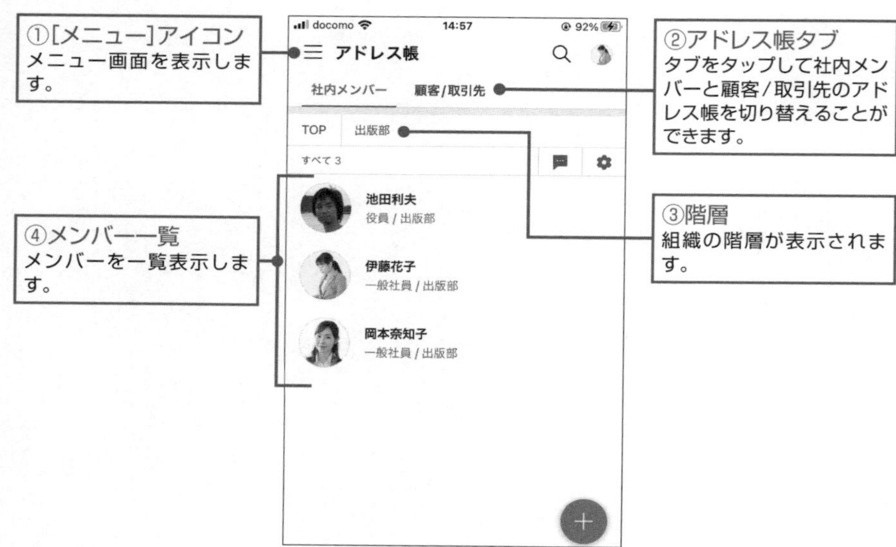

•メニュー画面

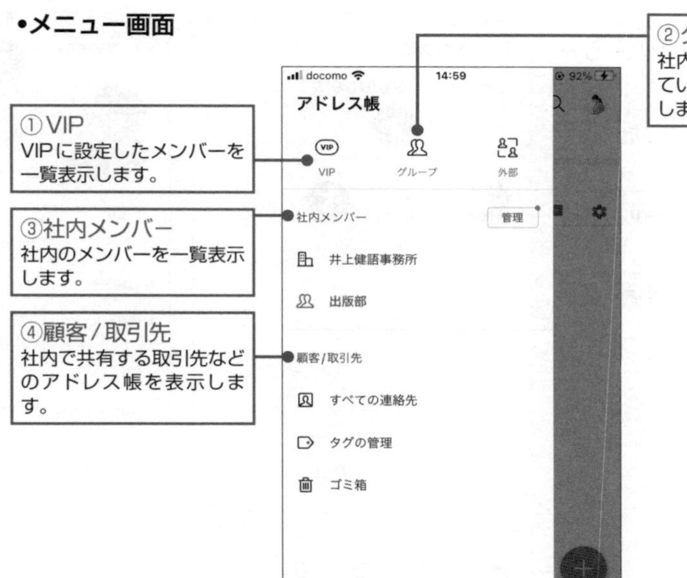

2-6-3 階層型のアドレス帳で管理

社内アドレス帳には、社内メンバーの連絡先が登録されています。組織に合わせて階層型になっているため、組織からメンバーを絞り込むこともできます。

1. アドレス帳を起動すると、デフォルトでは自分が所属する組織のメンバー一覧が表示される。
2. 他の組織のメンバーを確認したい場合は、[TOP]をタップする。
3. 組織図のTOP画面が表示されるので、表示したい組織をタップする。

❹ 登録されているメンバーが一覧表示される。

❺ プロフィールを確認したいメンバーをタップする。

❻ メンバーのプロフィールが表示される。

❼ 在席状況、予定などを確認できる。

アドレスはグループでも管理できる

部署などといった組織的なグループ分けのほかに、任意のメンバーで構成されたグループも利用できます（作成には管理者権限が必要です）。組織をまたいだプロジェクトに関するグループ、社内サークルのグループなど、必要に応じて自由に作成することができます。グループの作成は、アドレス帳を開き、右下の［作成］アイコンをタップして、［グループ作成］をタップして行います。

グループ作成時に［グループを公開］のオン/オフを切り替えることができます。グループメンバー以外のグループリストやアドレス帳での検索結果、サジェストに表示されたくない場合は、［オフ］を選択してください。

2-6-4 連絡先の追加

社内メンバーの編集は、管理者しか行えませんが、顧客/取引先の連絡先の登録はメンバーそれぞれが行えます。

❶ アドレス帳を開き、右下の[作成]アイコンをタップする。

❷ [顧客/取引先の情報を追加]をタップする。

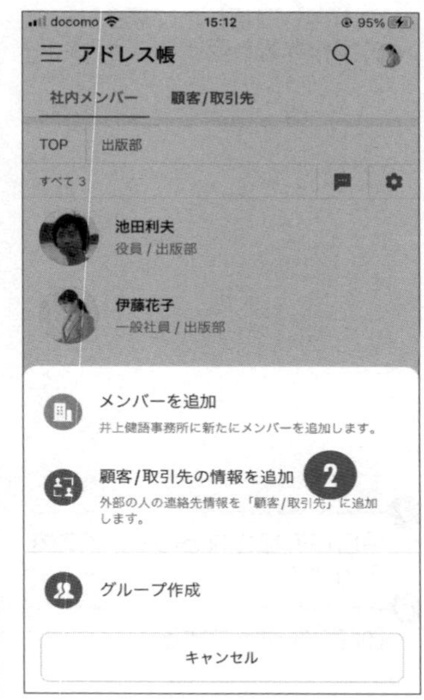

❸ 今回は[連絡先情報を直接入力]を選択する。

❹ 連絡先の各項目を入力する。

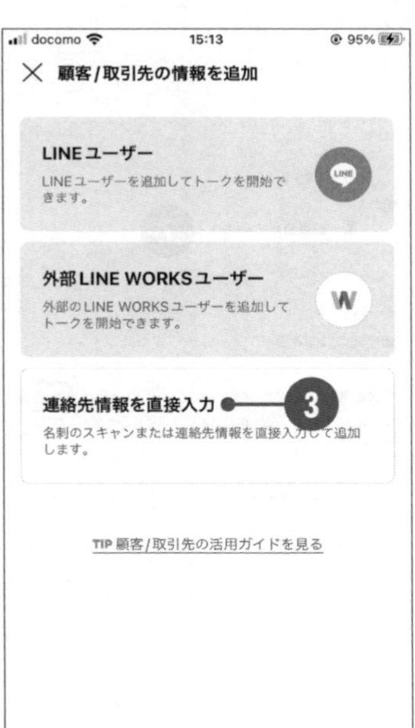

5 住所など、追加情報を入力したい場合は、画面下部の[追加情報を入力]をタップする。

6 追加したい内容をタップする。ここでは[住所]を選択した。他の内容も追加したい場合は、この操作を繰り返す。

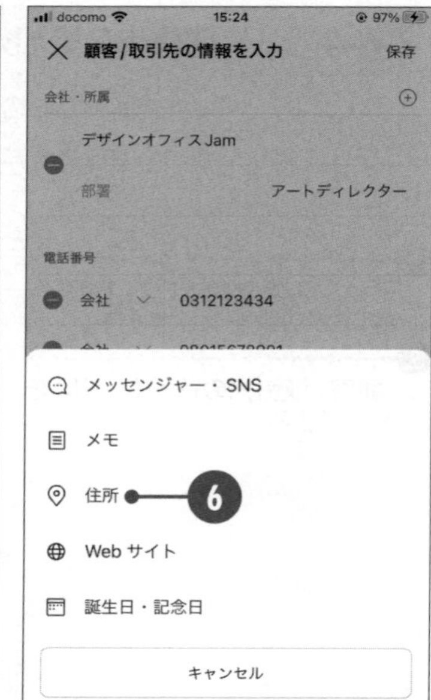

7 項目が追加されるので、情報を入力する。

8 [保存]をタップする。

登録した内容を修正する

連絡先として登録した内容を修正したい場合は、プロフィールを表示した状態で、右上のアイコンをタップし、〔修正〕をタップします。「連絡先を修正」画面が開くので、必要に応じて修正を行い、〔保存〕をタップします。

2-6-5 メンバーの検索とサジェスト機能

アドレス帳では、氏名、メールアドレス、電話番号、組織名などを利用してメンバーを検索することができます。

1. 画面上部の虫眼鏡アイコンをタップする。
2. 検索ワードを入力する。
3. 検索結果が一覧表示される。

頻繁にやりとりする社内メンバーはVIP登録する

よく連絡する相手は、「VIP」に登録しておくと、いちいち組織図をたどったり、検索したりせずに済むので便利です。プロフィール画面を表示し、[VIP] ボタンをタップするだけで登録できます。VIPに登録されたメンバーは、「アドレス帳」のメニュー画面で [VIP] をタップすると一覧を表示できます。

2-6-6 メンバー情報の確認とLINE WORKS各機能との連携

アドレス帳のプロフィール画面では、氏名や所属、役職などといったメンバーの詳細情報や、取り込み中、不在などのステータス、OFFやAWAY、予定などを確認することができます。また、トークや無料通話、メールといった各機能を利用することができます。

1. メンバーのプロフィール画面。登録内容を確認できる。
2. ステータスが設定されている場合は、アイコンと共に表示される。[予定を確認] をタップする、とカレンダーを確認できる。
3. LINE WORKSの各機能を利用したい場合は、アイコンをタップする。

所属する組織のメンバー全員とトークする

所属する組織の一覧画面で、右上にある［トーク］アイコンをタップすると、メンバー全員が含まれるトークルームに移動します。簡単にメンバーとトークすることができます。

2-7 タスクを利用する [フリー／スタンダード／アドバンスト]

タスク機能では、やるべきことのリストを作成できます。期日を設定できるほか、他のユーザーにタスクを依頼することもできます。

2-7-1 タスクでできること

タスクの内容、期日などを設定して、タスクリストを追加できます。完了したら、チェックマークを表示します。

- タスクの追加
- タスクの依頼
- タスクのチェック

2-7-2 タスクの画面構成

•メイン画面

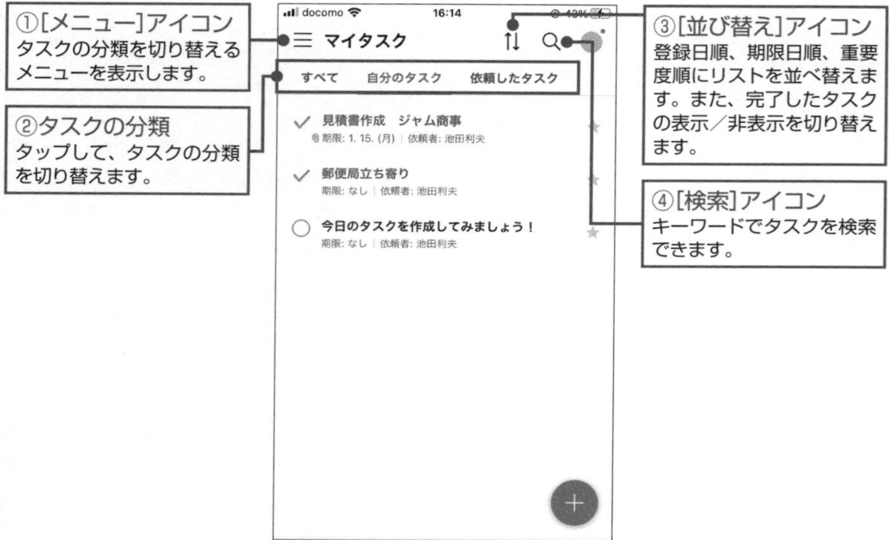

2-7-3　タスクの追加

新しいタスクを追加します。タスクの内容、期限などの情報を設定します。

❶ [作成]アイコンをタップします。

❷ タスクの内容を入力します。

❸ [期限]を選択します。[なし] [今日] [明日] [来週]から選ぶことができます。

❹ [>]をタップすると、カレンダーから選択できます。

❺ カレンダーから、期日を選択します。

6 入力できたら、[保存]をタップします。

7 保存したタスクが、一覧に表示されます。

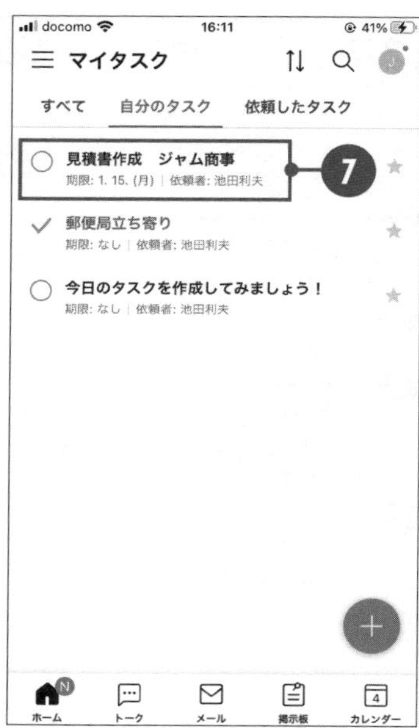

2-7-4 関連資料の添付

タスクに関連する資料等のファイルがある場合には、添付して保存しておくことができます。

1 [添付]アイコンをタップします。

2 ファイルの保存先を指定します。

3 添付したいファイルを選択します。

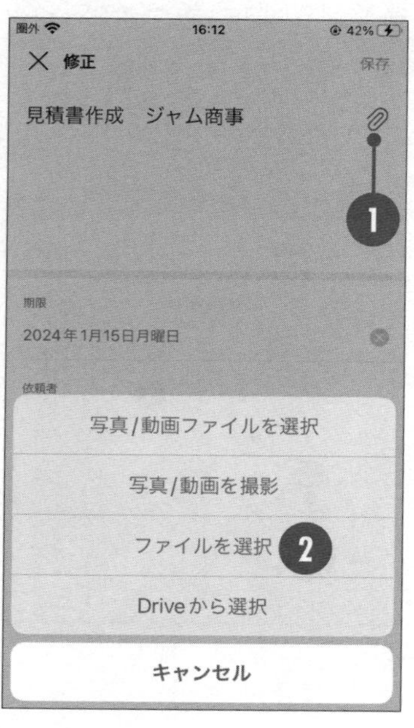

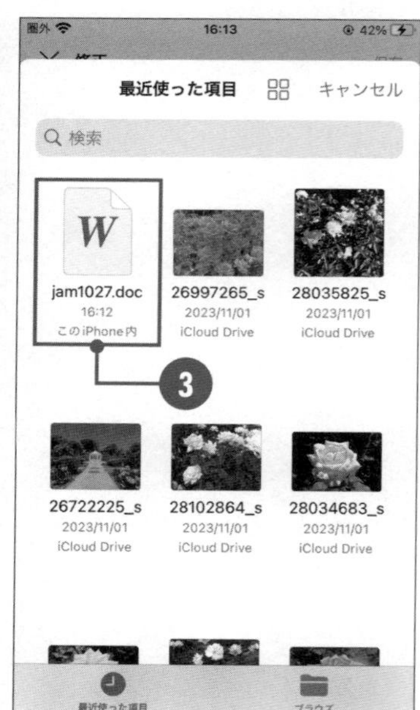

4 ファイルを添付することができました。

2-7-5 タスクの依頼

LINE WORKSグループの他のユーザーを指定して、タスクを依頼することもできます。

1 タスク作成画面を表示し、タスク内容、期限などの情報を設定します。

2 [担当者]をタップします。

3 タスクを依頼したい担当者を指定します。

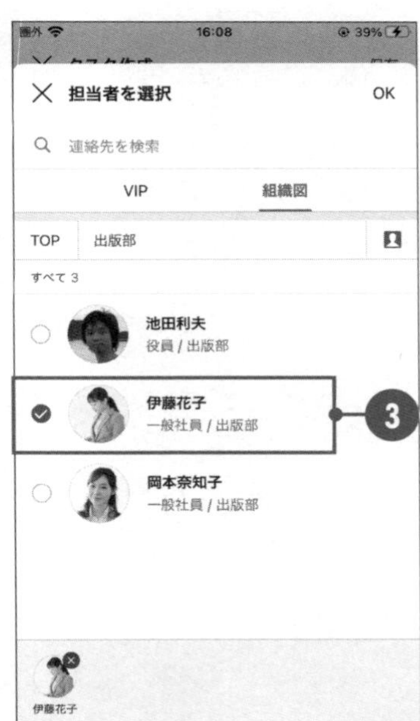

4 担当者名が表示されます。

5 [保存]をタップします。

6 [依頼したタスク]に表示されます。

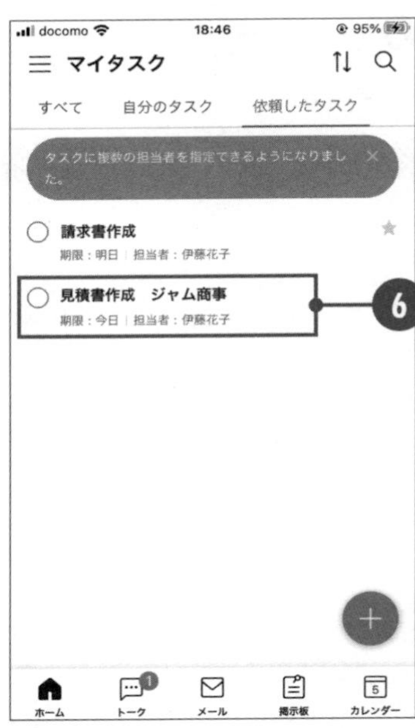

7 担当者には通知が届きます。

8 担当者のタスクでは、[自分のタスク]に表示されます。

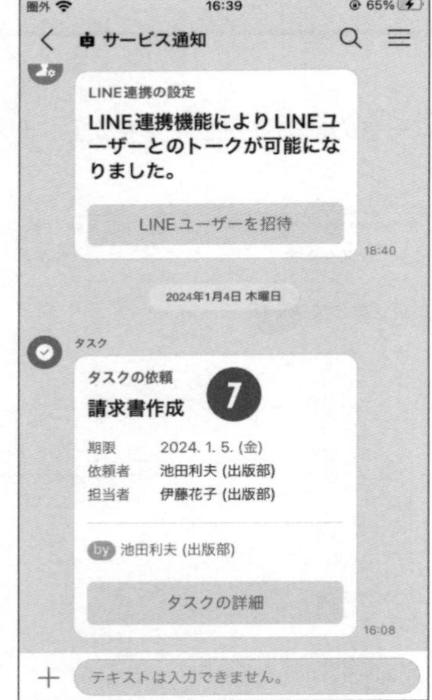

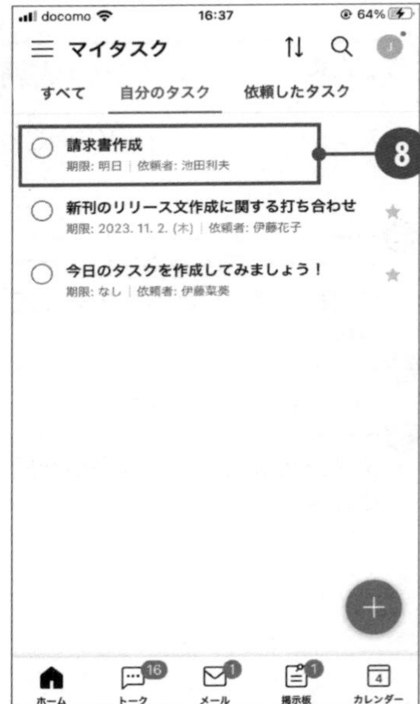

2-7-6 タスクの完了

タスクが完了したら、完了設定して、一覧にチェックマークを表示しておきます。

❶ タスクの一覧画面で、完了したタスクをタップします。

❷ 内容を確認して、[完了にする] をタップします。

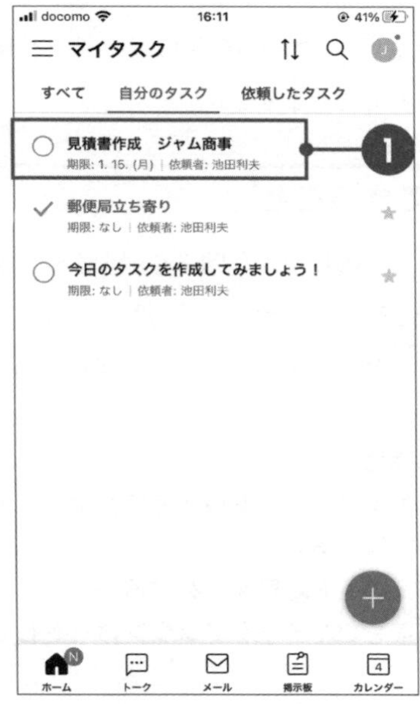

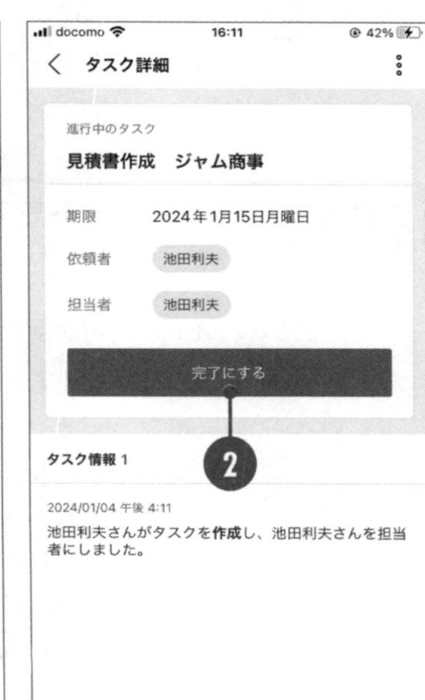

❸ 一覧画面にチェックマークが表示されます。

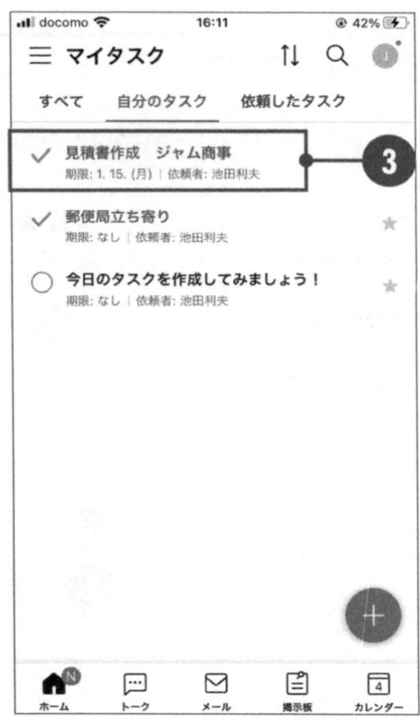

タスクを再開したいとき

完了にしたタスクをあらためて再開したいときには、タスク詳細の画面で［進行中に変更］をタップします。

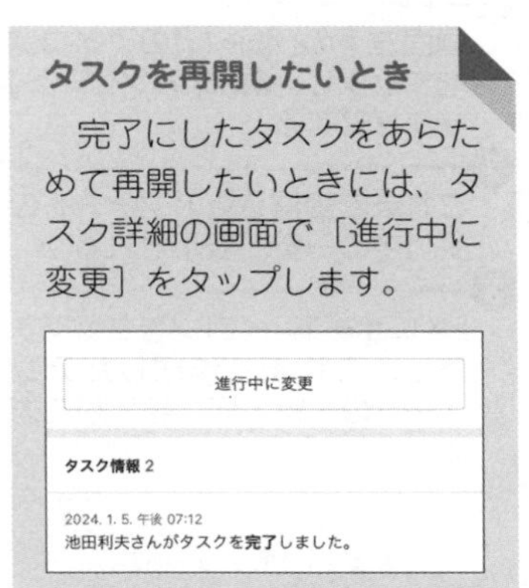

2-8 アンケートを活用する

LINE WORKSでは、簡単にアンケートを作成したり、メンバーに送信して回答を集計することができます。アンケート結果はメンバーと共有したり、CSVデータでダウンロードして活用することもできます。

2-8-1 アンケートでできること

アンケートは、複数の項目から回答を選択させる選択式、自由に回答を入力させる記述式、日付を選択して回答させる形式の問を作成することができます。対象を特定のメンバーに絞ってアンケート実施したり、回答者に結果を公開することもできます。

- **アンケートの作成**
- **全メンバーまたはメンバーを絞ってアンケートの実施**
- **アンケートに回答する**
- **メンバーにアンケート結果を共有する**
- **アンケート結果をCSVデータでダウンロードして活用する**

2-8-2 アンケート画面へのアクセス

LINE WORKSのアンケートの作成と回答を行う画面にアクセスします。

❶ 画面左下の[ホーム]のアイコンをタップし、次に[アンケート]をタップする。

❷ これまで受信したアンケートの受付中の一覧が表示される。

❸ [メニュー]アイコンをタップすると、これまで作成したアンケートの一覧と切り替えができる。

2-8-3 アンケートの作成（日付の選択）

新規にアンケートを作成してみましょう。ここでは定例会の開催日程の希望をうかがう設問を作成します。

❶ 右下の[作成]アイコンをタップする。

❷ アンケートの新規作成画面が表示される。アンケートの基本フォーマットとテンプレートの一覧が表示される。ここでは、[日程調整]をタップする。

❸ アンケートを行う対象を選択する。ここでは[社内用アンケート]をタップする。

❹ タイトル欄にアンケートのタイトル入力する。

❺ 内容欄にアンケートの内容や目的を入力する。

❻ 質問のタイトルを入力する。

❼ 既に1問目には日付を選択して回答させる形式の質問が設定される。質問の内容を入力する。

❽ [日付を追加]をタップする。

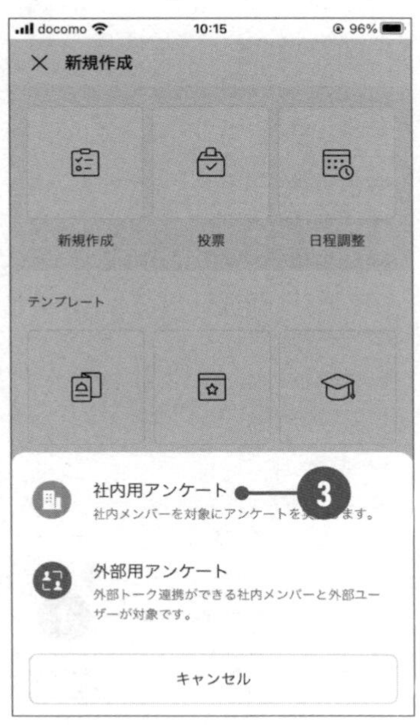

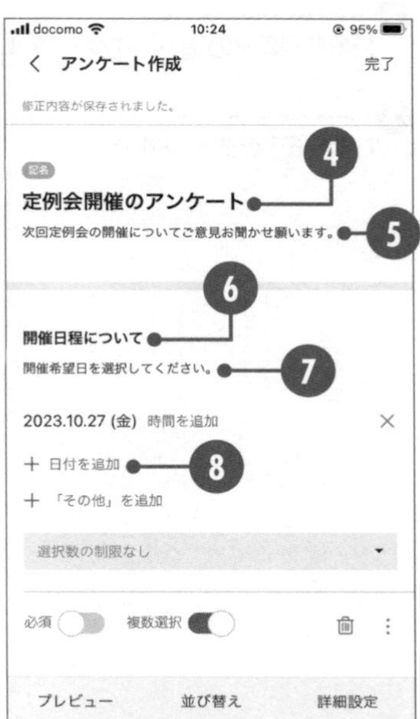

9
カレンダーが表示される。選択肢にしたい開催候補日をタップする。

10
日付選択が完了したら[OK]をタップする。

11
選択肢から取り除きたい日程がある場合は右側の[×]をタップする。

12
選択肢以外の日程を自由に記入させたい場合は[「その他」を追加]をタップする。

13
回答を必須にするか、複数選択を可能にするかを設定することもできる。

2-8-4 アンケートの作成（選択式回答）

次に選択式で料理のリクエストを募る設問を作成します。

1
[質問/構成の追加]をタップする。

2
[選択式]をタップする。

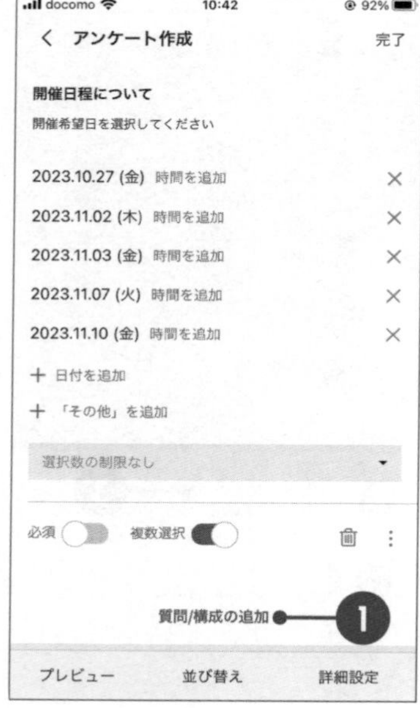

❸ 質問のタイトルを入力する。

❹ 質問の内容を入力する。

❺ [選択型項目入力]をタップして選択肢を入力する。

❻ 選択肢の左に表示される[≡]をタッチした状態でドラッグすると、質問の順番を並べ替えることができる。

❼ 回答を必須にするか、複数選択を可能にするかを設定することもできる。

❽ 選択肢の右にある画像ボタンをタップしてスマホ内に保存された任意の画像を掲載することもできる。

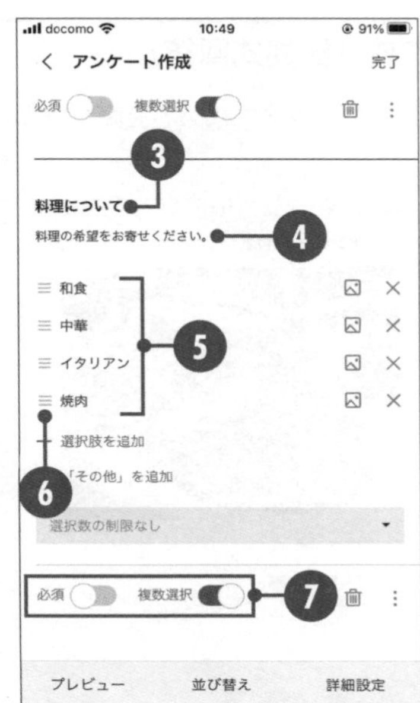

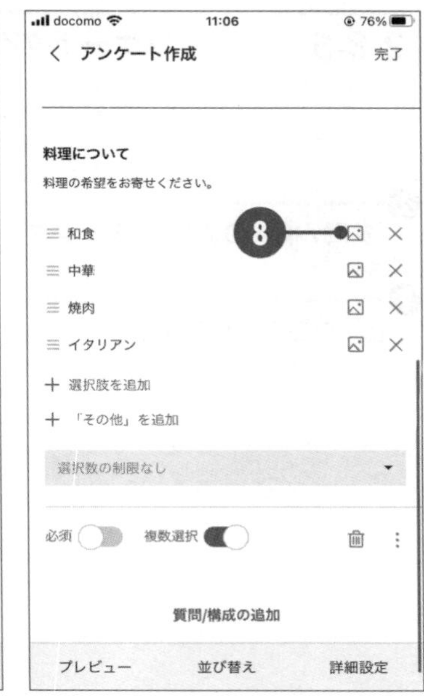

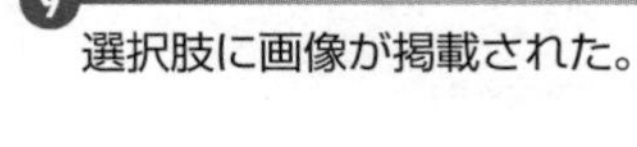

❾ 選択肢に画像が掲載された。

1
2
3
4
5

2-8-5 アンケートの作成（記述式回答）

次に記述式で自由にコメントを求める設問を作成します。

❶ [質問/構成の追加]をタップする。

❷ [記述式]をタップする。

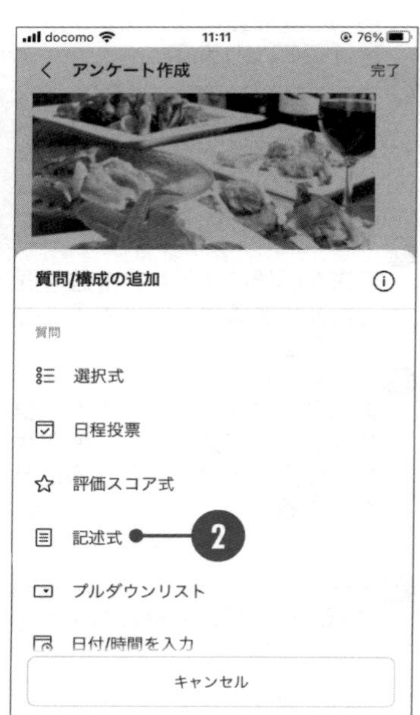

❸ 質問のタイトルを入力する。

❹ 質問の内容を入力する。

❺ 回答を必須にするかを設定することもできる。

❻ アンケートが完成したら[完了]をタップする。

❼ 左上の[×]をタップする。

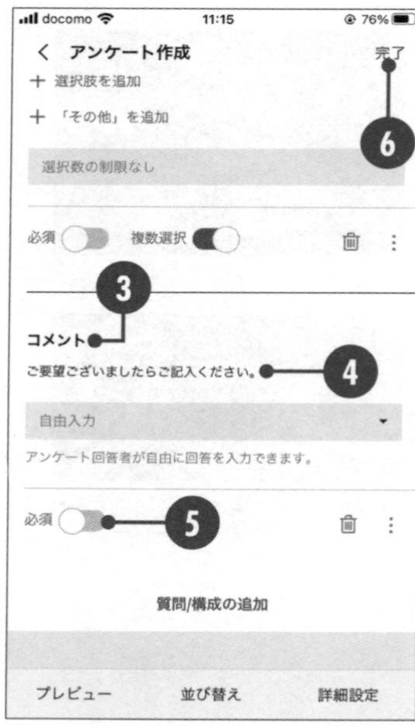

8 [作成したアンケート]に追加された。

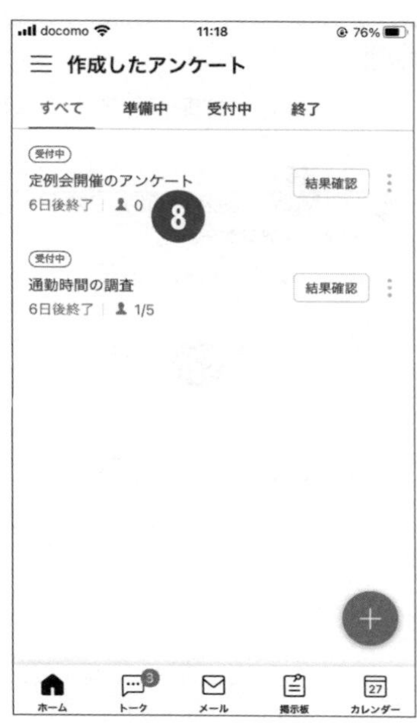

テンプレートを活用する

アンケートには、さまざまなシーンで使える豊富なテンプレートがあらかじめ用意されています。適宜カスタマイズして便利に活用してみましょう。

2-8-6 アンケートの実施

完成したアンケートをメンバーに配信して、実施してみましょう。

1. 左上の[メニュー]アイコンをタップして[作成したアンケート]の画面を表示する。
2. 実施をする今回作成したアンケートをタップする。
3. 右上の[次へ]をタップする。

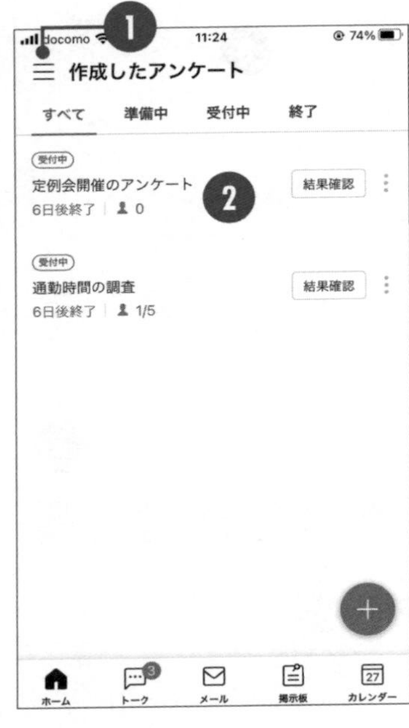

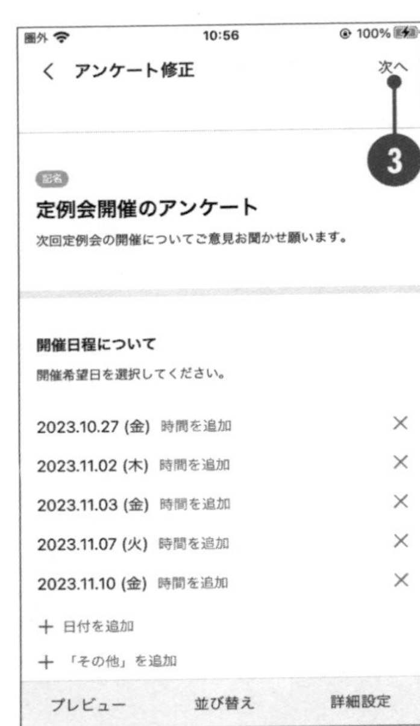

4. [詳細設定]をタップする。
5. アンケートの期間、対象などを設定する。アンケート対象を指定するとメンバー以外はアンケートにアクセスすることができない。
6. 左上の[<]をタップする。

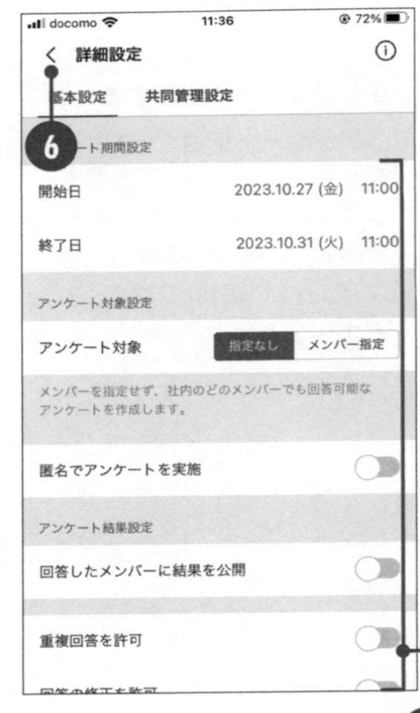

7 [トーク]を選択すると、メンバーの連絡先やトークルームでアンケートを共有できる。

8 [メール]を選択すると、アンケートへのリンクが記載されたメール作成画面が開く。宛先、件名等を入力して送信する。アンケート対象を指定した場合は、すぐにメンバー宛にメールが送信される。

9 [掲示板]を選択すると、全メンバーが対象の場合、アンケートのリンクを掲示板に投稿できる。

10 [URLをコピー]を選択すると、クリップボードにアンケートのURLがコピーされる。トークやメール等に貼り付けて共有できる。

11 ここではアンケートをトークで送信してみる。[トーク]をタップする。

12 アンケートを送信するトークルームにチェックを入れる。

13 右上の[OK]をタップする。

14 指定したトークルームに遷移し、メッセージ入力欄にアンケートのURLが入力された状態で表示される。

15 [送信]アイコンをタップする。

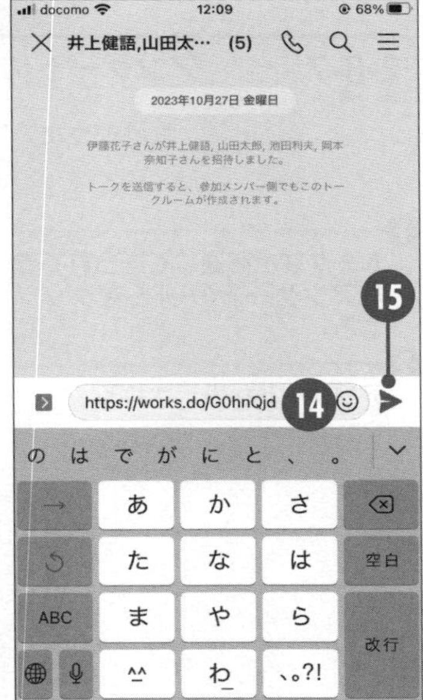

16 メンバーにアンケートがトークで送信された。

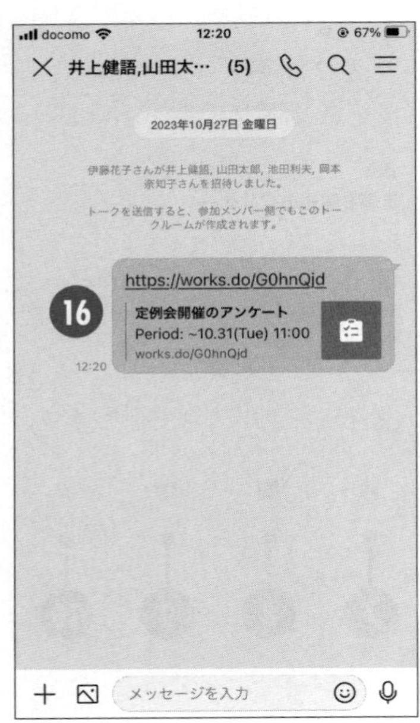

2-8-7 アンケートに回答する

受け取ったアンケートに回答をしてみましょう。

1 トークなどを通じて送られてきたアンケートのURLをタップする。

2 アンケートが表示される。

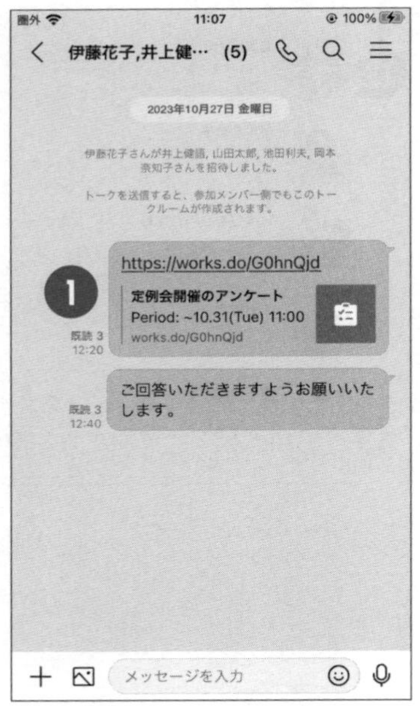

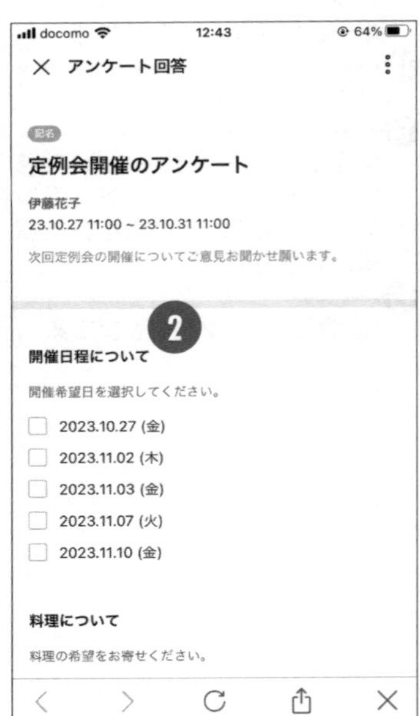

3 アンケートに回答する。

4 すべての回答が完了したら[提出する]をタップする。

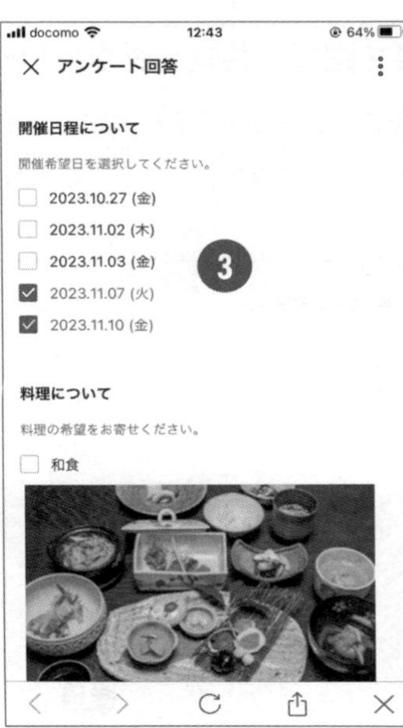

5 アンケート完了の画面が表示される。[結果確認]をタップする。

6 結果が公開されているアンケートは、途中経過を見ることができる。

2-8-8 アンケート結果を確認・共有・ダウンロードする

アンケート期間が終了したら、結果を確認してみましょう。結果のデータはメンバーと共有したりCSVデータでダウンロードすることもできます。

❶ 画面左下の[ホーム]アイコンをタップし、次に[アンケート]をタップする。

❷ [メニュー]アイコンをタップし、[作成したアンケート]を表示する。

❸ [終了]タブから結果を見たいアンケートの[結果確認]をタップする。

❹ アンケート結果が表示される。

❺ アンケート画面下の[結果を共有する]をタップする。

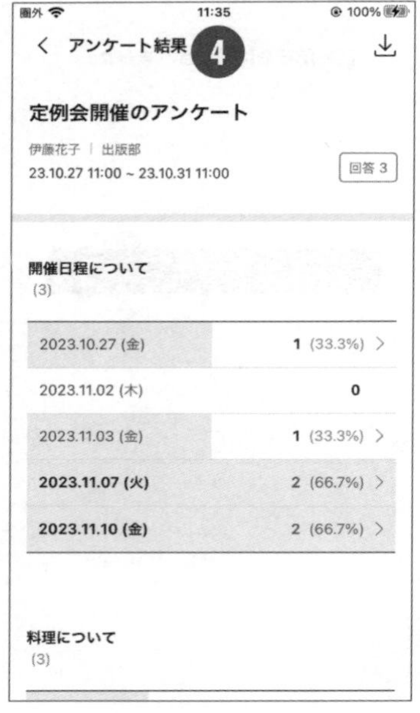

6 注意事項が表示されるため、内容を確認し、[OK]をタップする。

7 [結果のURLをコピー]をタップすると、アンケート結果のURLがクリップボードにコピーされる。トークやメールに貼り付けてアンケート結果をメンバーで共有することができる。

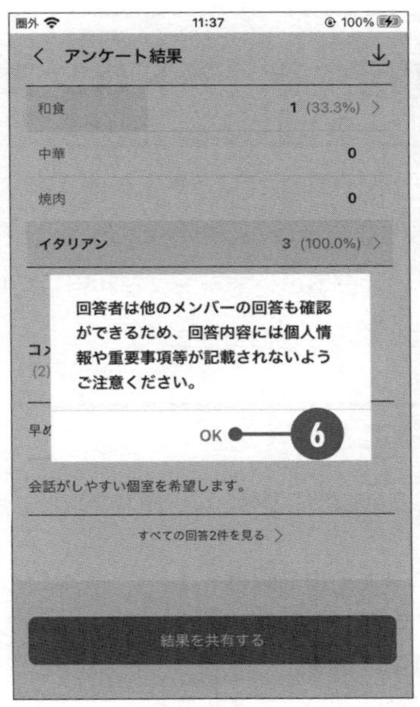

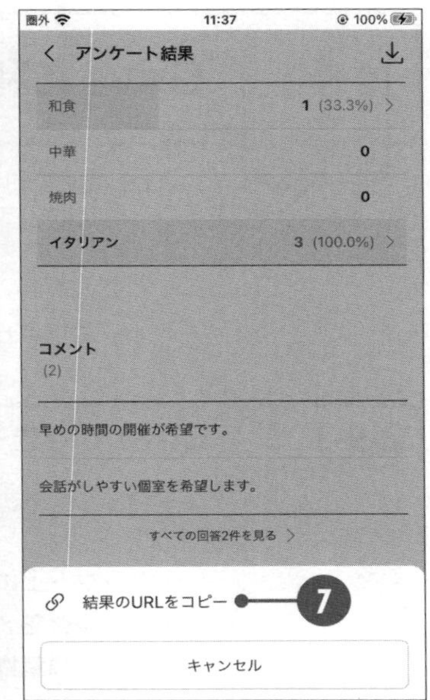

8 右上の[ダウンロード]アイコンをタップする。

9 アンケート結果をダウンロードしたり、Drive保存することができる。

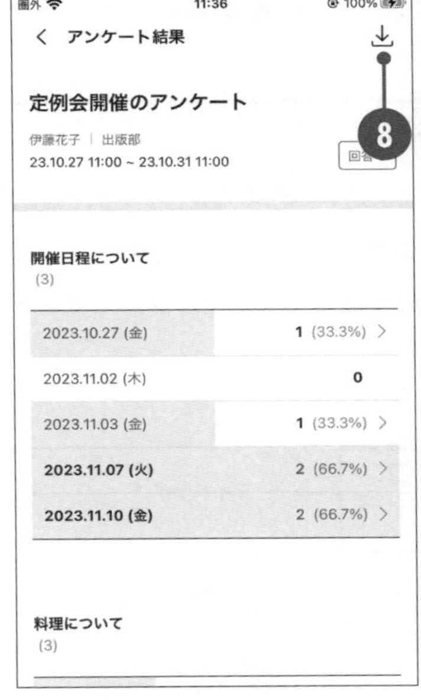

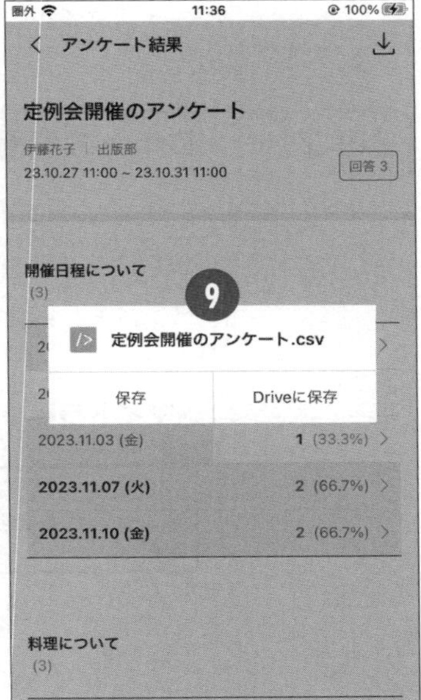

2-9 Driveを利用する［アドバンスト］

Drive機能を利用すれば、クラウドストレージにファイルを保存し、パソコンやスマートデバイスのどちらでもファイルを利用することができます。また、フォルダを共有することで、メンバーや部署単位でデータを利用したり、「リンク共有」により、社外の人ともファイルを共有することもできます。

2-9-1 Driveでできること

モバイル版でのDrive機能では、以下のようなことができます。

- **クラウド上にファイルを保存**
- **フォルダをメンバーと共有**
- **閲覧・編集権限の設定**
- **リンク共有で社外とのファイル共有**
- **ファイルの検索、本文内容の検索**

2-9-2 Driveの画面構成

Driveの画面構成を見ていきましょう。Driveを起動すると、まず自分がデータを保存したマイドライブが表示されます。左上の［メニュー］アイコンをタップすると、他のメンバーから共有されたフォルダや、グループフォルダを確認することができます。

•マイドライブ

•メニュー画面

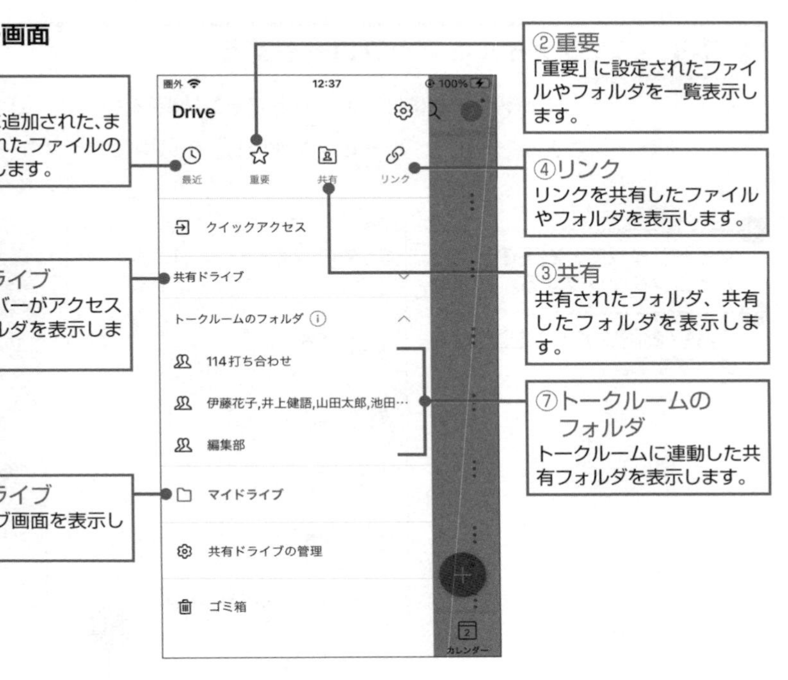

Column

トークルームのフォルダをDriveのメニュー画面に表示する

トークルームのフォルダをDriveのメニュー画面に表示するには、設定の変更が必要です。設定は以下の通りです。

1. 各トークルームを開き、［≡］をタップする。
2. ［フォルダ］をタップする。
3. ［⋮］をタップする。
4. ［Driveでも表示］を選択する。
5. ［Drive画面のリストに表示］をタップする。

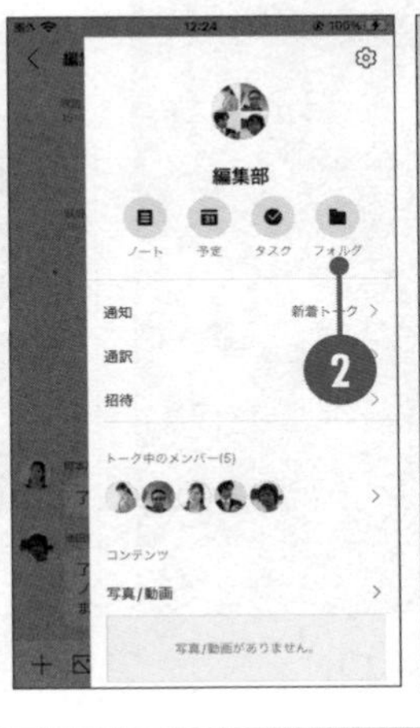

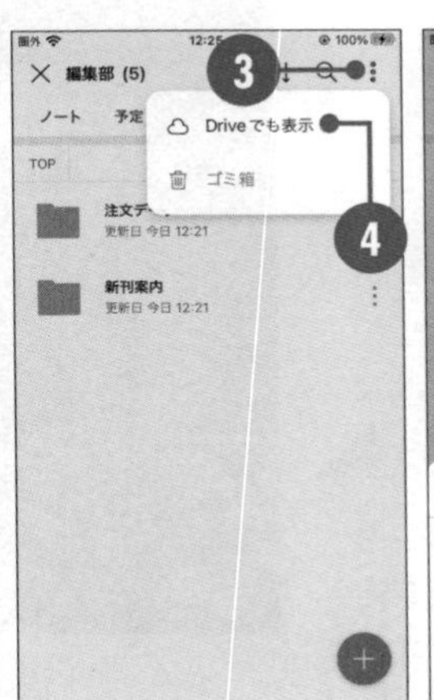

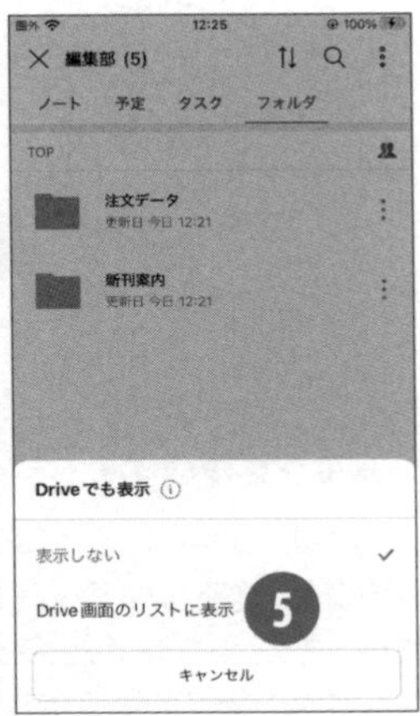

2-9-3 ファイルをアップロードする

マイドライブには、スマートフォンに保存されている写真や動画をアップロードすることができます。フォルダを作成し、その中にアップロードすることも可能です。

1. マイドライブで、右下の[作成]アイコンをタップする。
2. [写真/動画ファイルを選択]をタップする。

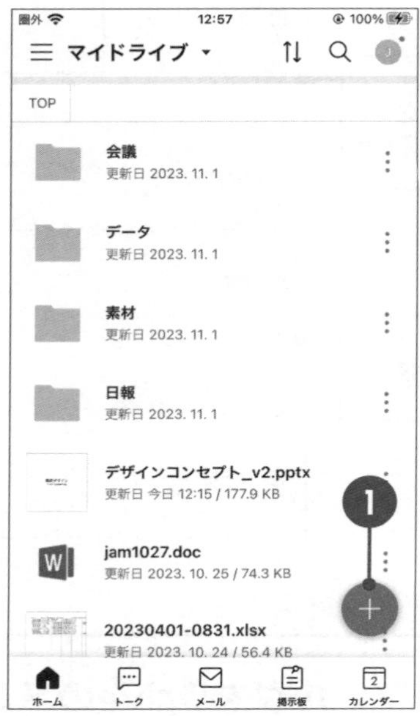

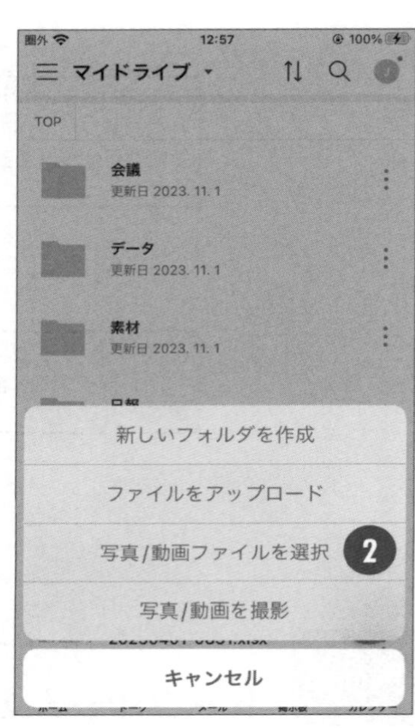

3. アップロードしたいファイルをタップして選択し、[OK]をタップする。ファイルは一度に複数選択することができる。
4. アップロードされた。

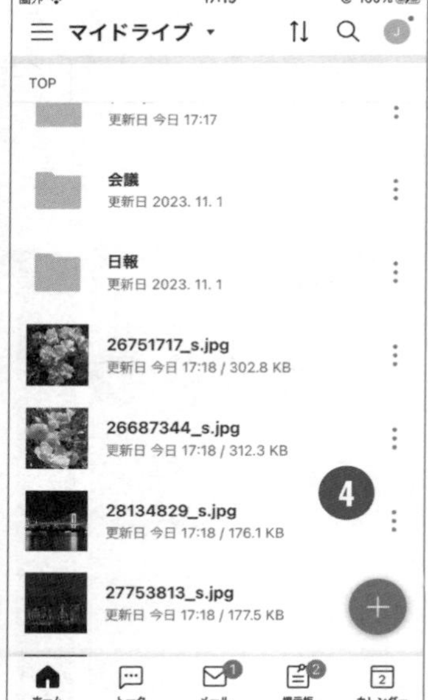

フォルダを作成する

右下の［作成］アイコンをタップし、［新しいフォルダを作成］をタップすると、フォルダを作成することができます。

「重要」を設定する

ファイル一覧画面で、ファイルの右端のアイコンをタップし、[その他] をタップ、[重要マーク] をタップすると、重要設定されます。重要設定されたファイルやフォルダには★マークが表示されます。重要設定したファイルやフォルダは、メニュー画面の [重要] をタップするとまとめて確認できます。

2-9-4 フォルダの共有設定

マイドライブ内のフォルダを共有設定し、社内のメンバーを招待してファイルを共有することができます。

❶ 共有したいファイルやフォルダの右端のアイコンをタップする。

❷ [共有]をタップする。

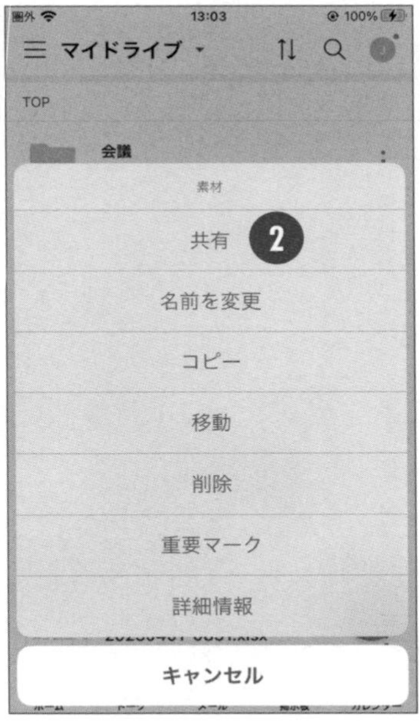

❸ [フォルダを共有]をタップする。

❹ 所属部署のメンバー一覧が表示されるので、共有したいメンバーを選択する。

❺ 選択されたメンバーは、画面下に一覧表示される。

❻ [OK]をタップする。

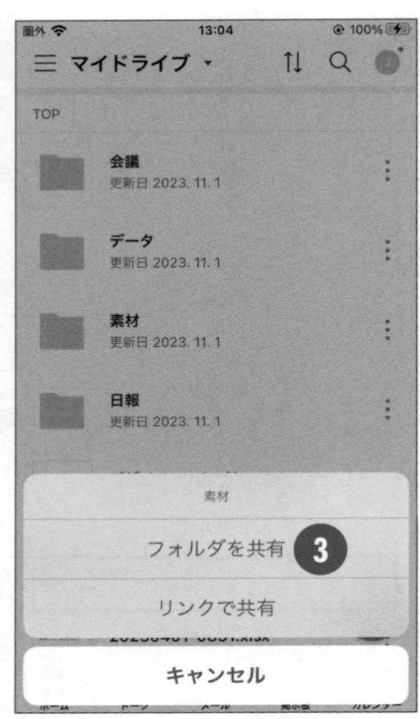

❼ フォルダが共有された。

所属部署、VIP以外のメンバーと共有する

　[フォルダを共有]をタップして表示される［メンバーを招待］画面では、［所属部署］と［VIP］の2つのタブがあり、それぞれメンバーの一覧から共有する相手を選択することができるようになっています。

　それ以外の社内のメンバーを招待したい場合は、画面上部の検索欄に、名前や部署名などを入力して検索して選択するようにします。

2-9-5 編集権限の設定

フォルダを共有したメンバーには、メンバーごとに編集権限を設定することができます。デフォルトでは、メンバーは共有フォルダ内にファイルをアップロード／ダウンロードしたり、フォルダを追加したり削除したりすることができますが、閲覧権限に設定すると、ファイルを修正、追加することができなくなり、ダウンロードのみ可能となります。

❶ 共有を設定すると表示されるメンバー情報画面で、閲覧権限を設定したいメンバーの[>]アイコンをタップする。

❷ [閲覧のみ可能]をタップする。

メンバーの削除

[共有メンバーから削除]をタップすると、共有メンバーから削除される。

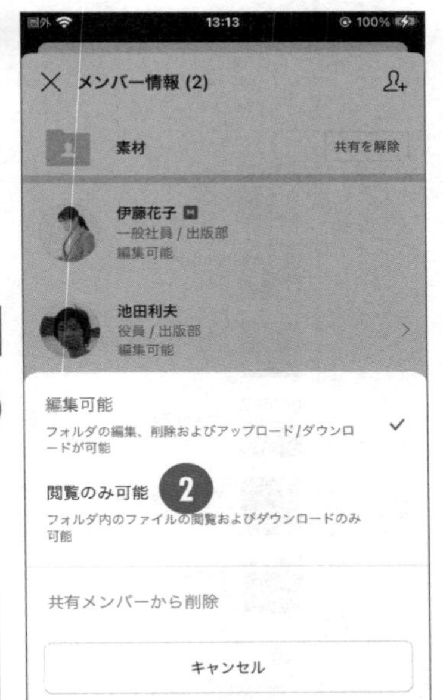

❸ 閲覧権限に設定された。

共有フォルダの確認

　メニュー画面で［共有］をタップすると、共有されたフォルダ、共有したフォルダを確認することができます。

　フォルダを開いて、右上の人型アイコンをタップすると、メンバー情報画面が表示されます。

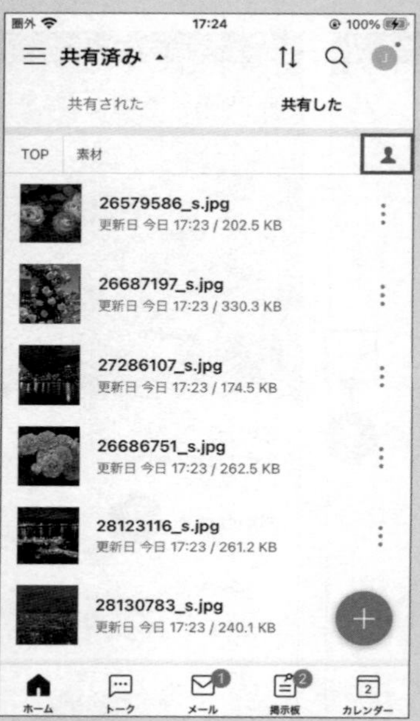

メンバーの追加と共有の解除

　メンバー情報画面で、画面右上のアイコンをタップすると、メンバーを追加することができます。

　また、［共有を解除］をタップすれば、フォルダの共有を終了します。

2-9-6 リンク共有の方法

Driveに保存されているファイルやフォルダを、リンクで手軽に共有することができます。リンク（URL）は、社外の人でも知っていればアクセスできるので、社内だけでなく、外部の人とも手軽にデータを共有できます。

❶ 共有したいファイルやフォルダの右端のアイコンをタップする。

❷ ［共有］をタップする。

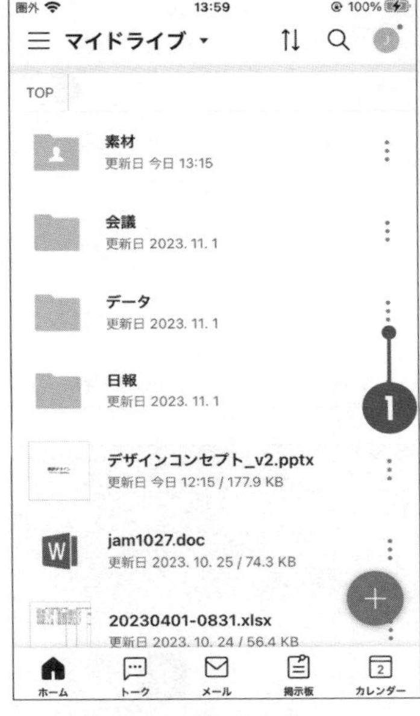

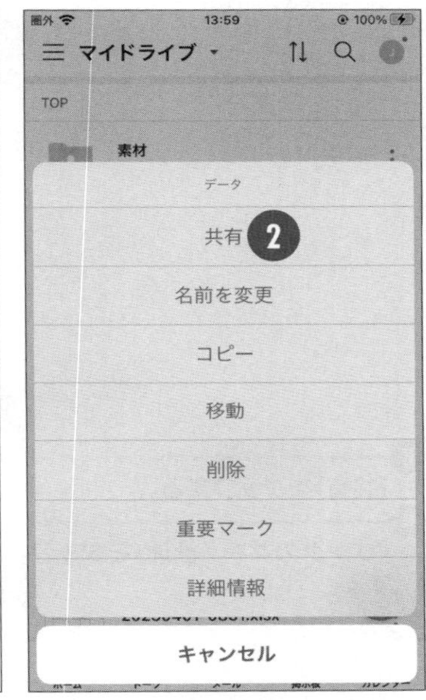

❸ ［リンクで共有］をタップする。

❹ ［アクセス権限］をタップして、［誰でもアクセス可能］を選択する。

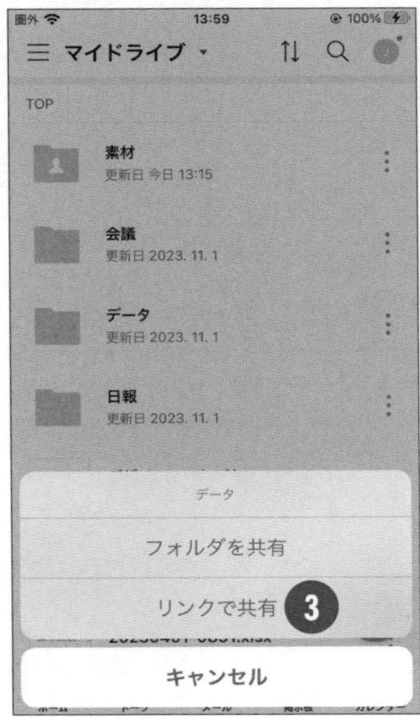

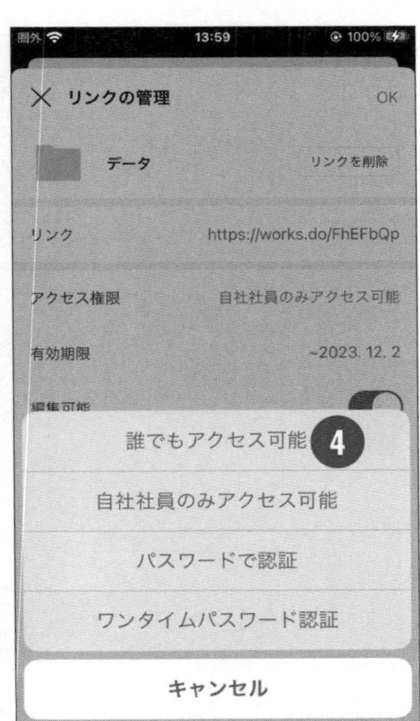

5 [OK]をタップする。

6 リンクが設定されると、鎖のマークが表示される。

7 再度右側のアイコンをタップする。

8 [共有]をタップする。

9 [リンクの共有/管理]をタップする。

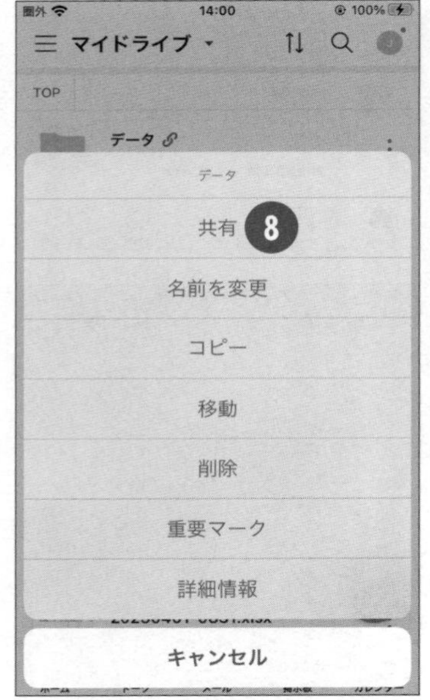

❿ [リンクの共有]をタップする。

⓫ トークルームで共有する場合は、送りたいトークルームを選択して[OK]をタップする。

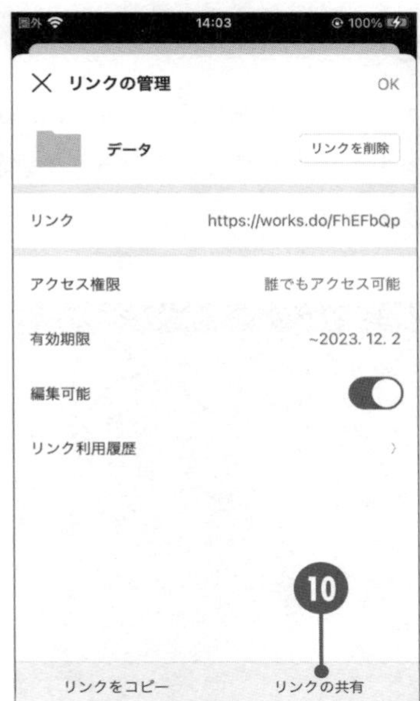

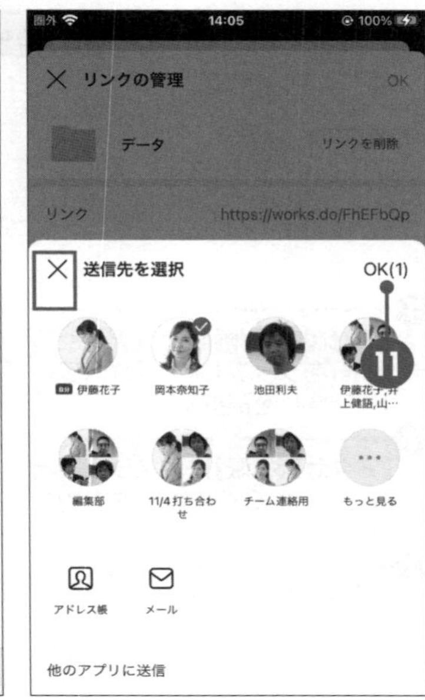

⓬ メールでリンクを送信する場合は、[メール]アイコンをタップする。

⓭ リンクが入力され状態でメール作成画面が表示されるので、宛先を設定して送信する。

リンクのクリップボードへのコピー

リンクの管理画面で、リンクをコピーすることができます。ペーストすることで簡単にメールやトークで送信することができます。

2-9-7 認証方法の設定

特に外部のユーザーとリンクを共有する際など、より安全性を高めるために、アクセスできるユーザーを制限するためのパスワードを設定することができます。通常のパスワードのほかに、ワンタイムパスワードを使った認証方法も選択できます。

❶ リンクの管理画面で、[アクセス権限]をタップして、[パスワードで認証]を選択する。

❷ [アクセス権限]にパスワードとして４～16桁の数字を入力する。

❸ [OK]をタップする。

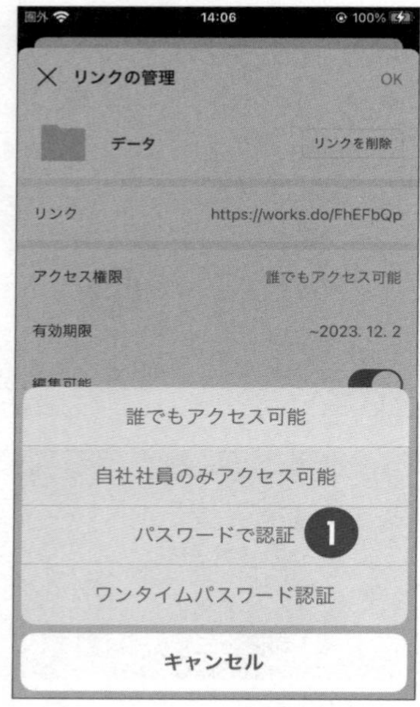

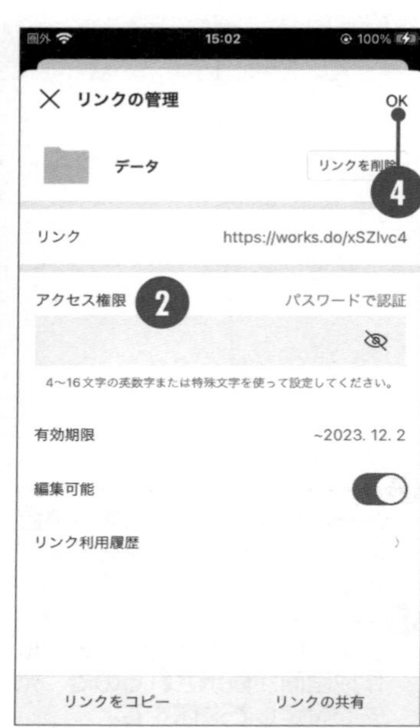

❹ アクセスする際には、パスワードの入力が求められる。

ワンタイムパスワード認証を利用する

ワンタイムパスワードを利用したい場合は、[アクセス権限] で [ワンタイムパスワード認証] を選択し、利用する人のメールアドレスを登録します。

アクセスする際には、メールで送られてくるワンタイムパスワードを入力する必要があります。

2-9-8 ファイルの検索、全文検索

Driveに保存されているファイルは、ファイル名はもちろん、文書ファイルの本文の内容でも検索することができるので、ファイルを簡単に探し出すことができます。

1. 右上の虫眼鏡アイコンをタップする。
2. キーワードを入力する。
3. 検索結果が表示される。

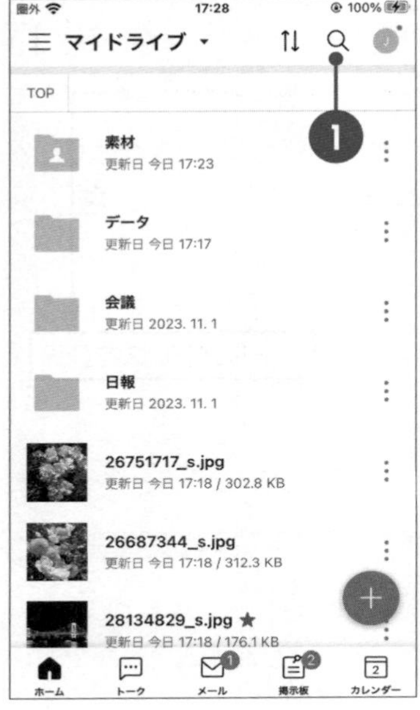

4. [本文]タブに切り替えると、本文の内容を検索した結果が表示される。

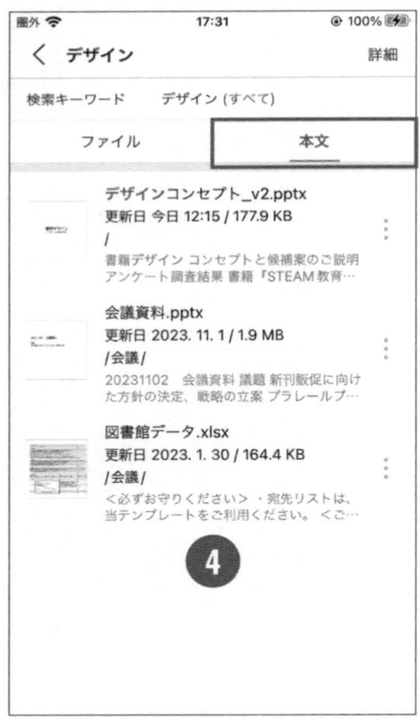

1
2
3
4
5

2-10 アプリを利用する［フリー／スタンダード／アドバンスト］

アプリ機能では、他のアプリやサービスと連携して、LINE WORKSの機能を追加することができます。

2-10-1 アプリでできること

情報収集や他サービスとの連携機能などを追加することができます。

- **外部アプリとの連携**
- **外部サービスとの連携**

2-10-2 アプリの画面構成

•メイン画面

docomo 16:18 46%

ヤマト運輸

宅急便を送る
その他

LINE WORKSから宅急便の発送をかんたん手続！
外出先や出張先などからの荷物発送が"より便利"になります！

Ver 1.0

奉行クラウド

奉行クラウド
人事 & 労務 & 経理

奉行クラウドから業務情報の通知

Ver 2.0

①機能一覧
追加したい機能をタップすると、それぞれ利用方法などの情報が表示されます。

2-10-3 アプリの追加

❶ 一覧から、追加したいアプリをタップします。

❷ 内容を確認して、[管理者に追加リクエスト]をタップします。管理者が許可すると、トークにメッセージが届きます。

❸ Botアプリの場合、トークのメンバー選択画面から追加できます。

アプリによって設定方法は違う

アプリの種類によって、使用方法が異なります。また、有料のサービスもあるので、それぞれ説明を確認して、使用開始してください。

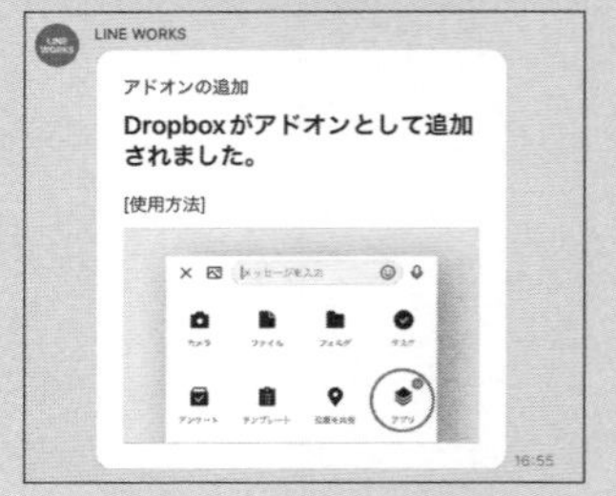

4 追加したサービスを利用開始します。

5 各サービスのコンテンツを利用します。

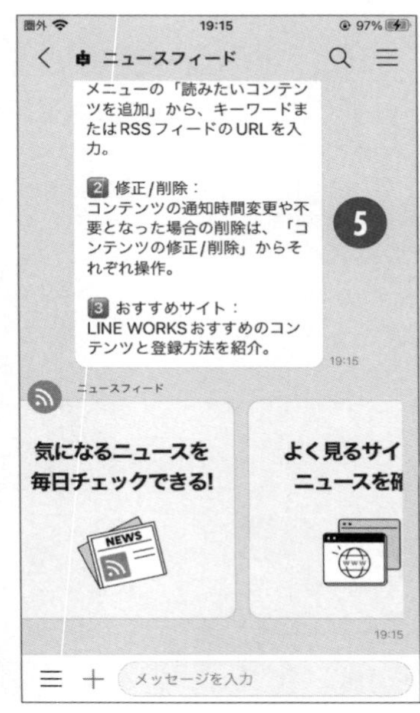

管理者が許可する

メンバーからのアプリ追加リクエストは管理者のトークに届きます。内容を確認して問題なければ、許可することができます。その際、一部のメンバーを指定する方法と、すべてのメンバーに許可する方法が選べます。管理者が許可すると、メンバーのトークにメッセージが届きます。

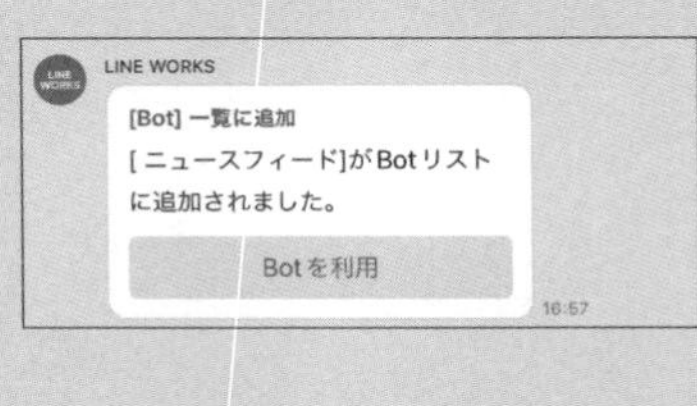

Chapter

3

パソコンで活用する

LINE WORKSはパソコンのWebブラウザで利用することもできます。社外や移動中はモバイル版アプリを使い、オフィスでパソコンを使うときはWebブラウザ版の利用方法に慣れておくと便利です。本章では、最上位のアドバンストプランを前提に、Webブラウザ版（以下、ブラウザ版）のLINE WORKSの基本的な機能・使い方を説明します。

3-1 パソコン版LINE WORKSの画面構成

パソコンのWebブラウザで利用するのがブラウザ版のLINE WORKSです。ここでは、ブラウザ版LINE WORKSの画面ついてまとめました。

3-1-1 ブラウザ版LINE WORKSの画面構成

ブラウザ版のLINE WORKSでは、Webブラウザを使ってトークや掲示板の機能を利用できます。機能は、ページ上にあるボタンで切り替えます。利用できる機能はスマートフォン版と共通ですが、操作方法はパソコンに最適化されています。

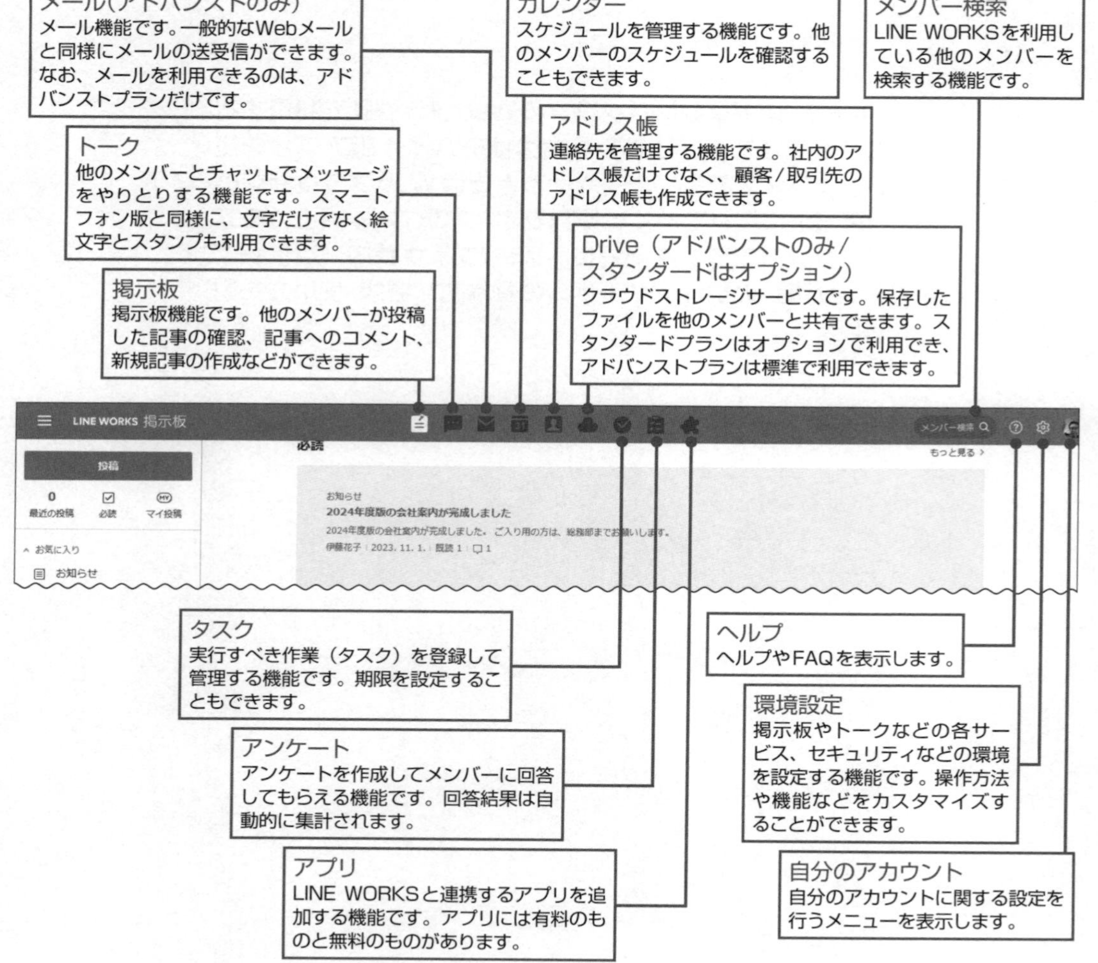

3-2 ブラウザ版での各サービスの使い方

ブラウザ版のLINE WORKSでも、スマートフォン版アプリと同様にトークやメール、カレンダーなどのサービスを利用できます。ここでは、サービスごとに主要な機能の使い方を説明します。

3-2-1 ［掲示板］掲示板の記事を確認する

掲示板では、全員もしくは特定のメンバーに知らせたい記事を投稿したり、他のメンバーが投稿した記事を確認したりできます。ここでは、他のメンバーが投稿した記事を確認する方法を説明します。

1. ［掲示板］をクリックして掲示板に切り替える。
2. 確認したい記事のタイトルをクリックする。

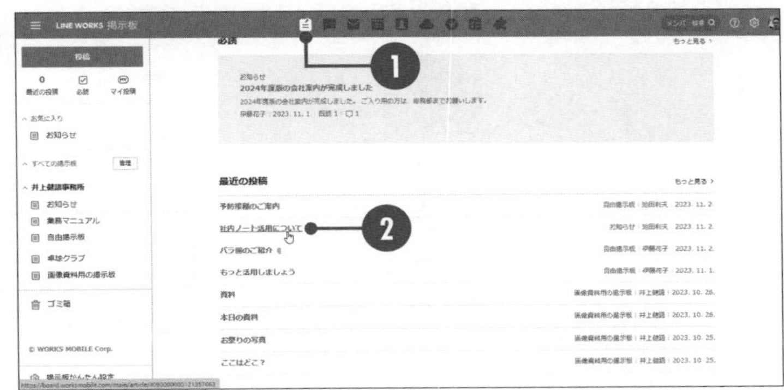

3. 記事の内容が表示される。

読んだ記事にコメントを残す

記事にはコメントを書くこともできます。記事末尾のコメント欄に文章を入力し、[入力] をクリックしてください。

コメント欄に文章を入力して [入力] をクリックする。

コメントが追加される。

掲示板を「お気に入り」に登録する

掲示板がたくさんある場合は、重要な掲示板、よく利用する掲示板の★マークをクリックすると、「お気に入り」に登録されて、左側の「お気に入り」から選択できるようになります。

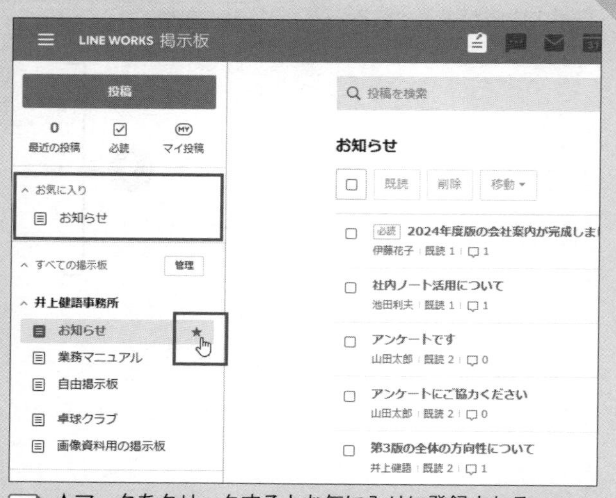

★マークをクリックするとお気に入りに登録される。

3-2-2 [掲示板] 掲示板に記事を投稿する

LINE WORKSのメンバーは、掲示板に新しい記事を自由に投稿できます。投稿するときは、投稿先の掲示板を選択します。また、「必読」を指定して重要な投稿であることを知らせることもできます。

1. [掲示板]をクリックして掲示板に切り替える。
2. 左側のメニューで投稿先の掲示板を選択する。
3. 左上の[投稿]をクリックする。

4. [件名]に記事の件名を入力する。
5. 必読にしたい場合は[必読]をチェックする。なお、チェックするといつまで必読にするかを指定するウィンドウが表示されるので、日付を指定して[OK]をクリックする。
6. ファイルを添付する場合は、[ローカルPC]または[Drive]をクリックしてファイルを指定する。
7. 投稿する文章を入力する。書式を設定したり画像を挿入したりすることも可能。
8. [コメントを許可]で投稿した記事に対して他のユーザーがコメントできるようにするかどうかを指定する。
9. [コメント通知]で、コメントが付いたときに通知するかどうかを指定する。
10. [投稿]をクリックする。

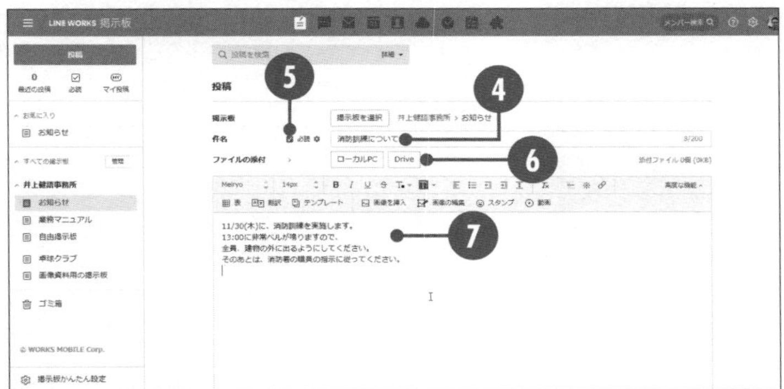

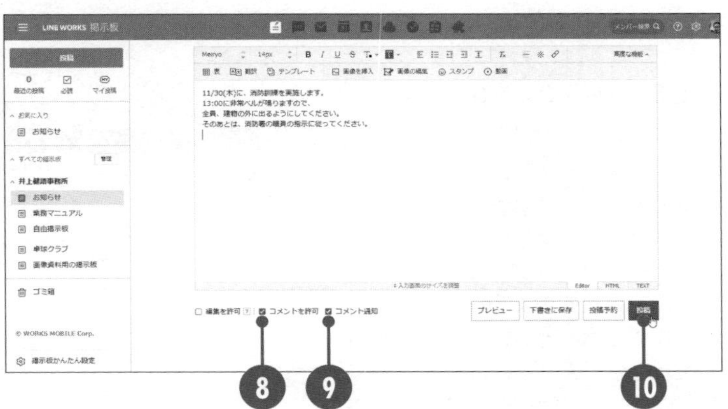

⑪ 確認のメッセージが表示されたら[OK]をクリックする。

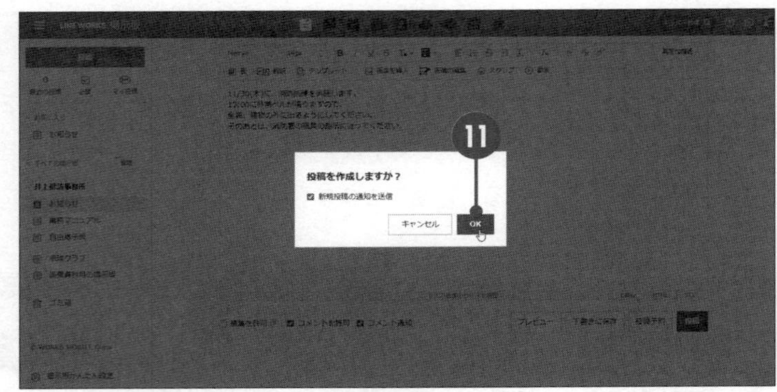

⑫ 記事が投稿される。

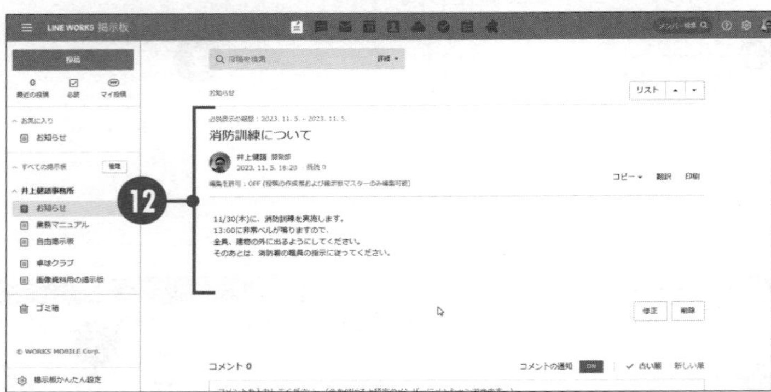

投稿を下書きとして保存する

［下書きに保存］をクリックすると、作成途中の投稿を下書きにできます。下書きの投稿は、［マイ投稿］をクリックすると表示され、クリックすると続きを書いて投稿できます。なお、マイ投稿には自分の書いた記事が表示され、書きかけの投稿には「作成中」と表示されます。

記事をプレビューする

［プレビュー］をクリックすると、投稿する前に記事が投稿された状態を確認できます。［修正］をクリックすると再び記事の編集画面に戻り、［投稿］をクリックすると記事が投稿されます。

投稿する文章の編集・翻訳

記事の編集画面では、文字のサイズやフォント、文字揃えなどの書式も設定できます。［画像を挿入］をクリックすれば画像も挿入できます。また、［翻訳］で書いた文章を英語などの外国語に翻訳することもできます。

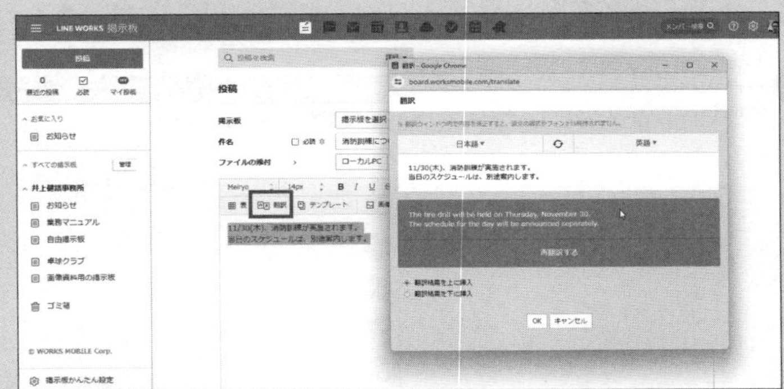

［翻訳］をクリックすると文章を翻訳できる。

記事に必読を付けるとどうなる？

投稿記事を必読にすると、件名の先頭に赤い「必読」という文字が追加され、掲示板の上部に表示されるようになります。

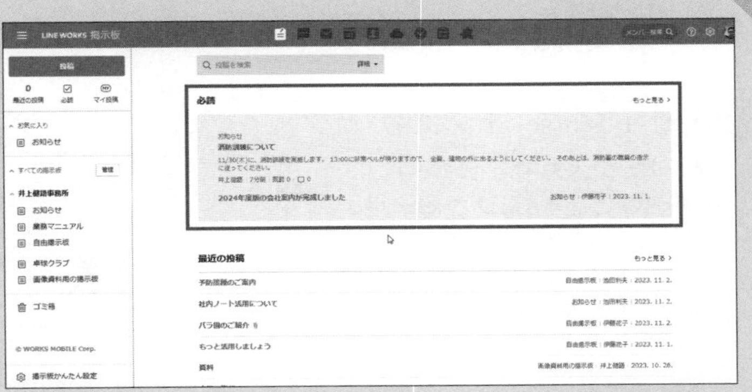

3-2-3 ［トーク］トークでメッセージを送る

［トーク］を選択すれば、スマートフォン版アプリと同様に他のメンバーとトークを使ってメッセージをやりとりできます。ここでは、その基本操作を説明します。

❶ ［トーク］をクリックしてトーク画面に切り替える。

❷ 左側でトークルームまたはトークする相手をクリックして選択する。

❸ 右側の下段にある入力欄にメッセージを入力する。

❹ メッセージの最後で[Enter]キーを押す。

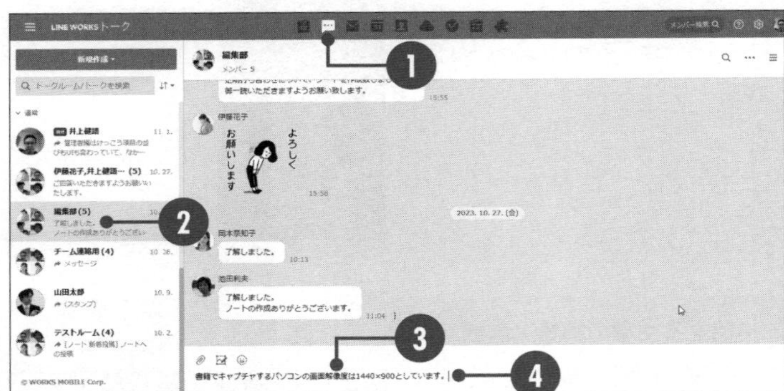

❺ メッセージが入力される。

［Shift］＋［Enter］キーで改行

メッセージ入力中に［Enter］キーを押すと、すぐにメッセージが送信されます。メッセージ内で改行するには、［Shift］＋［Enter］キーを押してください。

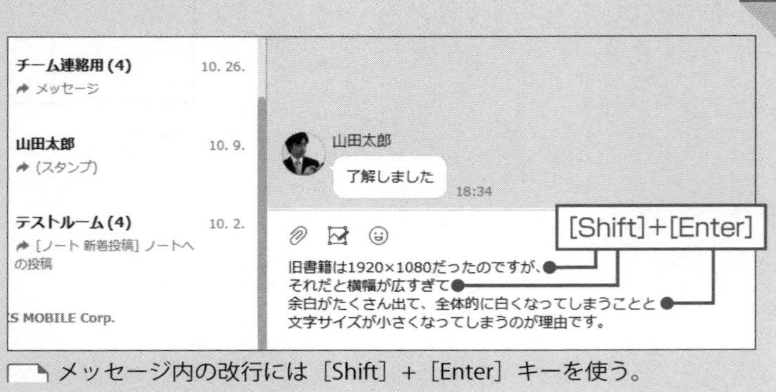

メッセージ内の改行には［Shift］＋［Enter］キーを使う。

トークのメッセージを取り消す

送信したメッセージは取り消すことができます。メッセージにマウスポインタを合わせ、⋮をクリックしてメニューを表示したら、［送信取消］を選択してください。なお、初期設定では取り消せるのは送信してから1時間以内です（管理者の設定により時間は変化します）。なお、LINEに送信したメッセージは取り消すことはできません。

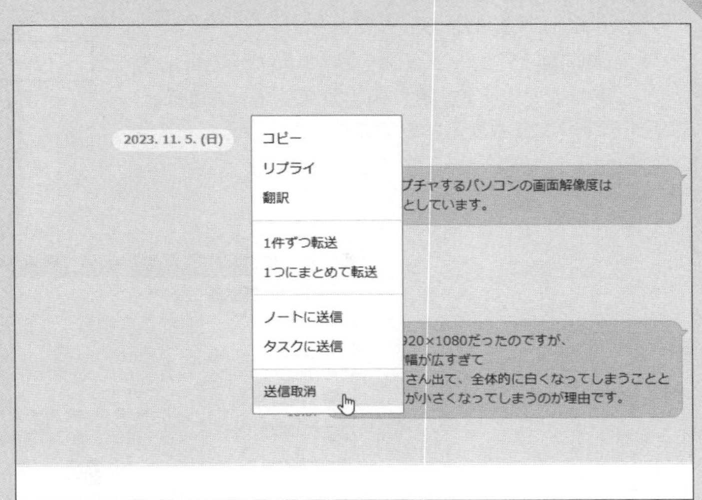

新しい相手とトークを開始する

画面の左側には、自分が属しているグループや過去にトークした相手が表示されます。ここに表示されていないグループやメンバーとトークするには、左上にある［新規作成］をクリックして「社内メンバーとトーク」または「外部ユーザーとトーク」を選択して、相手を指定してください。

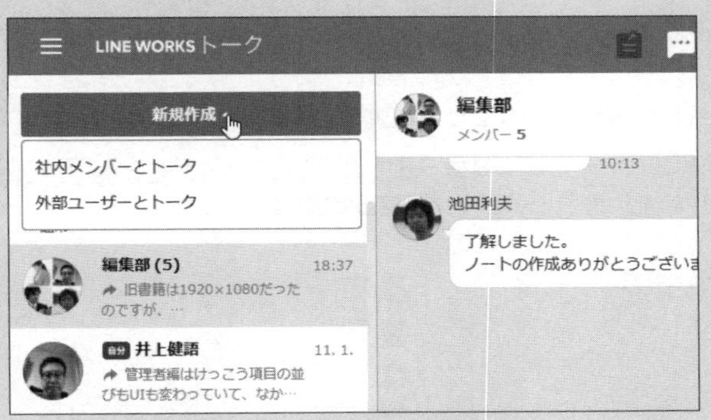

「社内メンバーとトーク」を選択する。

［組織図］で相手を指定して［OK］をクリックする。

ファイル添付／画像／スタンプ

メッセージ入力欄のボタンを利用すると、ファイルの添付、画像の挿入、スタンプ／絵文字の挿入ができます。また、「ありがとう」「感謝」などの文字を入力すると、対応するスタンプが表示されてすぐに入力することができます。

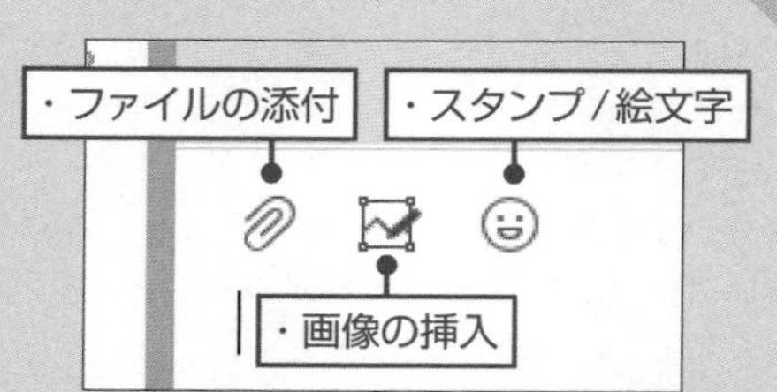

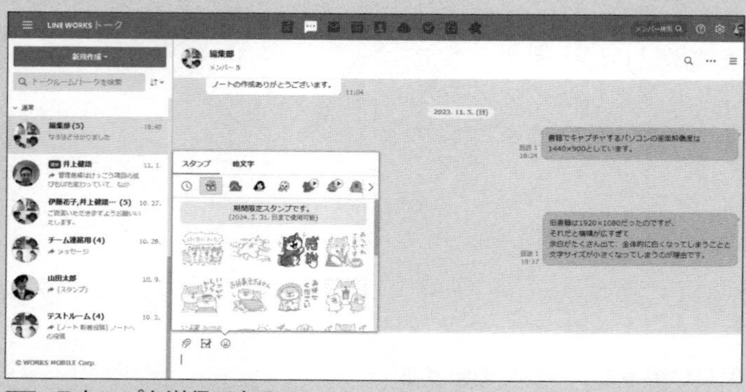

スタンプを送信できる。

右端のノートや情報表示のエリアを消す

画面右端には、ノートや相手の情報などが表示されます。右上の☰をクリックすると、この領域を表示／非表示できます。

3-2-4 ［トーク］ノートを活用する

「ノート」はトークルーム内のメンバーのみが投稿/閲覧できる情報共有スペースです。トークルーム専用の掲示板だと考えるとよいでしょう。ノートに投稿した内容は、そのトークルームのメンバーだけに共有されます。トークのように情報が時間とともに流れていかないので、メンバー間で継続的に共有したい情報を入力しておくと便利です。なお、トークルームによってはノートが利用できない場合もあります。

1. トークルームをクリックして選択する。
2. ［ノート］をクリックする。
3. 右上の［投稿の作成］をクリックする。

4. ウィンドウが開くので、［件名］を入力する。
5. ［本文］を入力する。
6. ［投稿］をクリックする。

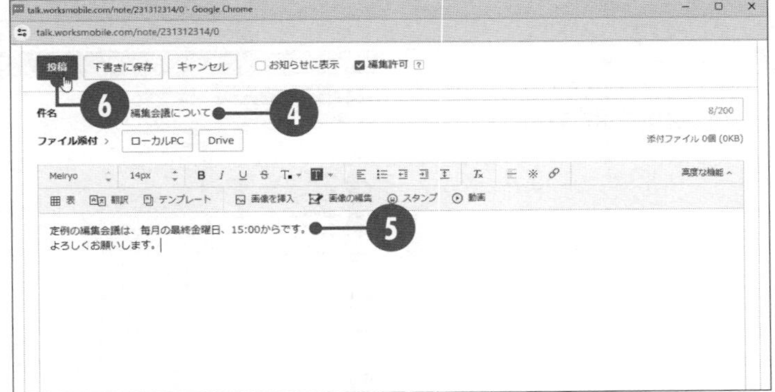

7. 確認のメッセージが表示されたら［OK］をクリックする。

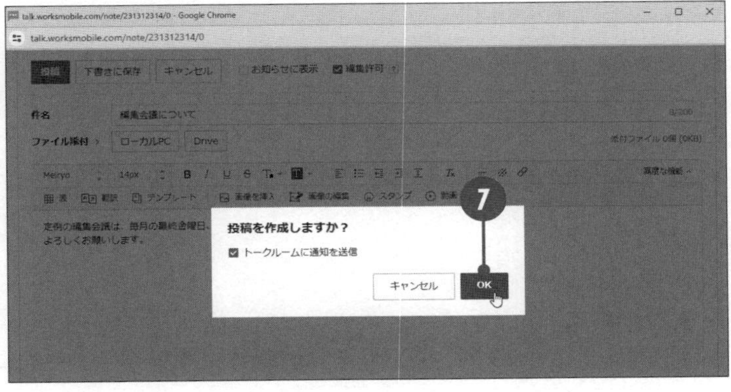

8

[×]をクリックしてウィンドウを閉じる。

9

ノートが作成されて表示される。また、トークにも表示される。

10

件名をクリックすると、ノートの内容が表示される。

ノートの投稿に「いいね」する

ノートの投稿にあるハートは「いいね」のマークです。クリックすると、投稿に対して「いいね」を送ることができます。

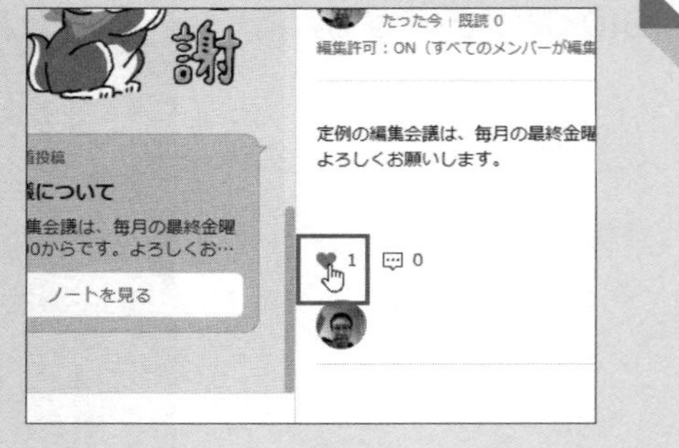

3-2-5 ［メール］受信したメールを確認する

［メール］では、一般的なWebメールと同様にメールの送受信ができます。ここでは、最も基本的な機能である受信メールの確認方法を説明します。なお、メール機能を利用できるのはアドバンストプランのみです。

1. [メール]をクリックしてメール画面に切り替える。
2. 左側のメニューで[受信トレイ]を選択する。
3. 受信メールが一覧表示されるので、確認したいメールの見出しをクリックする。

4. メールの内容が表示される。

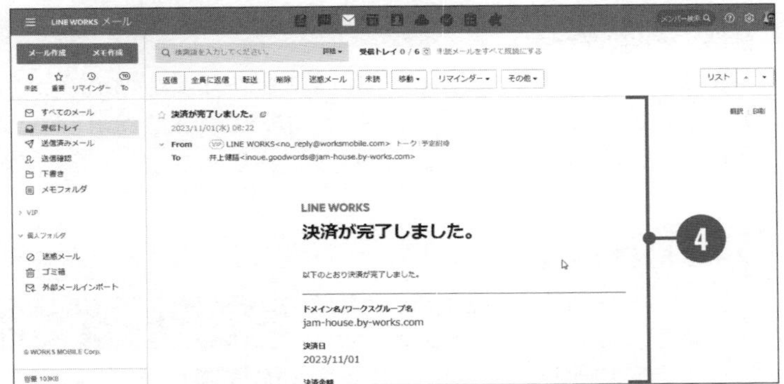

読んでいないメールは色付きで表示

受信メールの一覧では、まだ読んでいないメール（未読メール）が薄い青色で表示されます。

メール一覧と本文を同時に表示する

右上の［一覧と本文表示］ではメールの表示方法を変更できます。［メール一覧のみ表示］だとメールの一覧だけが表示されます。［左右分割で表示］／［上下分割で表示］だと、画面を左右または上下に分割して、選択したメールの内容が表示されます。

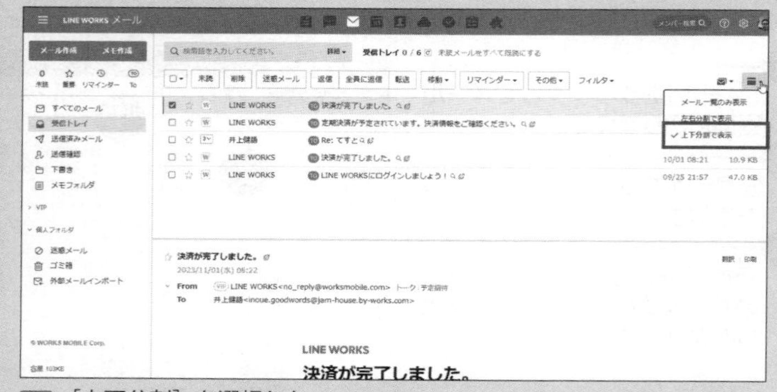

［上下分割］を選択した。

迷惑メールの報告

迷惑メールを受信した場合は、メール一覧で迷惑メールの先頭をチェックして選択し、［迷惑メール］をクリックしてください。以降は、その相手からのメールは「迷惑メール」フォルダに保存されるようになります。

メールの返信と転送

受信したメールの内容を表示した状態で［返信］／［転送］をクリックすれば、メール作成の画面に切り替わって返信メール、転送メールを作成できます。また、［全員に返信］をクリックすると、メールの宛先に指定されている全員への返信メールを作成できます。

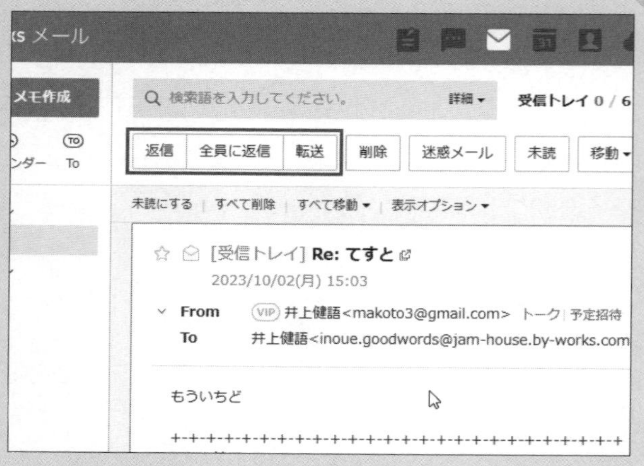

3-2-6 ［メール］メールを送信する

［メール］を使えば、一般的なWebメールと同様にメールの送信や返信、転送ができます。また、送信予約などの便利な機能も用意されています。ここでは、メール送信の基本操作を説明します。なお、メール機能を利用できるのはアドバンストプランのみです。

1. [メール]をクリックしてメール画面に切り替える。
2. [メール作成]をクリックする。

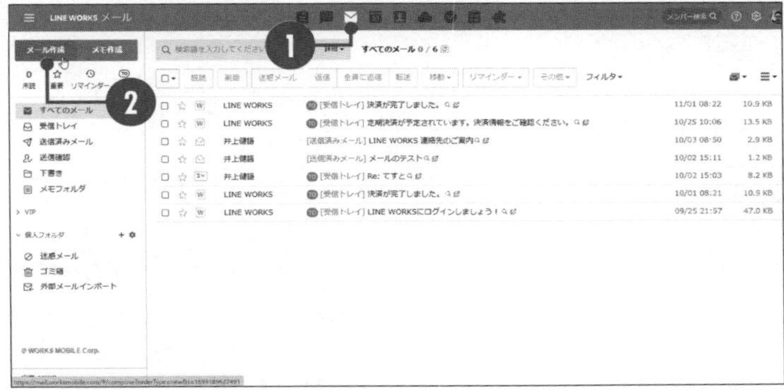

3. [To]に相手のメールアドレスを入力する。必要であれば複数指定する。
4. [件名]にメールの件名(タイトル)を入力する。
5. 本文を入力する。
6. [送信]をクリックする。これでメールが送信される。

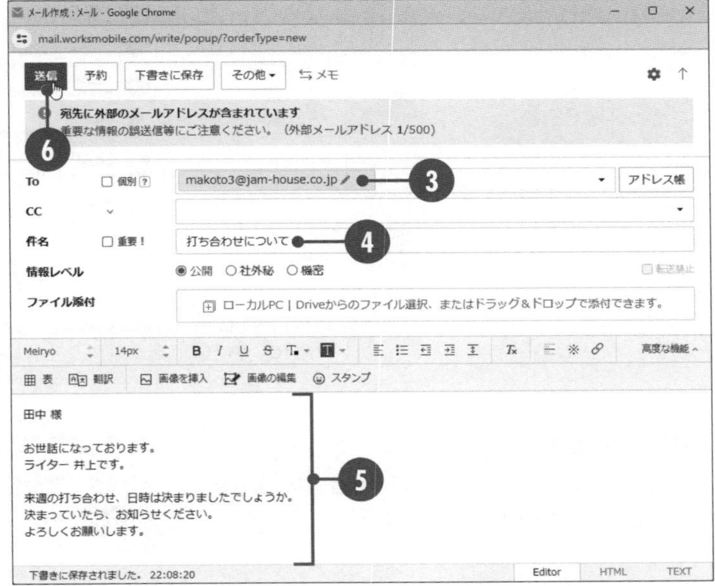

相手の名前で入力する/アドレス帳から入力する

相手がアドレス帳に登録されていれば、メールアドレスの一部や名前の一部を入力すると、相手が候補としてリスト表示されます。そこから選択すれば、素早く相手を設定できます。また、[To] や [CC] をクリックすれば、アドレス帳から相手を指定できます。

メールアドレス、名前の一部を入力すればリストに表示される。

[To] や [CC] をクリックすれば、アドレス帳から宛先を指定できる。

BCCの指定方法

[CC] の右側にある [∨] をクリックすれば、[BCC] の入力欄が表示されます。

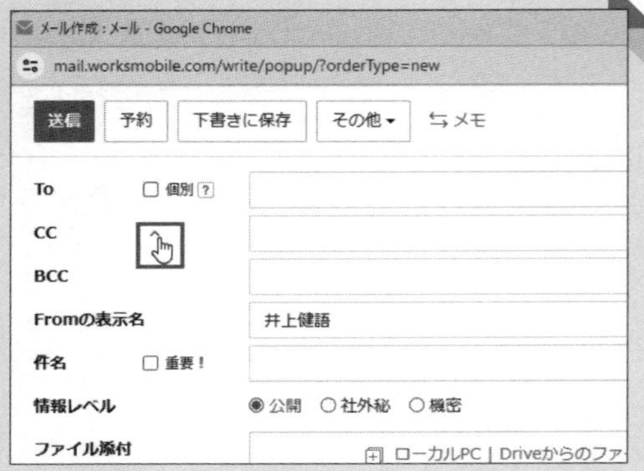

メールでスタンプを使う

本文作成エリアの右上にある［スタンプ］をクリックすると、メール本文にスタンプを挿入できます。

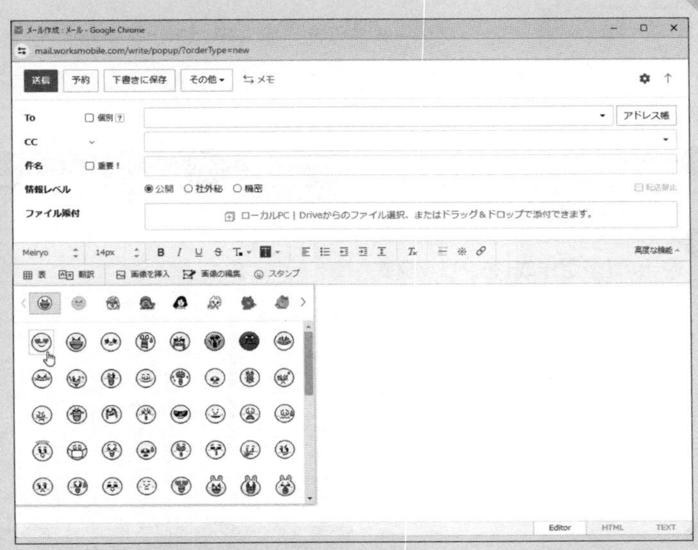

送信予約

［予約］をクリックすると、メールを送信する日時を指定することができます。

ファイルを添付する

［ファイル添付］の［ローカルPC］をクリックするとローカルPCのファイル、［Drive］をクリックするとDrive上のファイルを添付できます。

3-2-7 ［カレンダー］個人用の予定を作成する

カレンダーを使うと、個人用の予定を登録したり、他のメンバーを指定して予定を共有したりできます。ここでは、個人の予定を登録する基本操作を説明します。

1. [カレンダー]をクリックしてカレンダー画面に切り替える。
2. 左上の[予定作成]をクリックする。

3. [件名]に予定の件名を入力する。
4. [日時]で日付と時刻を指定する。日付はカレンダーから、時刻はリストから選択する。終日の場合は[終日]をチェックする。
5. その他の項目も必要に応じて設定する。
6. [保存]をクリックする。

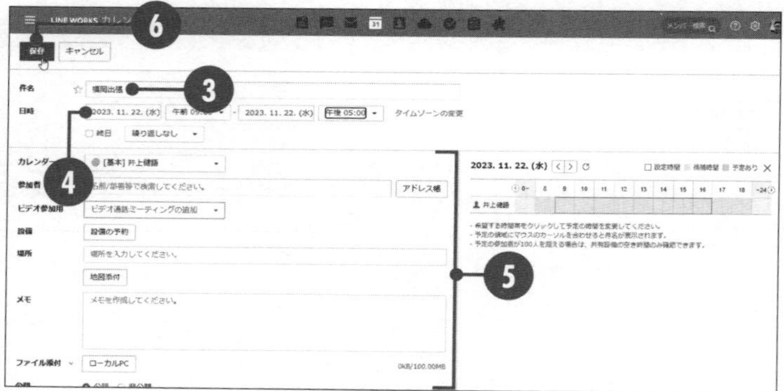

7. 予定が登録される。

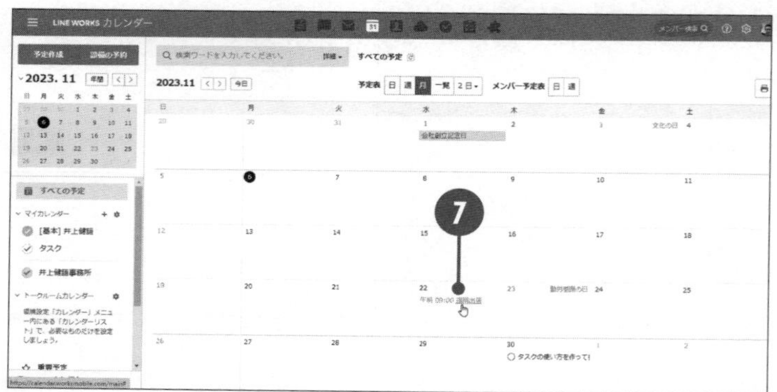

日付をクリックして予定を作成する

週や月の表示で日付をクリックして予定を登録することもできます。

予定の削除と修正

登録した予定を削除するには、予定をクリックして［削除］をクリックします。修正するなら、［詳細情報］をクリックして表示される画面で予定を修正し、［保存］をクリックしてください。

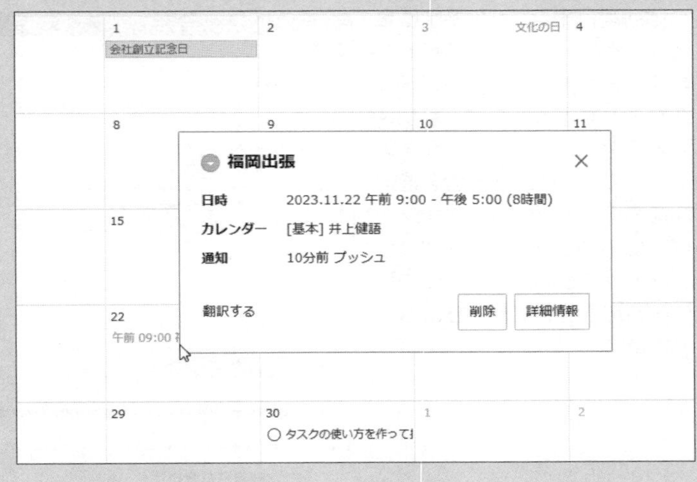

カレンダーの表示形式

カレンダーの表示形式は、［予定表］の［日］［週］［月］などのボタンをクリックすると切り替わります。

カレンダーの公開/非公開

予定作成画面の［公開］では、カレンダーの公開/非公開を設定できます。［公開］を指定すると全メンバーに予定が公開されます。［非公開］を選択すると、予定の参加者とカレンダーの管理者権限を持つメンバーだけに公開されます。

アラームを設定する

［通知］では、予定を事前に知らせる通知メッセージを設定できます。通知の方法としては、モバイルアプリに通知を表示する［プッシュ］とメールで通知する［メール］を選択できます。

参加者を設定する

［参加者］には、その予定に参加する別のメンバーを登録できます。名前またはメールアドレスを入力するとメンバーがリスト表示されるので、そこから選択してください。参加者を指定すると、その参加者のカレンダーにも同じ予定が表示され、クリックすると、「承諾」「未定」「辞退」の3つを選択することができます。

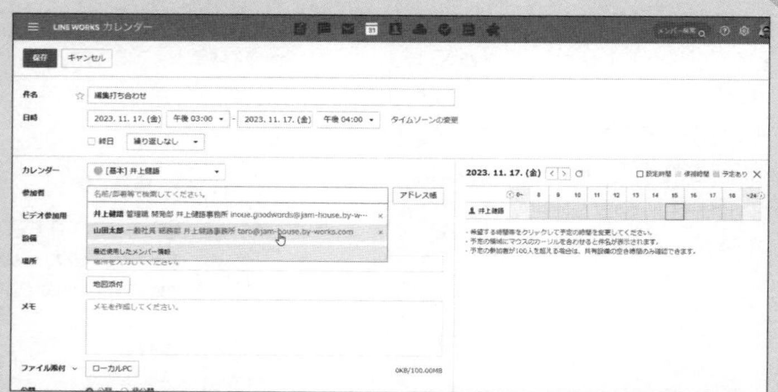

参加者を指定できる。

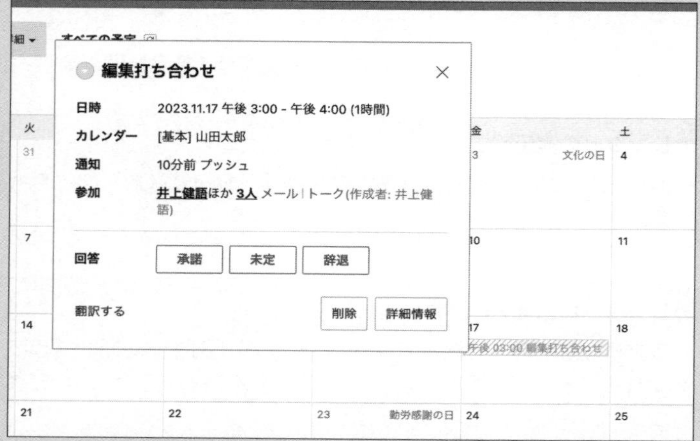

参加者側のカレンダーに予定が表示される。クリックすると、「承諾」「未定」「辞退」の3つを選択できる。

3-2-8 ［カレンダー］他のメンバーの予定を確認する

カレンダーを利用すると、自分の予定だけでなく他のメンバーの予定も確認できます。ここでは、その方法を説明します。

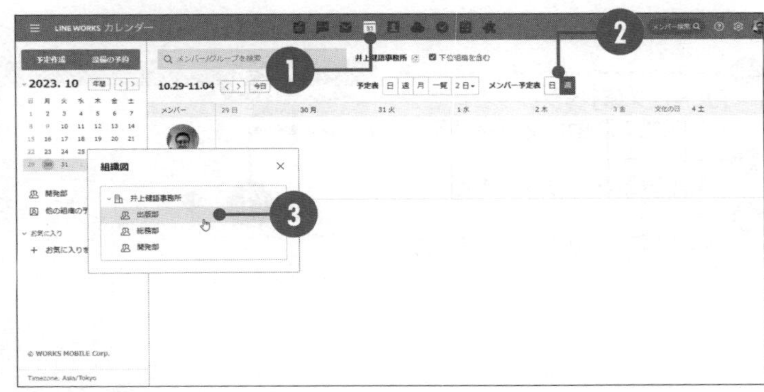

1. ［カレンダー］をクリックしてカレンダー画面に切り替える。
2. ［メンバー予定表］の［日］または［週］をクリックする。［日］だとメンバーの今日の予定、［週］だとメンバーの今週の予定が表示される。
3. 左側のメニューで予定を確認したい部門を選択する。他の部門を確認する場合は、［他の組織の予定］をクリックして一覧から選択する。
4. 選択した部門のメンバーの予定が表示される。

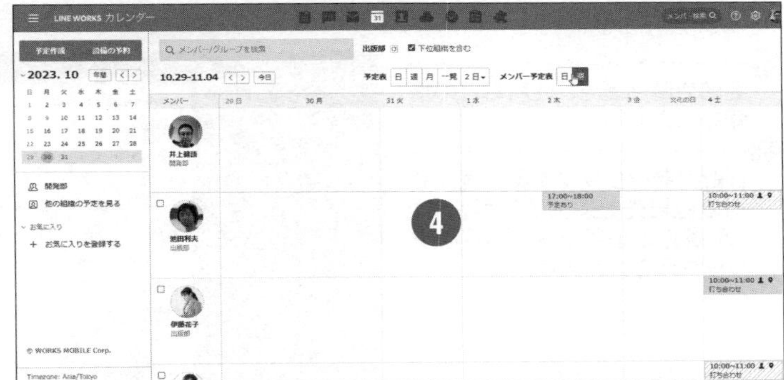

5. 予定をクリックすると詳細情報が表示される。

斜線の予定の意味

予定には斜線で表示されているものがあります。これは、他のメンバーから参加者として指定されたものの、まだ承諾や辞退などの設定をしていないことを示しています。

3-2-9 ［アドレス帳］顧客/取引先の連絡先を登録する

アドレス帳を使うと、顧客/取引先の連絡先、社外のLINE WORKSのユーザーを登録することができます。登録しておくと、相手を素早く見つけて連絡をとることができます。ここでは、顧客/取引先の新しい連絡先を登録する方法を説明します。

1. ［アドレス帳］をクリックしてアドレス帳の画面に切り替える。
2. ［新規作成］をクリックする。
3. ［顧客/取引先の連絡先］を選択する。

4. 名前や電話番号、住所などの情報を入力する。
5. ［保存］をクリックする。続けて別の連絡先を追加する場合は、［連絡先の追加を続ける］をクリックして入力を続ける。

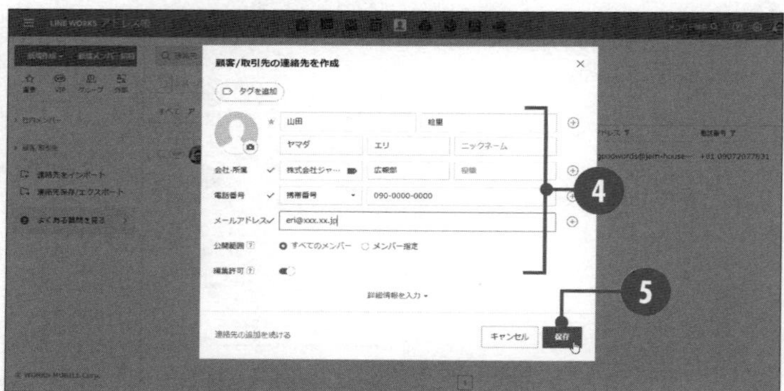

6. 新しい連絡先が追加される。

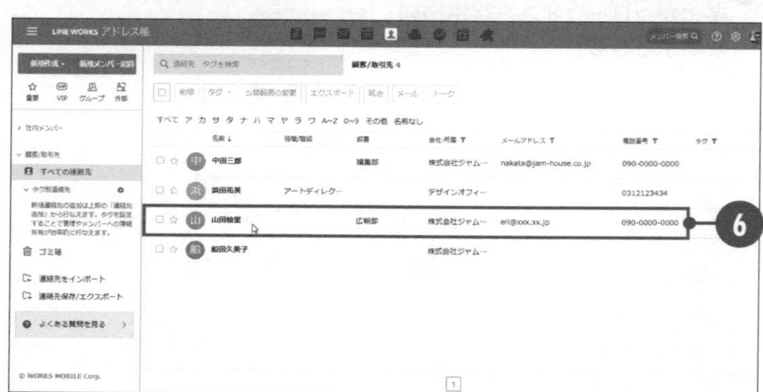

連絡先の公開範囲と編集許可

［公開範囲］では、連絡先を公開する範囲を指定します。［すべてのメンバー］だと全社員、［メンバー指定］だと指定したメンバーだけに公開されます。［編集許可］では連絡先の情報を他の社員が編集できるようにするかどうかを設定します。

外部のLINE WORKS/LINEユーザーを登録する

手順3で［外部ユーザー］を選択すると、LINEユーザーおよび外部のLINE WORKSユーザーを登録できます。また、LINE/外部のLINE WORKSユーザーを招待することもできます。［たとえば、［メールで招待する］をクリックすると、自分のQRコードをメールで相手に送れます。そのQRコードを使って相手が友だち登録すると、その相手とトークできるようになります。

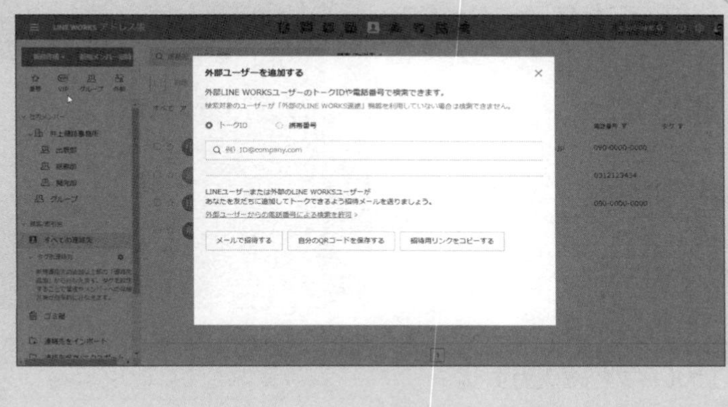

3-2-10 ［アドレス帳］グループを作る

アドレス帳では、グループを作って連絡先を分類することができます。たとえば、拠点の離れたマネージャ同士、同じサークル、プロジェクト単位など、企業の組織にしばられない自由なグループを作って、お互いにコミュニケーションをとることができます。

1. ［アドレス帳］をクリックしてアドレス帳の画面に切り替える。
2. ［新規作成］をクリックする。
3. ［グループ］を選択する。

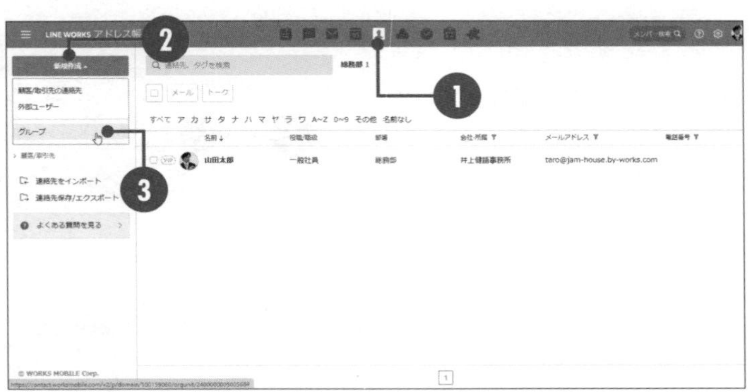

4 社内用のグループを作るので[グループ作成]をクリックする。

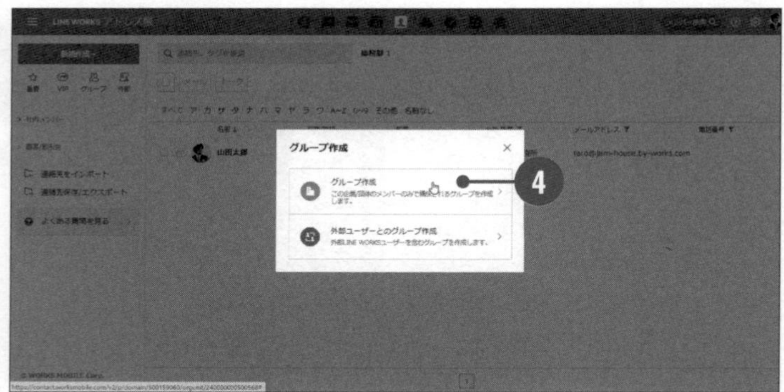

5 [グループ名]を入力する。

6 グループの説明を入力する(省略可)。

7 [グループメンバー]に登録するメンバーの名前またはメールアドレスを入力する。メンバーがリスト表示されたらクリックして選択する。

❽ 同じ操作を繰り返してメンバーを登録する。

❾ [グループマスター]でグループの管理者を設定する。最初はグループを作成した本人がグループマスターになるので、それで問題なければそのままにする。変更するなら、[グループメンバー]と同じ方法で登録する。なお、グループマスターは複数人を登録できて、あとで変更することもできる。

❿ 利用する機能を選択する。たとえばグループのメンバーでトークを利用するなら[トーク]の[有効にする]をオンにする。初期設定ではすべて有効になっている。

⓫ [グループの公開設定]でグループを公開にするか非公開にするかを設定する。

⓬ [追加]をクリックする。

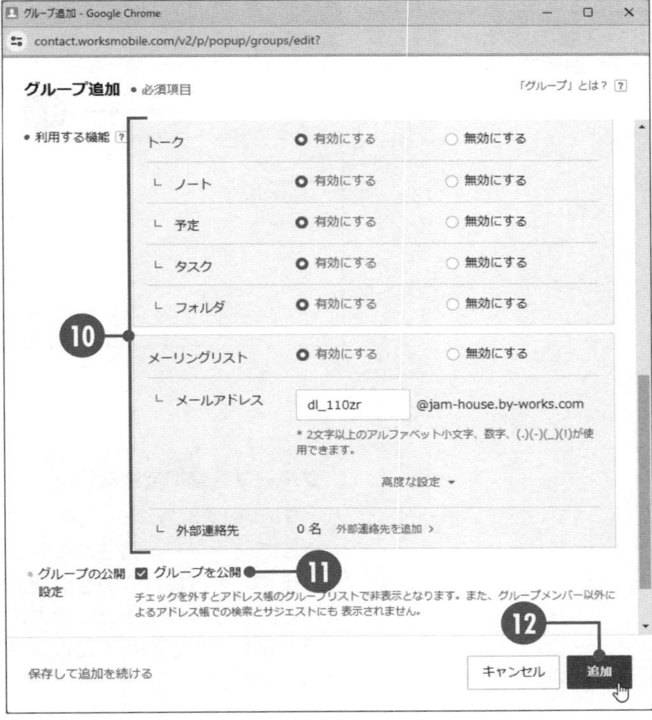

⑬

登録した内容を確認して[閉じる]をクリックする。修正する場合は[修正]をクリックして修正する。

⑭

アドレス帳の[グループ]にグループが追加される。

グループを追加できない？

管理者以外のメンバーがグループを作成するには、管理者によってメンバー全員にグループの作成が許可されている必要があります。許可されていない場合は、グループを作成できるのは管理者だけとなります。設定方法は、「4-5-9 ［アドレス帳］グループを作れるのを管理者だけにする/メンバー全員にする」を参照してください。

グループの修正・削除

グループマスターは、自分が作成したグループの内容を修正・削除できます。修正するなら、グループの一覧でグループをクリックし、右側のウィンドウで⋮をクリックして［グループの修正］をクリックしてください。ウィンドウが開いて設定を変更できます。また、そのウィンドウで［削除］をクリックすれば、グループを削除できます。

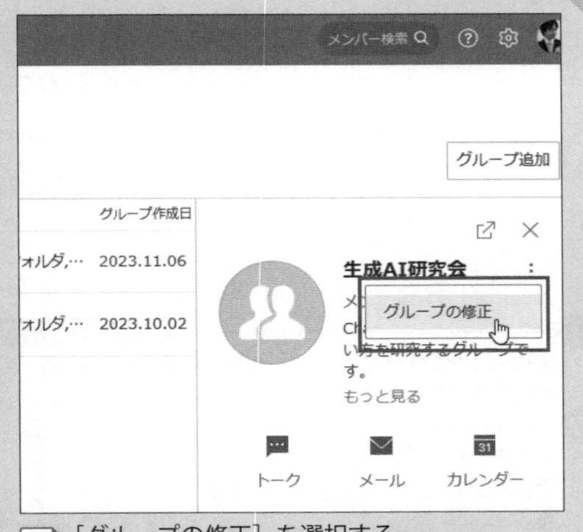

［グループの修正］を選択する

表示されたウィンドウで設定を変更できる。［削除］をクリックすればグループを削除できる。

3-2-11 [Drive] フォルダを作ってファイルをアップロードする

Driveは全社員が利用できるクラウドストレージサービスです。必要なファイルを自由にアップロードし、他のメンバーと共有することが可能です。なお、Driveが利用できるのはアドバンストプランのユーザーで、スタンダードプランのユーザーはオプションで利用できます。ここでは、フォルダを作ってファイルをアップロードする方法を説明します。

1. [Drive]をクリックしてDriveの画面に切り替える。
2. 共有ドライブを選択する。ここでは「プロジェクト」を選択する。
3. [新規フォルダ]をクリックする。

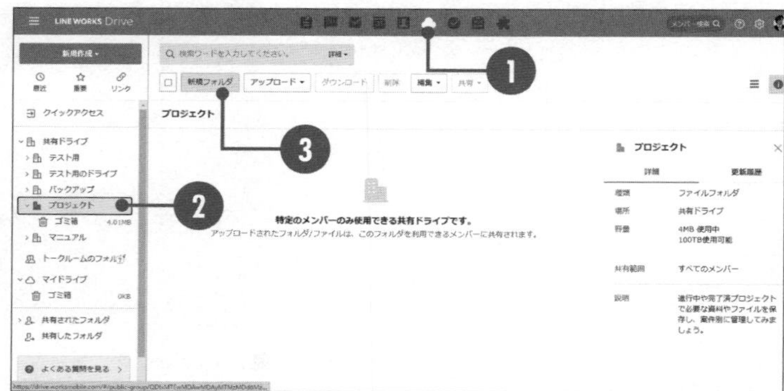

4. 新しいフォルダの名前を入力する。
5. [OK]をクリックする。

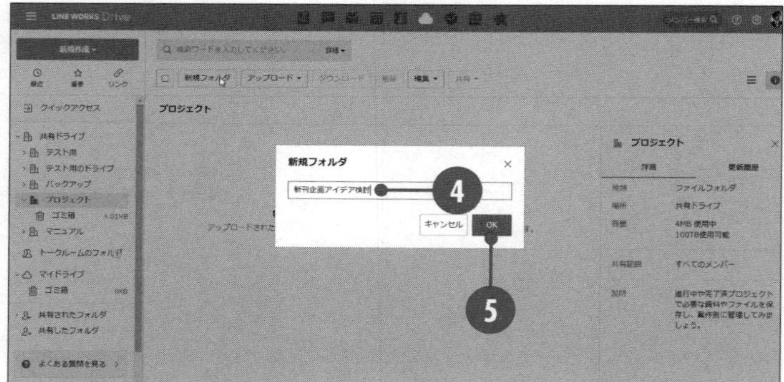

6. 新しいフォルダが作成される。
7. フォルダをダブルクリックして、そのフォルダに移動する。

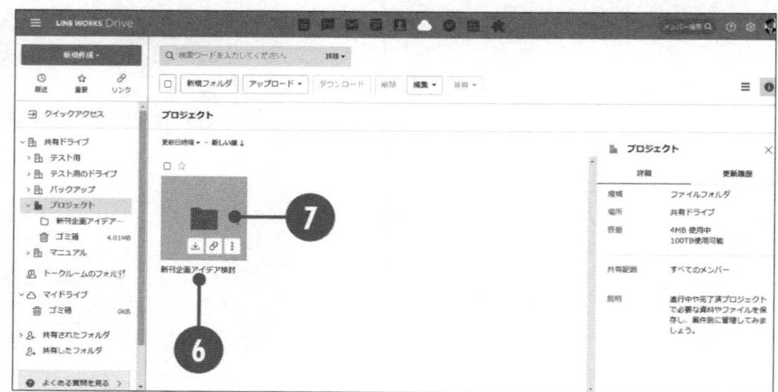

8 [アップロード]をクリックする。

9 [アップロード]を選択する。なお、[フォルダのアップロード]を選択すれば、フォルダを指定してアップロードできる。

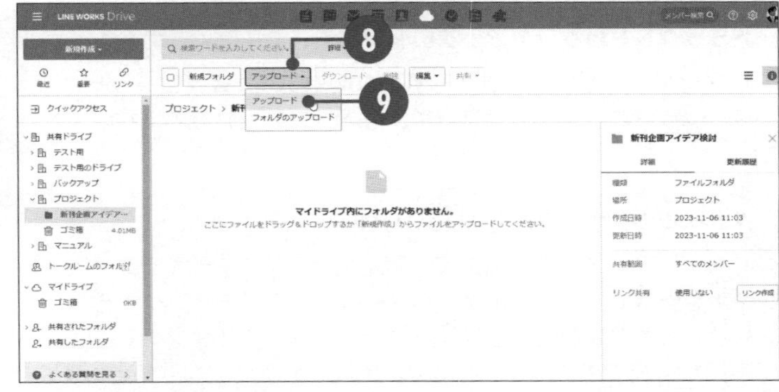

10 ファイルを選択する画面が表示されるのでファイルを選択する。

11 [開く]をクリックする。

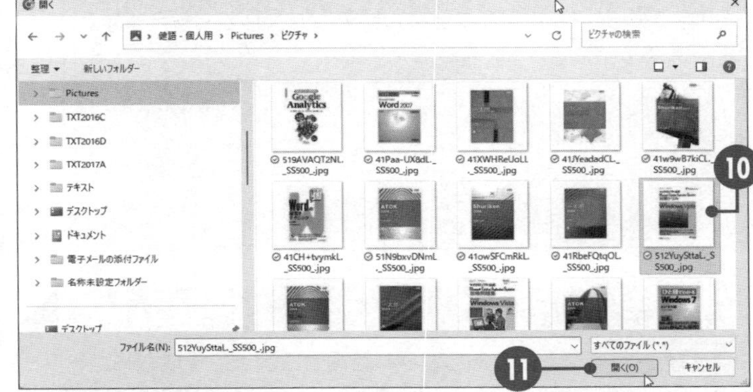

12 ファイルがアップロードされる。

ドラッグ&ドロップでアップロードする

フォルダを選択したあと、Windowsのエクスプローラーを使ってウィンドウ内にファイルをドラッグ&ドロップしてもファイルをアップロードできます。

ファイルのダウンロード/リンク共有

Driveでは、右上のボタンで一覧形式/アイコン形式でファイルを表示できます。また、ファイルにマウスポインタを合わせるとボタンが表示され、[ダウンロード] や [リンクで共有] を選択できます。[リンクで共有] をクリックすると、ファイルへのリンクが表示され、それを他のメンバーにメール等で知らせることで、ファイルにアクセスしてもらえます。

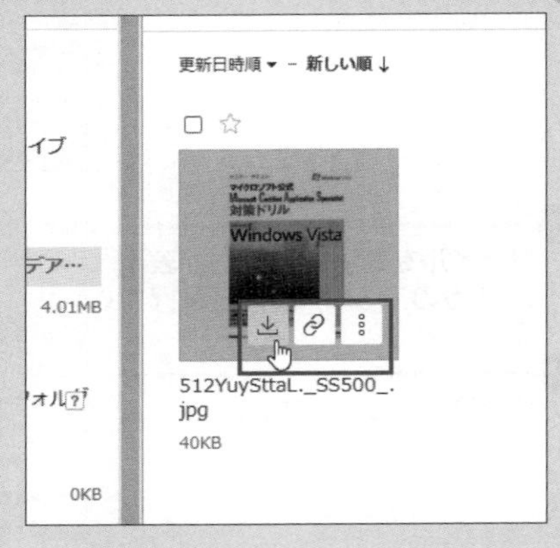

共有ドライブとは？

共有ドライブとは、あらかじめ管理者によって作成されたドライブで、社内の他のメンバーと自動的にファイルが共有されます。したがって、アップロードしたファイルは、自動的に他のメンバーもアクセス可能となります。なお、誰がアクセスできるかは、管理者の設定によります。

共有ドライブを作成するには

初期設定では、共有ドライブを作成できるのは管理者のみとなっています。

個々のユーザー専用の「マイドライブ」とは？

LINE WORKSのDriveには、個々のメンバー専用の「マイドライブ」という機能も用意されています。マイドライブに保存したファイルは他のメンバーとは共有されないので、自分専用のドライブとして活用できます。なお、初期設定ではマイドライブは利用不可になっています。

管理者が有効にしていれば、個々のメンバーは「マイドライブ」を利用できる。

3-2-12 [Drive] 共有ドライブを作成する

LINE WORKSの管理者はDriveの共有ドライブを作成できます。一般のメンバーは作成できないので注意してください。

❶ [Drive]をクリックしてDriveの画面に切り替える。

❷ [新規作成]をクリックする。

❸ [共有ドライブを作成]を選択する。

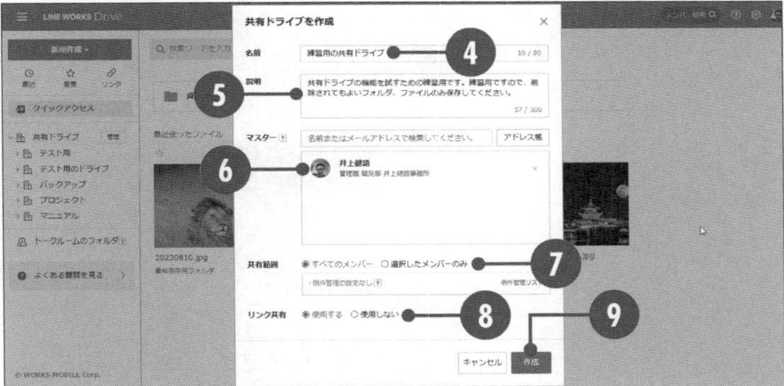

❹ [名前]で共有ドライブの名前を入力する。

❺ [説明]で共有ドライブの説明を入力する(省略可)。

❻ [マスター]で共有ドライブの管理者を設定する。初期設定では管理者のみになっている。必要であれば、名前やメールアドレスを入力して追加できる。

❼ [共有範囲]で共有ドライブを共有するメンバーを設定する。[すべてのメンバー]だと全メンバーに共有される。[選択したメンバーのみ]だとメンバーを指定できる。

❽ ファイルをリンクで共有する「リンク共有」を使用するかどうかを設定する。

❾ [作成]をクリックする。

❿ 共有ドライブが作成される。

ゴミ箱が自動作成される

共有ドライブを作成すると、ドライブ内に「ゴミ箱」が自動的に作成されます。その共有ドライブで削除したファイルやフォルダは、いったんゴミ箱に移動します。完全に削除するなら、ゴミ箱から削除してください。

共有ドライブの修正・削除

左側のフォルダ表示で共有ドライブにマウスポインタを合わせて歯車のアイコンをクリックすると、共有ドライブの設定を変更できる画面が表示されます。変更するには、項目を修正して［保存］をクリックしてください。また、［削除］をクリックすれば共有ドライブを削除できます。なお、共有ドライブを削除すると、そこに保存されているすべてのフォルダ・ファイルが削除されます。

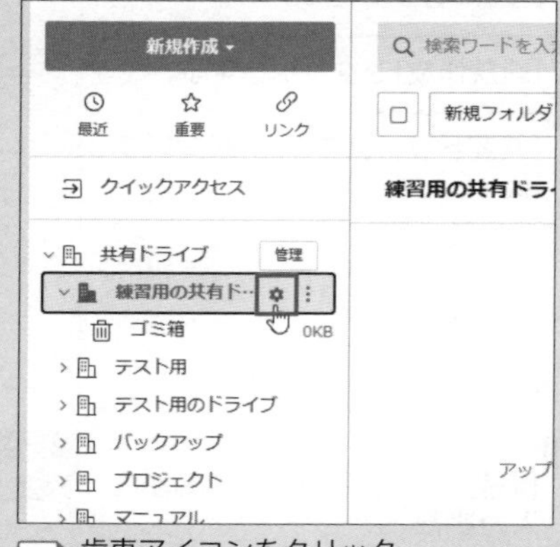

歯車アイコンをクリック

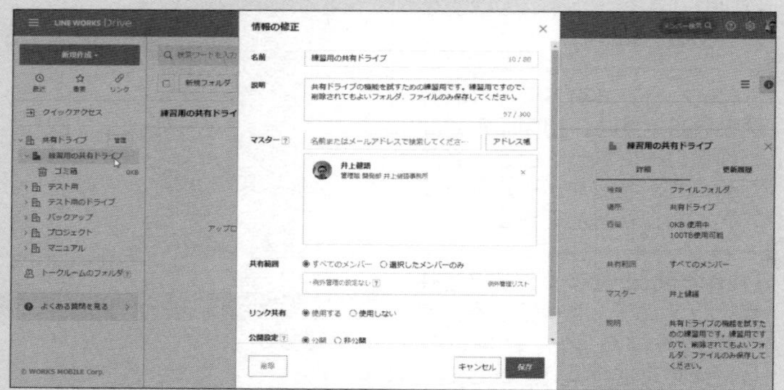

共有ドライブの設定変更と削除ができる。

3-2-13 ［タスク］タスクを作成する

締め切りなどの期限が設定されている予定は、タスク機能で作成・管理すると実行すべき作業・期日が明確になり、管理も容易になります。ここでは、新しいタスクを作成する方法を説明します。

❶ ［タスク］をクリックしてタスクの画面に切り替える。

❷ ［タスク作成］をクリックする。

❸ タスクの内容を入力する。

❹ ［期限］で期限を設定する。［日付選択］をクリックすればカレンダーから選択できる。期限がない場合は「なし」を選択する。

❺ ［依頼者］でタスクを依頼するメンバーを指定する。

❻ ［担当者］でタスクを担当するメンバーを指定する。

❼ 資料のファイルがある場合は［ファイル添付］でファイルを指定して添付する。

❽ ［保存］をクリックする。

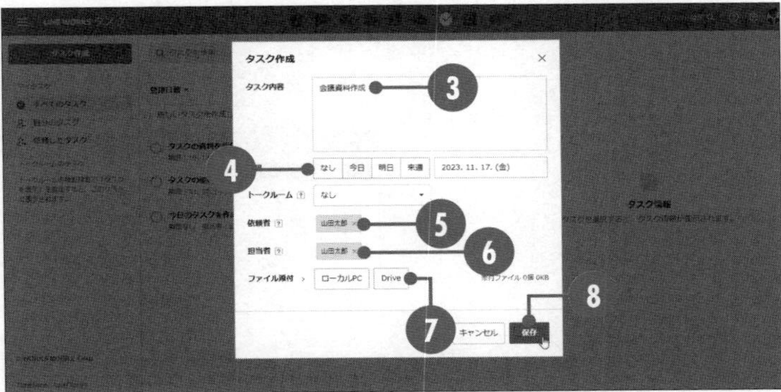

❾ タスクが登録される。クリックすると右側に詳細情報が表示される。

自分で自分のタスクを作成する

　自分で自分のタスクを作成するときは、[依頼者] と [担当者] は自分の名前を設定してください。

タスクの種類

　左側の「マイタスク」では、「すべてのタスク」「自分のタスク」「依頼したタスク」を選択して表示できます。「自分のタスク」は自分が担当者になっているタスク、「依頼したタスク」は他の人に依頼したタスクです。「すべてのタスク」ではすべてのタスクが表示されます。

タスクの確認と完了

　タスクの情報は右側のウィンドウで確認できます。タスクが完了したら、[完了にする] をクリックするかタスク先頭の○をクリックします。なお、完了したタスクでも [進行中に変更] をクリックするか、タスク先頭のチェックマークをクリックしてチェックを外すと、再び完了前（進行中）の状態に戻せます。

[完了にする] をクリックするかタスク先頭の○をクリックする。

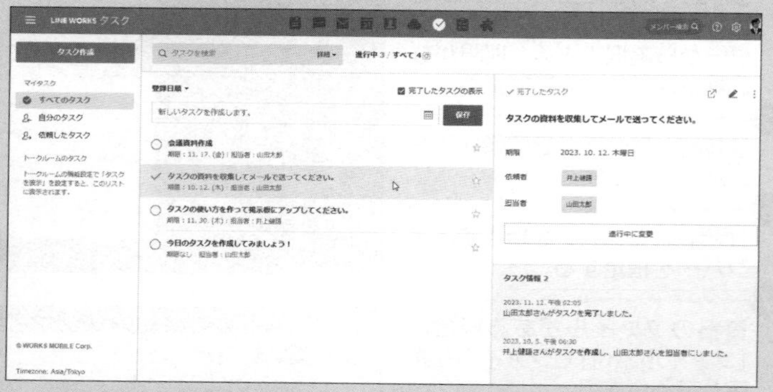

タスクが完了になる。

3-2-14　[アンケート] アンケートを作成する

LINE WORKSには、アンケートを作成し、メンバーに回答してもらう機能が用意されています。イベントの出欠や社内サービスへの評価、安否確認など、さまざまなアンケートを手軽に作成・実施し、結果をグラフィカルに画面で確認することができます。ここでは、シンプルな社内用アンケートを作成する例を説明します。

❶ [アンケート]をクリックしてアンケートの画面に切り替える。

❷ [新規作成]をクリックする。

❸ [新規作成]をクリックする。

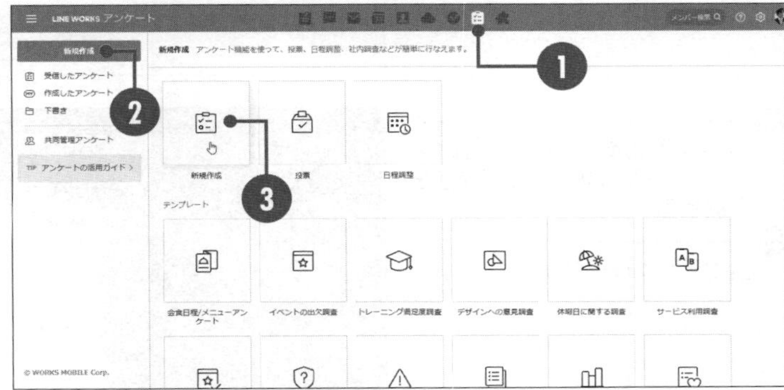

❹ 社内用のアンケートなのか、外部用のアンケートなのかを指定する。ここでは[社内用アンケート]を選択する。

❺ 新しいアンケートを作成できる状態になる。

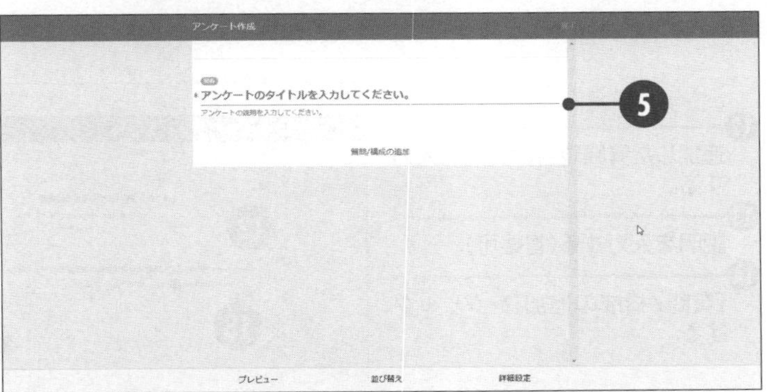

❻ アンケートのタイトルを入力する。

❼ アンケートの説明を入力する（省略可）

❽ ［質問/構成の追加］をクリックする。

❾ 追加する質問の種類を指定する。ここでは［評価スコア式］を選択する。

❿ ［追加］をクリックする。

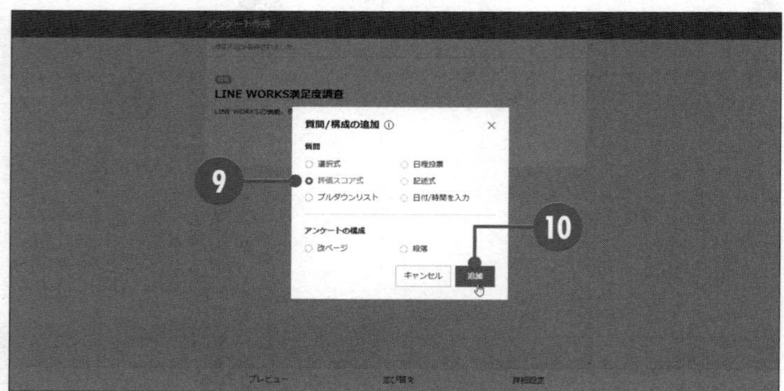

⓫ 星の数で評価する質問項目が追加される。

⓬ 追加した質問項目の質問を入力する。

⓭ 説明を入力する（省略可）。

⓮ ［質問/構成の追加］をクリックする。

⑮ [記述式]を選択する。

⑯ [追加]をクリックする。

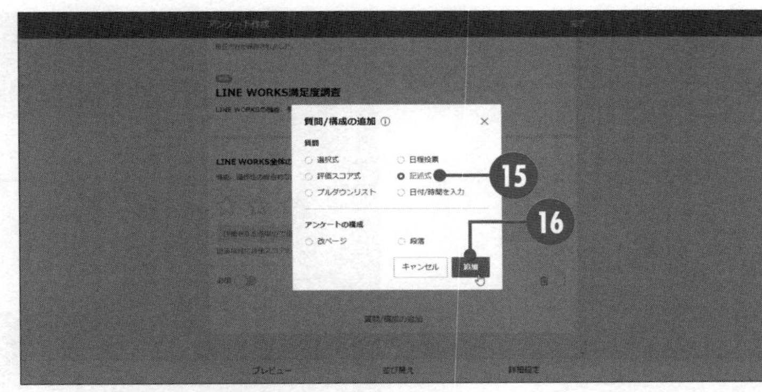

⑰ 記述式の質問項目が追加される。

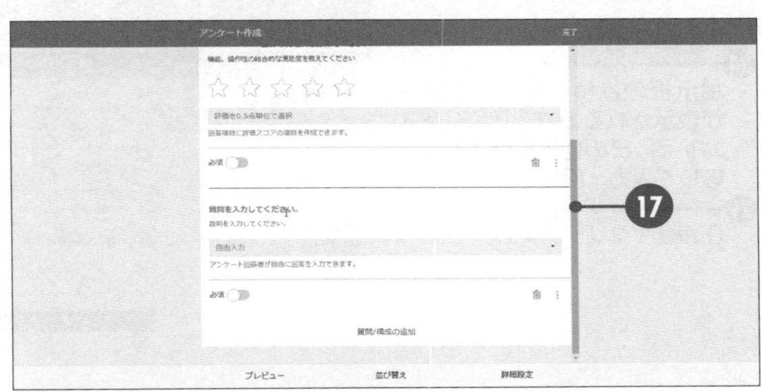

⑱ 追加した質問項目の質問を入力する。

⑲ 説明を入力する（省略可）

⑳ [完了]をクリックする。

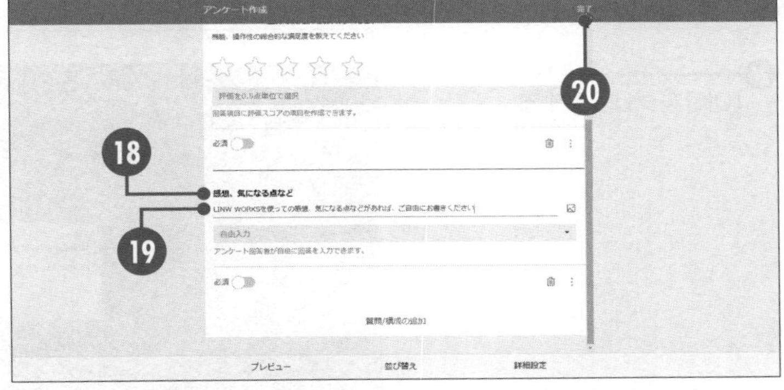

㉑ アンケートが作成されて確認画面が表示されるので、他のメンバーに知らせる方法を選択する。ここでは[掲示板]をクリックする。

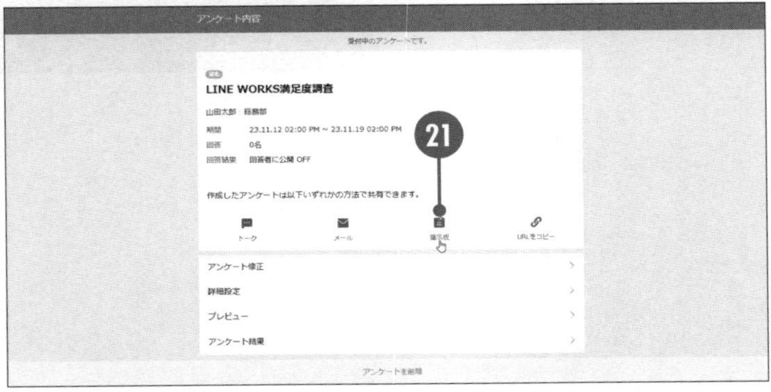

22 投稿先の掲示板を選択する。

23 [OK]をクリックする。

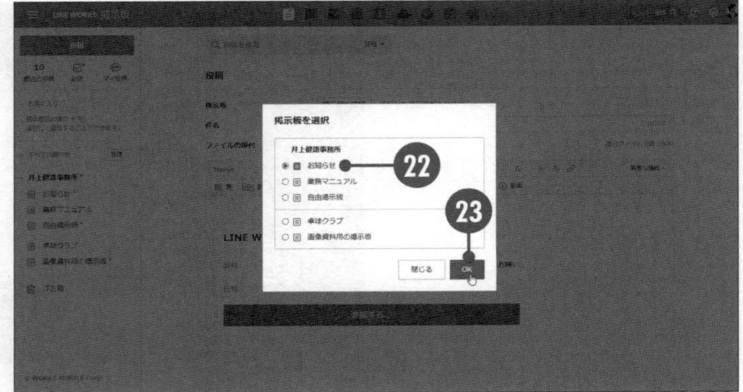

24 掲示板の投稿を作成する画面が表示されるので、[件名]を入力する。その他の項目も必要に応じて入力・設定する。

25 [投稿]をクリックする。

26 [OK]をクリックする。

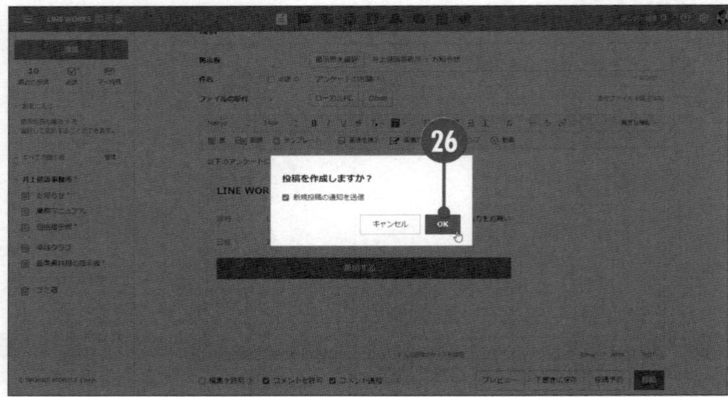

27

掲示板にアンケートへのリンクを含む投稿が掲載される。

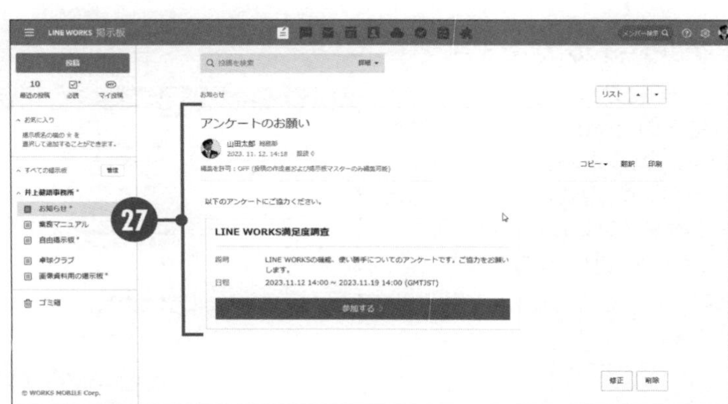

テンプレートをもとにアンケートを作成する

手順2で［新規作成］をクリックすると、アンケートのテンプレートが一覧表示されます。「イベントの出欠調査」「安否確認」「売上報告」など、作りたいアンケートに近いテンプレートがあれば、選択することでテンプレートをベースに効率的にアンケートを作成できます。

必須の設定

必ず回答してもらいたい質問項目がある場合は、［必須］をオンにしてください。回答者は、その質問に答えないと回答を送信できなくなります。

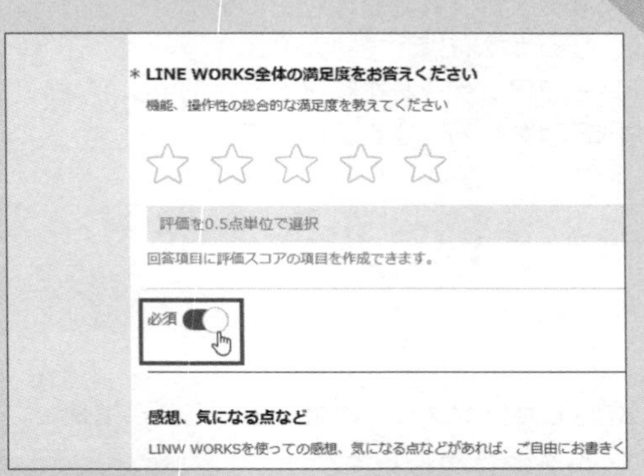

質問の削除

追加した質問を削除するには、質問項目にあるゴミ箱のアイコンをクリックしてください。

アンケートのプレビュー

作成したアンケートが回答者にどのように見えるかを確認するには、［プレビュー］をクリックしてください。確認後、もとの作成画面に戻るには、左上の［<］をクリックしてください。

プレビュー画面。作成画面に戻るには左上の［<］をクリックする。

アンケートの詳細設定

［詳細設定］をクリックすると、アンケートの期間や対象（特定メンバー／全員）などを設定できる詳細設定画面が表示されます。また、［共同管理設定］をクリックすれば、複数人のメンバーでアンケートを管理する共同管理を有効にすることもできます。

アンケートの詳細設定

作成したアンケートの締め切り／修正／削除

自分で作成したアンケートは、アンケート画面の［作成したアンケート］に一覧表示されます。ここで先頭をチェックして［アンケートを締め切る］をクリックすると、アンケートを締め切れます。また、チェックして［削除］をクリックすれば削除できます。アンケートをクリックすれば、再び作成画面を表示してアンケートを修正できます。

［作成したアンケート］ではアンケートの締め切りや削除、修正ができる。

3-2-15 ［アンケート］アンケートに回答する

アンケートを依頼されたユーザーは、掲示板やトークに含まれるリンクをクリックすることで、アンケートのページを表示して回答できます。ここでは、前項で作成したアンケートに回答する例を説明します。

1. 掲示板のアンケート依頼の投稿をクリックして内容を表示する。
2. 投稿の[参加する]をクリックする。

3. アンケートの画面が表示されたら、各質問に回答する。
4. [提出する]をクリックする。

5. 回答が送信される。

提出した回答や結果を確認する

回答後の画面に［提出した回答の確認］が表示されている場合は、クリックすることで自分が回答した内容を確認できます。また、［結果確認］が表示されている場合は、アンケート結果を確認できます。なお、アンケートによっては各ボタンが表示されない場合もあります。

3-2-16 ［アンケート］作成したアンケートの結果を確認する

アンケートの画面では、作成したアンケートの回答結果を確認することができます。ここでは、自分が作成したアンケートを一覧表示して結果を確認する方法を説明します。

1. [アンケート]をクリックしてアンケートの画面に切り替える。
2. [作成したアンケート]をクリックする。
3. 自分が作成したアンケートが一覧表示される。
4. 結果を確認したいアンケートの[結果確認]をクリックする。

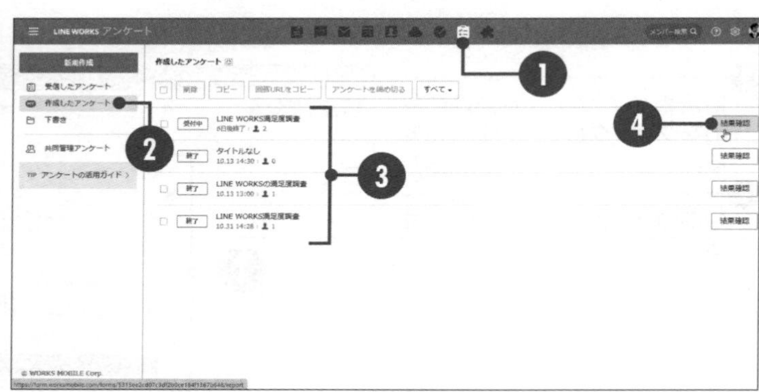

5. 新しいタブに結果が表示される。

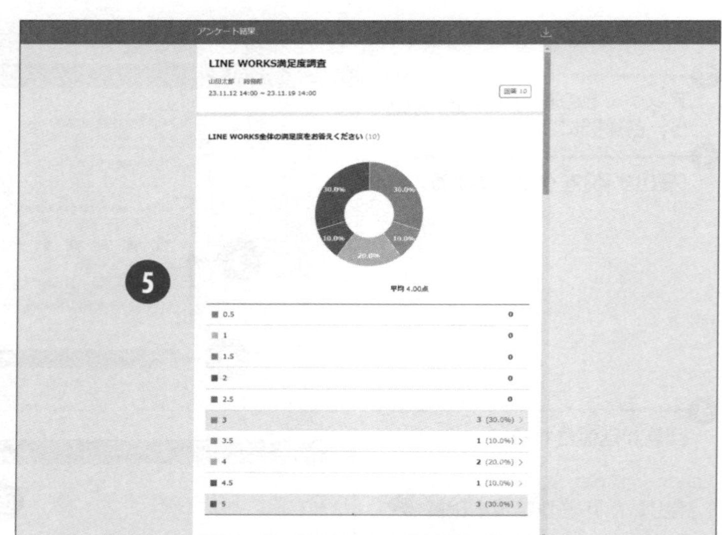

回答したアンケートの結果を確認する

［受信したアンケート］をクリックすると、自分が回答したアンケートの一覧が表示されます。[結果確認]をクリックすると、アンケートの結果を表示できます。なお、アンケートの作成者が回答者の結果確認を許可していない場合は、結果を確認することはできません。

3-2-17 ［アプリ］管理者にアプリの追加をリクエストする

アプリ画面では、LINE WORKSの機能を拡張するアプリが一覧表示されます。ただし、一般のメンバーはアプリを自由に追加することはできません。追加できるのは管理者だけなので、利用したいアプリがある場合は管理者にリクエストを出します。ここでは、その方法を説明します。

❶ [アプリ]をクリックしてアプリの画面に切り替える。

❷ アプリが一覧表示されたら、利用したいアプリをクリックする。

❸ アプリの詳細画面が表示されたら[管理者に追加リクエスト]をクリックする。これで、管理者の「サービス通知」のトークルームにリクエストが表示される。管理者がアプリを追加する方法は次項を参照。

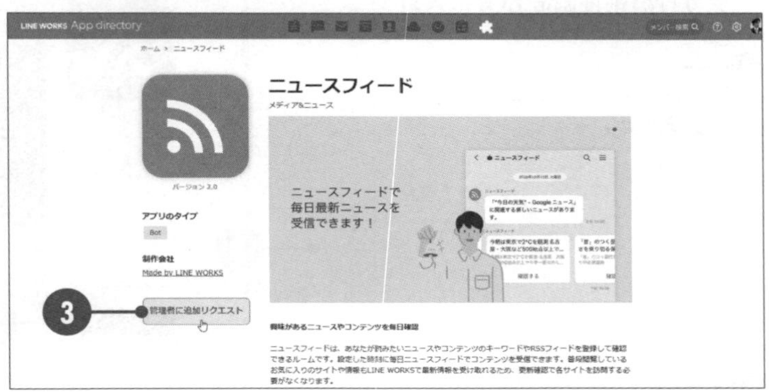

3-2-18 ［アプリ］アプリを追加する（管理者のみ）

前項のように一般メンバーからアプリの追加リクエストがあった場合、管理者は必要に応じてアプリを追加することができます。ここでは、リクエストにしたがって、管理者がアプリを追加する方法を説明します。

❶ トーク画面の「サービス通知」を選択する。

❷ アプリ追加のリクエストの［アプリを確認］をクリックする。

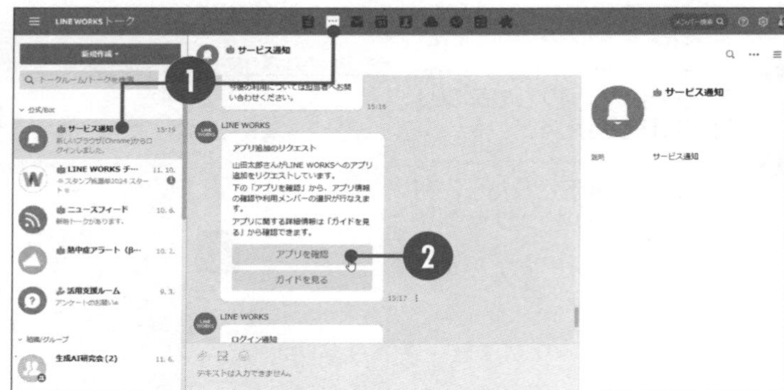

❸ アプリの管理画面が表示される。

❹ ［LINE WORKSに追加］をクリックする。

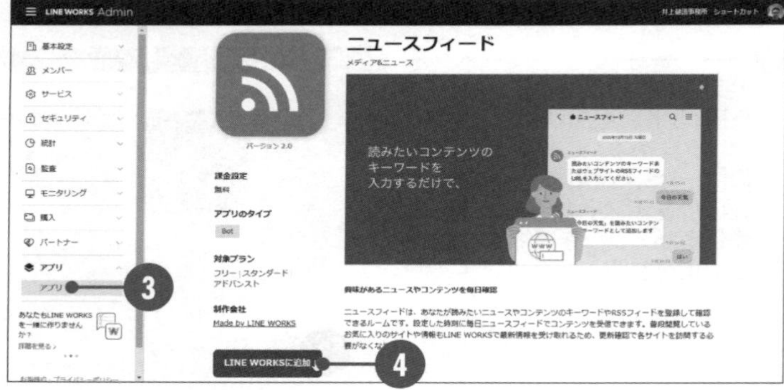

❺ 利用できるのを一部のメンバーに限定するかすべてのメンバーにするかを指定する。ここでは［すべてのメンバー］を選択する。

❻ 利用規約のチェックボックスをチェックする。

❼ ［同意］をクリックする。

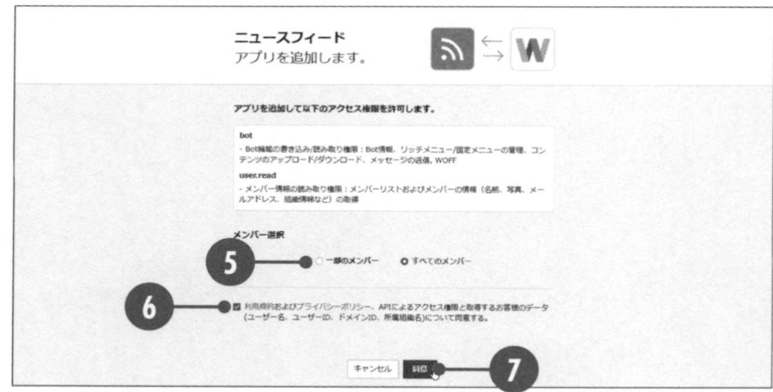

8 確認のメッセージが表示されたら[OK]をクリックする。

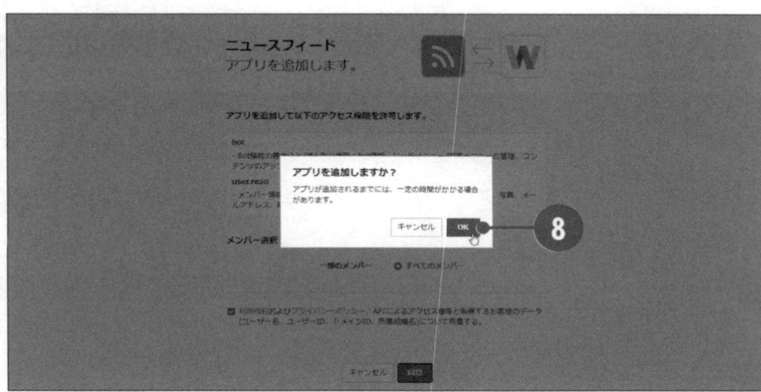

9 [確認]をクリックする。これで、アプリが利用可能になる。

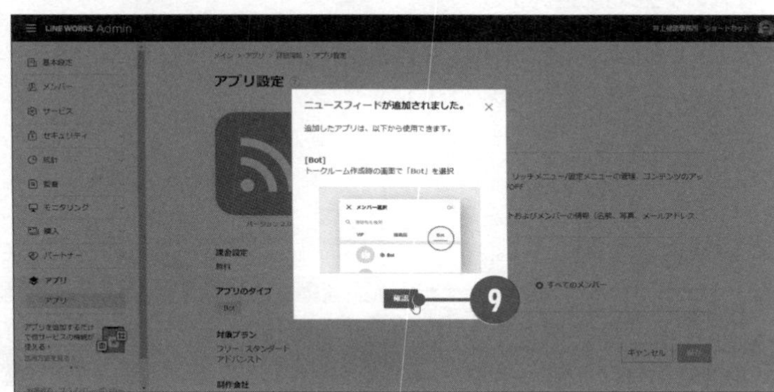

トークの「サービス通知」で通知される

新しいアプリが利用可能になると、トーク画面の「サービス通知」トークルームで通知されます。[Botを利用]をクリックすれば本文で追加した「ニュースフィード」アプリを利用できるようになります。

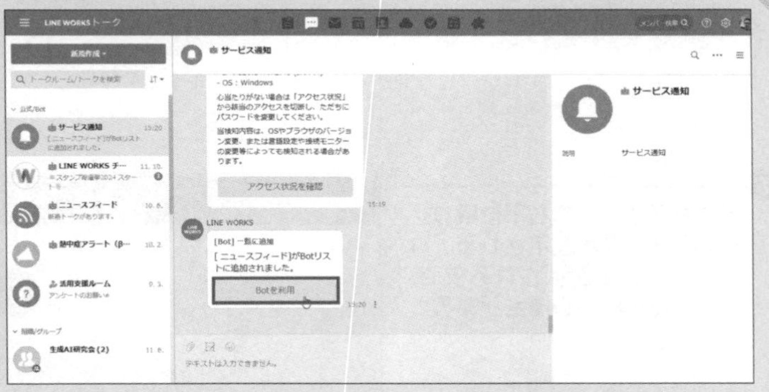

3-2-19 ［アカウント管理］ステータスや不在の設定をする

出張や会議などでLINE WORKSを利用できない場合は、自分のステータスを「取り込み中」にすることで、他のメンバーに対応できないことを伝えることができます。また、休暇などで不在にするときも、不在の理由などを設定しておくことができます。

1 右上の自分のアイコンをクリックしてメニューを開く。

2 [ステータス]を選択する。

3 [取り込み中]をチェックする。

4 必要であれば[ステータスメッセージ]にメッセージを入力する。

5 [保存]をクリックする。

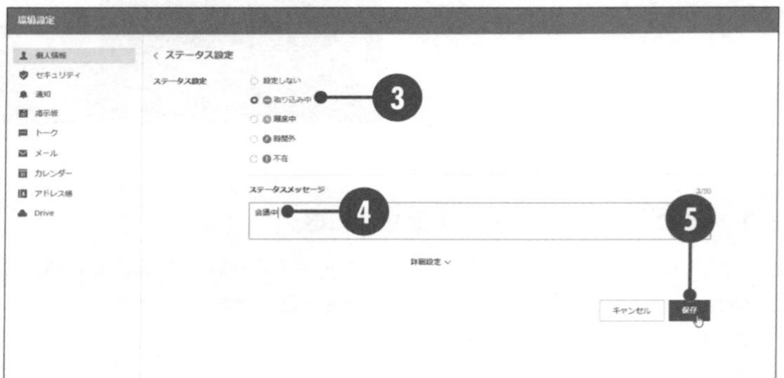

6 自分のアイコンの右下に取り込み中のマークが表示される。なお、マークが表示されるまで、少し時間がかかる場合がある。

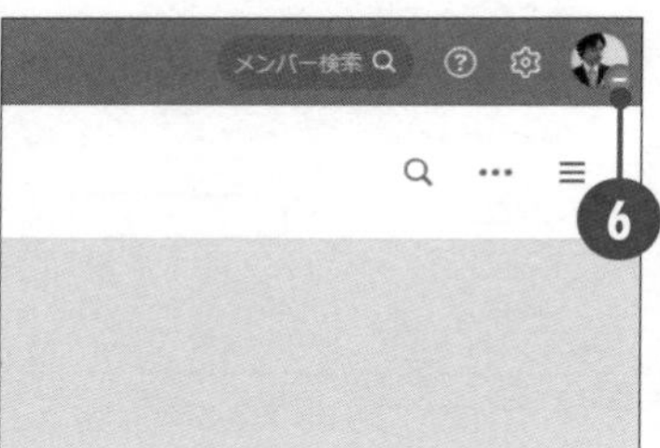

ステータスを元に戻す

ステータスを元に戻すには、手順3で［設定しない］を選択してください。

ステータス表示を有効にする

この機能は、管理者がステータス表示を有効にしている場合に利用できます。利用するためには、管理者画面の［メンバー］の［ステータス表示］を選択し、［ステータス表示］を有効にして［保存］をクリックしてください。

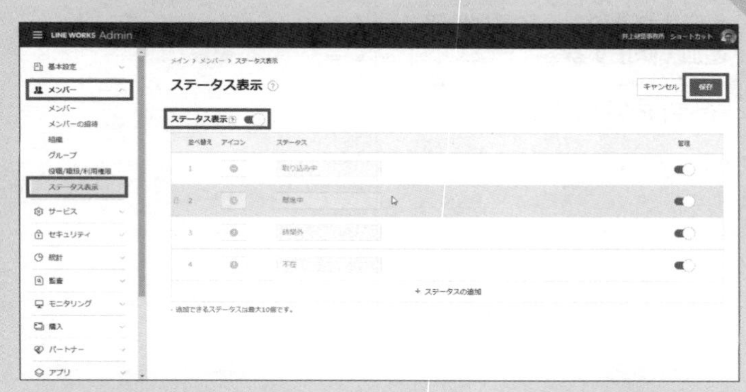

3-2-20 ［アカウント管理］個人情報を修正する

異動などで担当部署や内線番号が変更になった場合は、自分で情報を修正できます。変更が必要になった場合は、必要に応じて情報を変更してください。

1. 右上の自分のアイコンをクリックしてメニューを開く。
2. ［個人情報］を選択する。

❸ プロフィールを設定する画面が表示されるので、必要な情報を追加・修正する

❹ [保存]をクリックする。

アイコンの画像を設定・変更する

自分のアイコンの右下にあるカメラのマークをクリックして［変更］を選択すれば、プロフィール用画像を設定・変更できます。

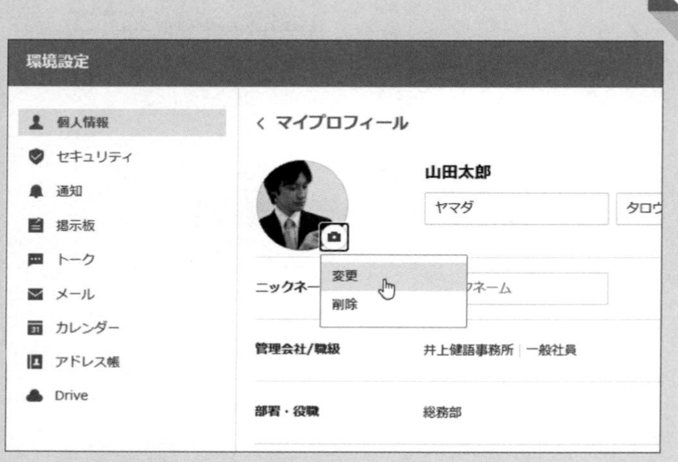

3-2-21 [アカウント管理] パスワードを変更する

LINE WORKSにログインする際のパスワードは、ユーザーが自由に変更することができます。定期的に変更することが求められている場合はもちろん、パスワードが漏れた可能性がある場合などにも、パスワード変更が必要になります。なお、パスワードの文字数や文字の組み合わせなどは、管理者が設定した条件を満たしている必要があります。ここでは、パスワードを変更する手順を説明します。

1. 右上の自分のアイコンをクリックしてメニューを開く。
2. [セキュリティ]を選択する。

3. [パスワード変更]をクリックする。

4. [現在のパスワード]に現在使っているパスワードを入力する。
5. [新しいパスワード]と[新しいパスワード(確認)]に新しいパスワードを入力する。
6. [変更する]をクリックする。
7. [確認]をクリックする。

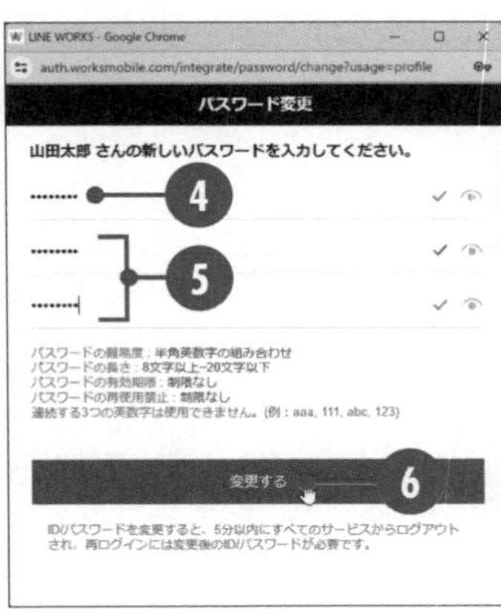

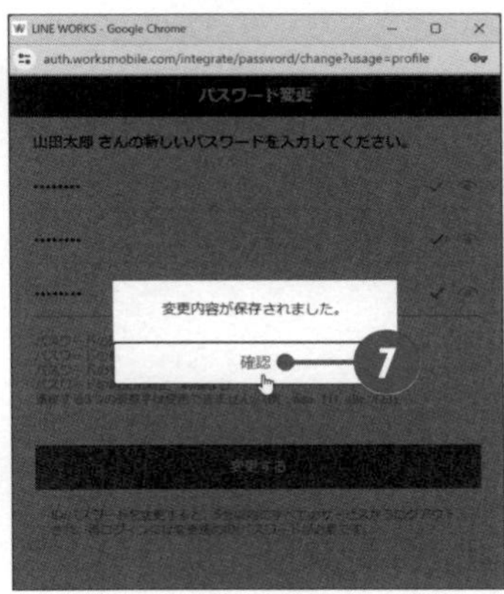

8 LINE WORKSから自動的にログアウトしたあと、ログインの画面が表示されるので、新しいパスワードを入力する。

9 [ログイン]をクリックする。パスワードが正しければ、ログインされて、引き続きLINE WORKSが利用できる。

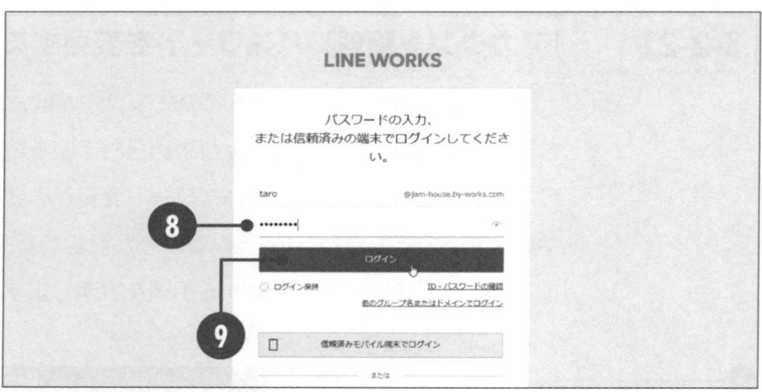

設定できるパスワードの制限

パスワードの長さや文字種の組み合わせ、過去のパスワードが再利用できるかどうかなどは、管理者が管理しています。設定方法は、「4-6-1　パスワードの文字数や有効期限を設定する」を参照してください。

3-2-22　[アカウント管理] LINEでログインできるようにする

日頃利用しているLINEのアカウントを使って、LINE WORKSにログインできます。なお、この機能を利用するためには、管理者がLINEでのログインを許可している必要があります。許可されていれば、各メンバーは、ここで説明する手順でLINEでのログインを設定できます。

1 右上の自分のアイコンをクリックしてメニューを開く。

2 [セキュリティ]を選択する。

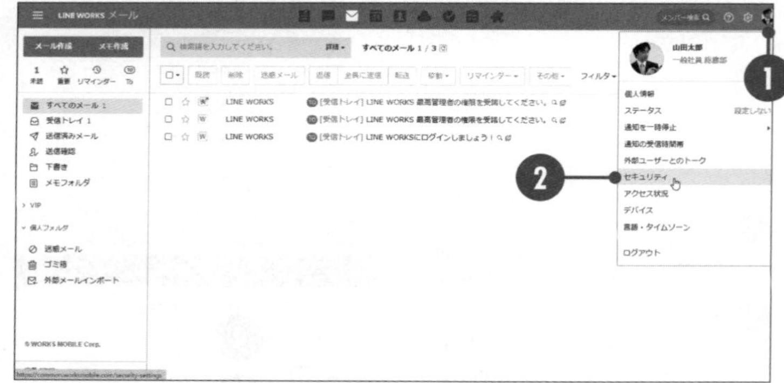

3 [ログイン設定]の[LINEでログイン]の[設定する]をクリックする。

4 LINEアカウントのメールアドレスとパスワードを入力する。

5 [ログイン]をクリックする。これで設定完了。

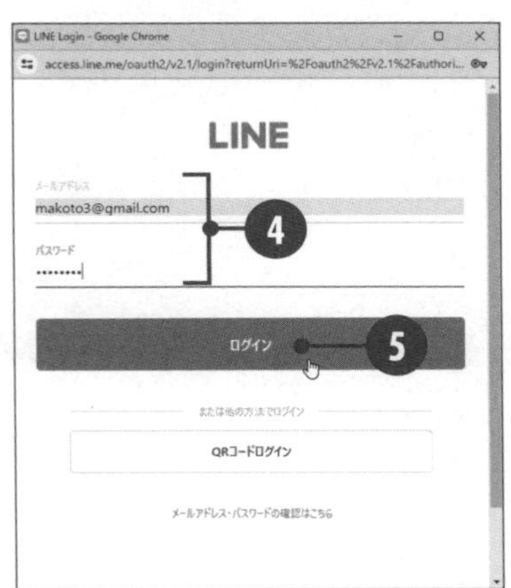

6 いったんログアウトして再びログインするときは、LINEでログインする方法が追加される。

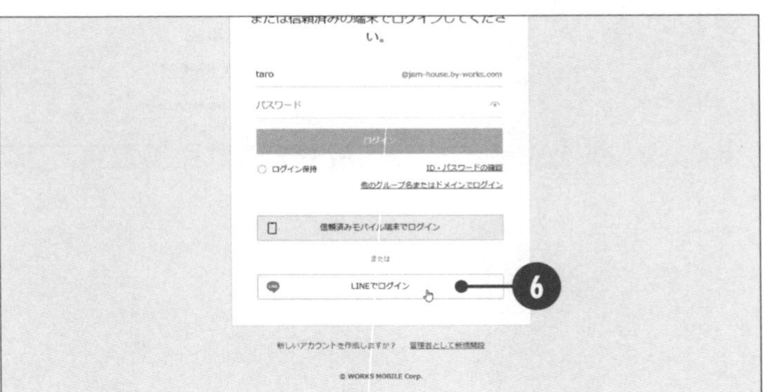

QRコードでログインする

手順❹で［QRコードログイン］をクリックすると、QRコードが表示されます。そのQRコードをスマートフォン版LINEのQRコードリーダーでスキャンしても、LINEでログインできるようになります。

LINEでのログインを解除する

LINEでのログインを無効にする場合は、手順❸で［LINEでログイン］の［解除］をクリックしてください。

Column

パソコン用のLINE WORKSアプリを活用しよう

パソコンでは、WebブラウザでLINE WORKSを利用する以外に、専用のアプリを利用することもできます。アプリには、Windows版とmacOS版が用意されています。なお、原稿執筆時点では、Windows版/macOS版ともに、利用できる機能は「トーク」だけです。アプリ左下に表示される［メール］［掲示板］［カレンダー］などのアイコンをクリックすると、ブラウザ版のLINE WORKSが表示されます。

Windows版のLINE WORKSアプリ

Chapter

4

管理機能を利用する

企業向けのLINE WORKSと一般ユーザー向けのLINEの最大の違いは、管理機能の有無です。LINE WORKSでは、メンバーの登録や削除、各サービスの有効/無効、セキュリティなどを管理者が厳格に設定・管理することができます。ここでは、管理者が利用する管理者画面の機能・使い方について、パソコン用のWebブラウザ版の画面を使って説明します。

4-1 プランをアップグレードする

LINE WORKSのプランには無料の「フリー」と有料の「スタンダード」「アドバンスト」の3種類があります。ここでは、「フリー」から「スタンダード」にアップグレードする方法と「スタンダード」から「アドバンスト」にアップグレードする方法を説明します。なお、「フリー」から「アドバンスト」にいきなりアップグレードすることはできないので注意してください。

4-1-1 フリープランからスタンダードプランにアップグレードする

ほとんどの企業は、最初は無料の「フリープラン」から開始し、必要に応じて有料の「スタンダードプラン」にアップグレードすることになると思います。ここでは「フリープラン」から「スタンダードプラン」にアップグレードする手順を説明します。

1. 管理者画面を表示したら、左側のメニューで[アップグレード]の[プランのアップグレード]を選択する。なお、管理者画面については、「4-2　管理者画面の使い方」を参照。
2. [スタンダード]の[アップグレード]をクリックする。
3. [年額契約]か[月額契約]を選択する。[年額契約]だと年単位での契約となり、月あたりの利用料は1ユーザー 450円となる。[月額契約]だと月単位での契約となり、月あたりの利用料は1ユーザー 540円となる。
4. [次へ]をクリックする。

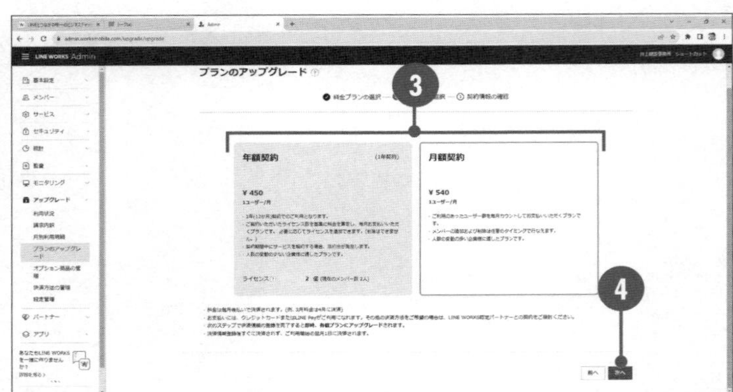

5 契約情報を確認する。

6 決済情報を確認する。企業名や住所、電話番号、管理者のメールアドレスなどを入力する。

7 [アップグレード]をクリックする。

8 確認のメッセージが表示されたら[OK]をクリックする。

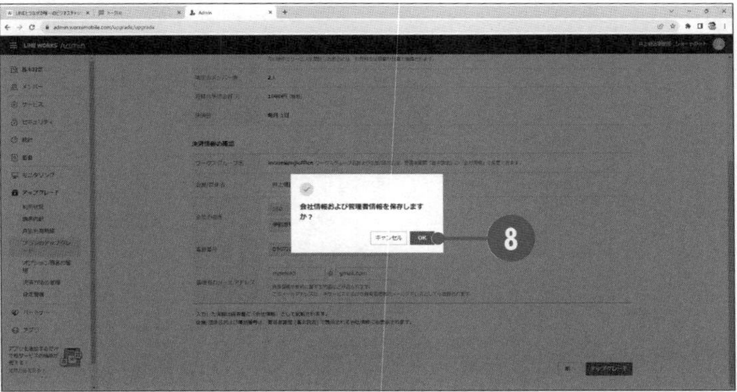

❾ 決済方法を設定するウィンドウが表示されるので選択する。ここでは[クレジットカード]を選択する。

❿ [次へ]をクリックする。

⓫ カード番号、有効期限、セキュリティコードなどのカード情報を入力する。

⓬ [確認]をクリックする。

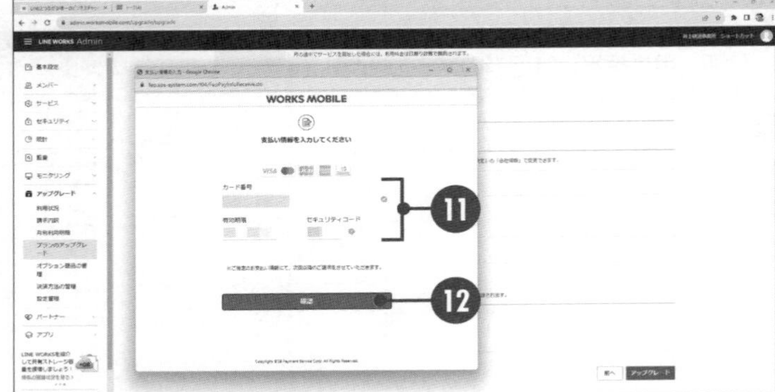

⓭ 情報を確認して[登録]をクリックする。

14 スタンダードプランへのアップグレードが完了した。

セットアップマネージャが起動する

スタンダードプランにアップグレードすると、直後にセットアップマネージャが起動して、管理者画面を設定できます。[設定を開始]をクリックしたあと、[セキュリティ強化][使いやすさ重視][基本設定]のいずれかを選択してください。よくわからなければ[基本設定]を選択すれば問題ありません。

セットアップマネージャが起動する。

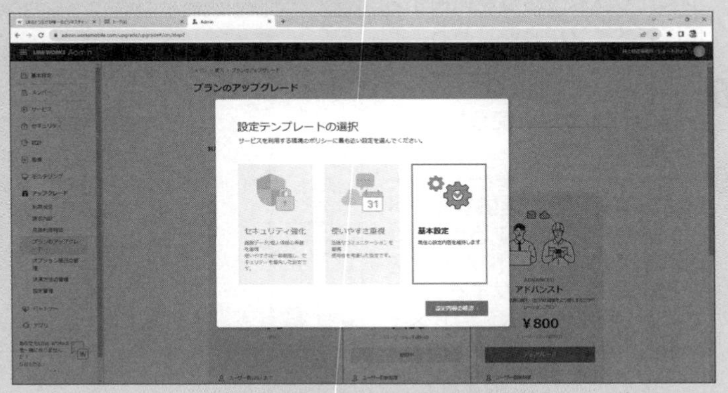

[セキュリティ強化][使いやすさ重視][基本設定]のいずれかを選択する。

4-1-2 スタンダードプランからアドバンストプランにアップグレードする

アドバンストプランを利用するには、スタンダードプランからアップグレードする必要があります。ここでは、その手順を説明します。

❶ 管理者画面を表示したら、左側のメニューで[アップグレード]の[プランのアップグレード]を選択する。

❷ [年額契約]か[月額契約]を選択する。[年額契約]だと年単位での契約となり、月あたりの利用料は1ユーザー 800円となる。[月額契約]だと月単位での契約となり、月あたりの利用料は1ユーザー 960円となる。

❸ [アドバンスト]の[アップグレード]をクリックする。

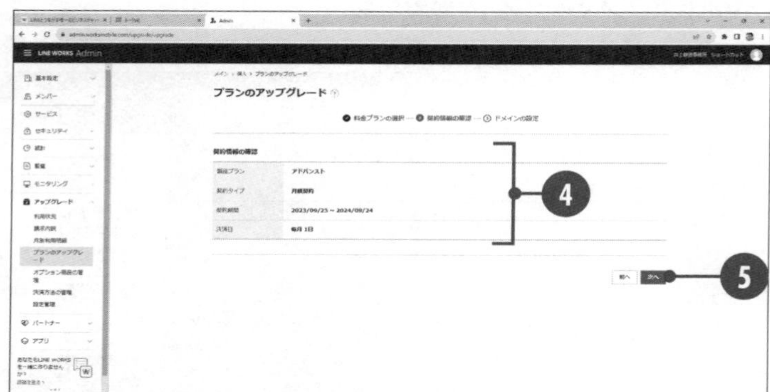

❹ 契約情報を確認する。

❺ [次へ]をクリックする。

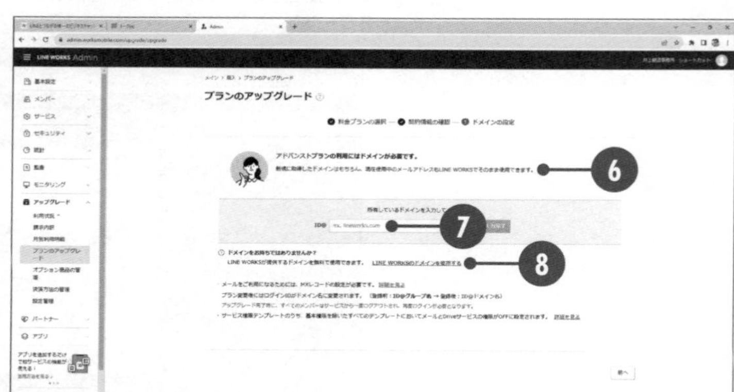

❻ アドバンストプランを利用するにはドメインが必要であることの説明が表示される。

❼ 自社のドメインを使う場合は、入力欄に入力する。

❽ LINE WORKSが提供するドメイン(無料)を使用する場合は、[LINE WORKSのドメインを使用する]をクリックする。ここでは、[LINE WORKSのドメインを使用する]をクリックする。

❾ ドメインは「○○○.by-works.com」となるので、「○○○」の文字を入力する。

❿ 入力したら[入力完了]をクリックする。

⓫ [設定完了]をクリックする。

⓬ 確認のメッセージが表示されたら[アップグレード]をクリックする。

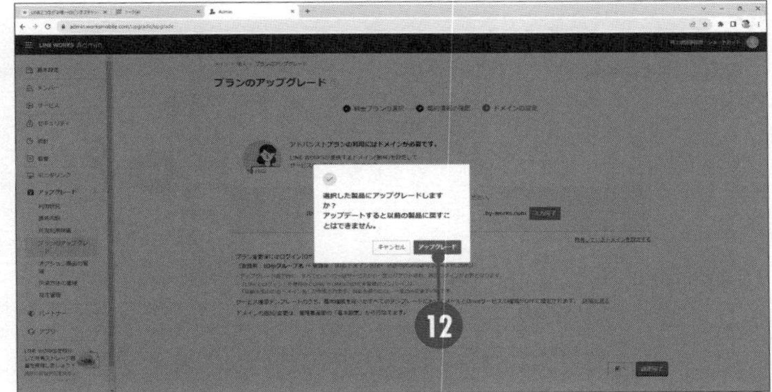

⓭ アップグレードが完了した。なお、完了後は新しいドメインIDでログインする必要があるので、表示されているドメイン名をメモする(表示されているIDが管理者のIDとなる)。

⓮ [OK]をクリックする。

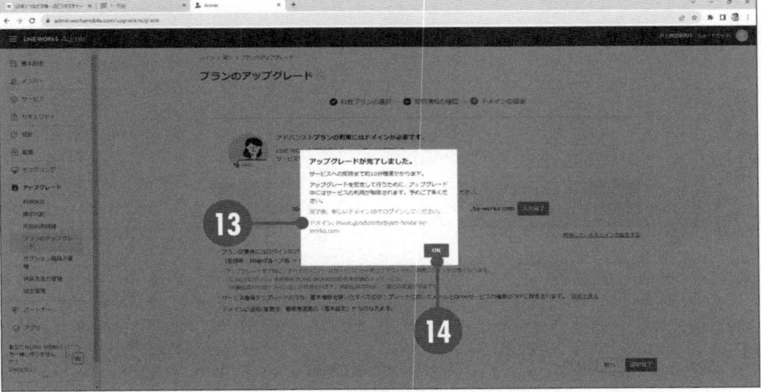

⓯ アドバンストプランへのアップグレードが完了した。

⓰ 自動的にログアウトするので、新しい管理者のIDでログインする。

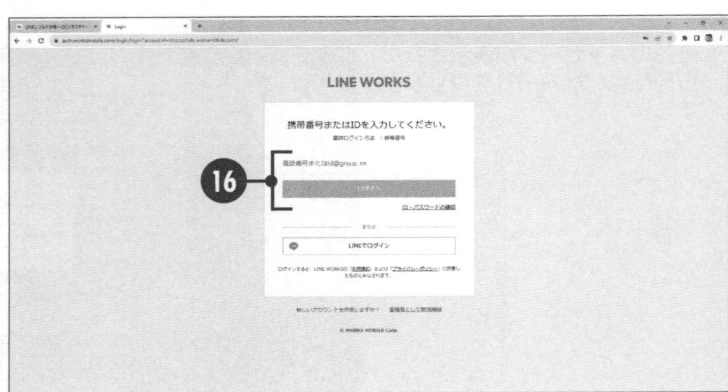

下位プランへの変更はできない

いったんスタンダードプラン、アドバンストプランにアップグレードしたら、下位のプランに変更することはできないので注意してください。

4-2 管理者画面の使い方

LINE WORKSの管理者は、管理者画面を使ってLINE WORKSのさまざまな機能を設定・管理できます。ここでは、管理者画面を表示する方法と管理者画面の画面構成を説明します。

4-2-1 管理者画面を表示する

管理者権限を持っているユーザーは、LINE WORKSの管理者画面を使って、機能や設定を変更できます。ここでは、管理者画面の表示方法と画面構成について説明します。

1 管理者のアカウントでLINE WORKSにログインしたら、右上の自分のアイコンをクリックする。

2 メニューが表示されたら[管理者画面]を選択する。

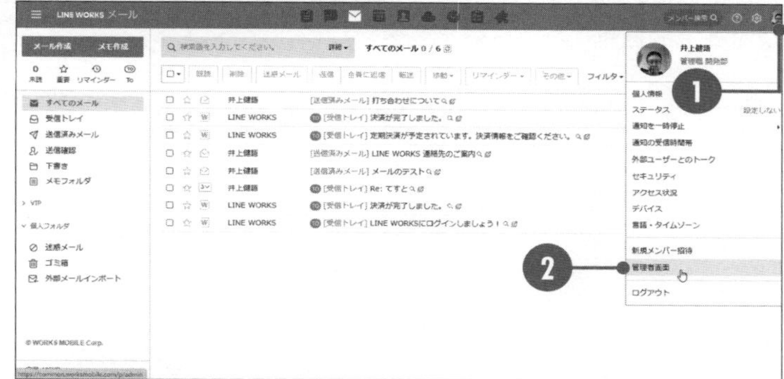

3 管理者画面のトップページが表示される。

管理者画面のトップページ

管理者画面に切り替えた直後は、管理者画面のトップページが表示されます。ここには、現在のメンバーの数や利用しているプランの情報、「会社情報」や「カスタマイズ」などの設定画面を表示するメニューが表示されます。なお、左上の「LINE WORKS Admin」の文字をクリックすると、いつでもトップページに戻れます。

ショートカットとは

右上の［ショートカット］をクリックすると、掲示板やトークなどの各サービスに切り替えたり、サービスの状態を確認したりできるメニューが表示されます。

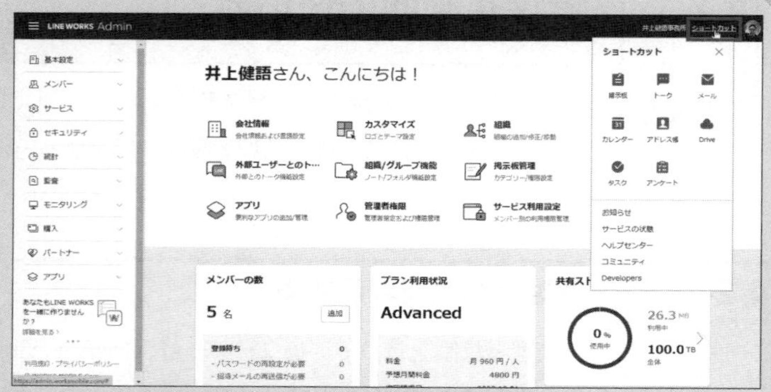

［ショートカット］をクリックすると表示されるメニュー

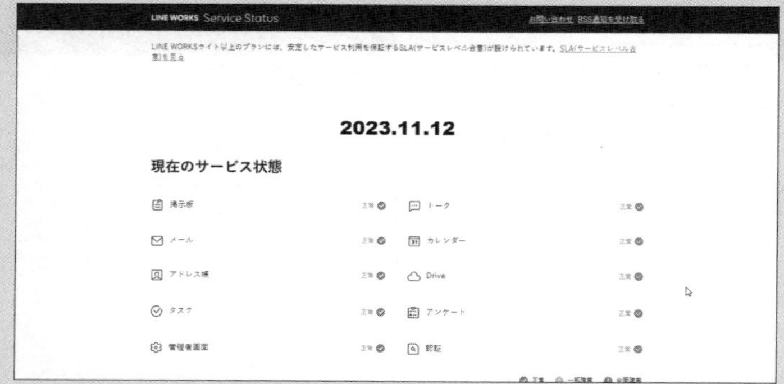

［サービスの状態］をクリックすると、現在のサービスの稼働状況を確認できる。

管理者画面のメニュー

管理者画面で利用できるメニューは次のとおりです。

●基本設定……会社情報やメニュー構成など、LINE WORKSの基本的な設定を管理します。

●メンバー……LINE WORKSを利用するメンバーを管理します。メンバーの追加・削除や管理者権限などを設定できます。

●サービス……トークやメールなど、LINE WORKSのサービスの機能を管理します。

●セキュリティ……ネットワークやアカウント、モバイルなどのセキュリティを管理します。

●統計……LINE WORKSの各サービスの利用状況をグラフ等で確認できます。

●監査……メンバーのログイン履歴や各サービスで実行した作業のログを管理します。

●モニタリング……あらかじめ設定したポリシーにしたがって、不適切なコミュニケーションを自動的に検出します。

●購入……現在の利用状況を確認したり、プランを変更したりできます。

●パートナー……パートナー経由での契約に切り替えるための設定を行います。

●アプリ……LINE WORKSの機能を拡張するアプリを一覧表示して、追加・管理できます。

モバイル版アプリの管理者メニュー

管理者は、スマートフォン用のモバイル版アプリで管理機能を利用することもできます。アプリのホーム画面で［管理者メニュー］を選択すれば、メンバーや組織、グループの管理ができます。また、［管理者画面］を選択すれば、管理者用のほぼすべての機能を利用することも可能です。

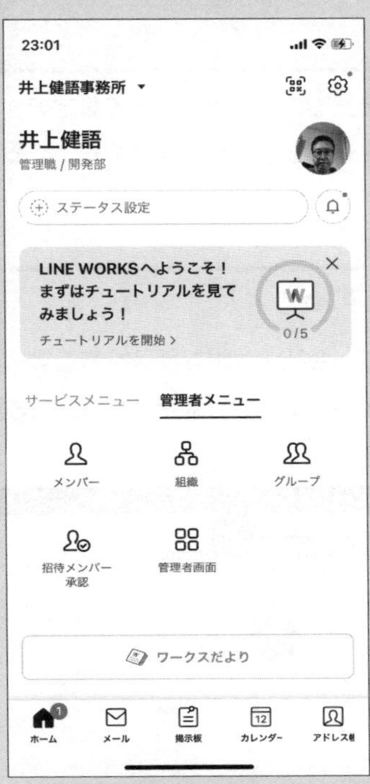

モバイル版アプリのLINE WORKS。管理者は管理者メニューを利用できる。

［管理者画面］を選択すれば、管理者用のほぼすべての機能を利用できる。

4-3 基本設定

ここでは、管理者画面の「基本設定」で設定できる主な内容を説明します。会社情報などの設定、モバイル版やブラウザ版のデザインやメニューをカスタマイズすることができます。

4-3-1 会社情報を修正する

会社の情報として、会社名や電話番号を修正することができます。また、言語を指定したり、会社名やメンバー名で日本語以外の言語表記を追加したりできます。

1. 管理者画面で[基本設定]を選択する。
2. [会社情報]を選択する。
3. 企業/団体名や電話番号などの情報を修正する。
4. [保存]をクリックする。確認のメッセージが表示されたら[OK]をクリックする。これで会社情報が修正される。

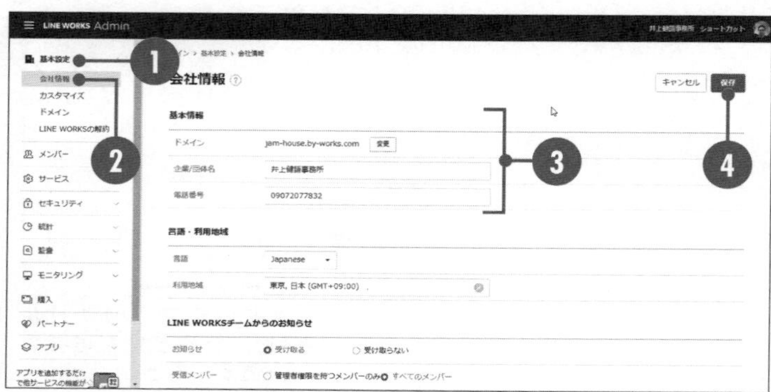

会社情報の多言語対応

[高度な設定]をクリックすると、多言語設定の項目が表示されます。[多言語追加]をクリックして言語を指定し、[適用情報]で[企業/団体名]や[メンバー名]をチェックすると、その項目を指定した言語で追加設定できるようになります。

LINE WORKSチームからのお知らせ

［LINE WORKSチームからのお知らせ］で［受け取る］を指定すると、LINE WORKSのサービスに関するお知らせやアップデート情報がトークで配信されます。不要であれば、［受け取らない］を指定してください。なお、受け取る場合は、メンバー全員が受け取るか、管理者だけが受け取るかを指定できます。

4-3-2 アプリのテーマカラーを設定する

モバイル版やPC版、ブラウザ版のLINE WORKSでは、テーマカラーを統一できます。初期設定は緑色ですが、これを赤や青などに変更することが可能です。

1. 管理者画面で［基本設定］を選択する。
2. ［カスタマイズ］を選択する。
3. ［テーマ］を選択する。

4. ［テーマカラーの選択］で利用したいカラーをクリックして指定する。なお、利用したい色がない場合は、［色を指定］で独自の色を指定でできる。
5. ［メニューテキストおよびアイコンのカラー］でメニューとアイコンの色を指定する。

6
色が設定された状態は、左側の[<] [>]で「ブラウザ版」「モバイル版アプリ」「PC版アプリ」を切り替えて確認できる。

7
[保存]をクリックし、確認のメッセージが表示されたら[OK]をクリックする。これで、テーマカラーが変更される。

4-3-3 ブラウザ版で会社のロゴを設定する

ブラウザ版のLINE WORKSでは、左上の「LINE WORKS」の文字を自社のロゴに変更することができます。なお、変更するには、あらかじめ会社のロゴ画像を用意しておく必要があります。

1
管理者画面で[基本設定]を選択する。

2
[カスタマイズ]を選択する。

3
[ブラウザ版]を選択する。

4
[会社ロゴ]の[アップロード]をクリックする。

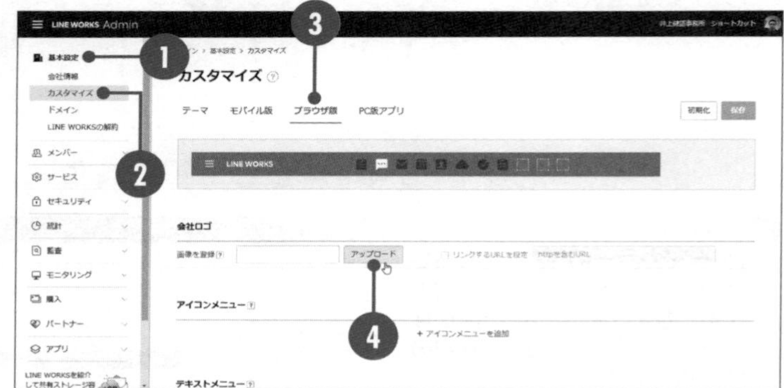

5
使用するロゴ用の画像ファイルを選択する。

6
[開く]をクリックする。

7 ロゴがプレビューに表示される。

8 [保存]をクリックし、確認のメッセージが表示されたら[OK]をクリックする。

9 ブラウザ版のLINE WORKSにロゴ画像が表示される。

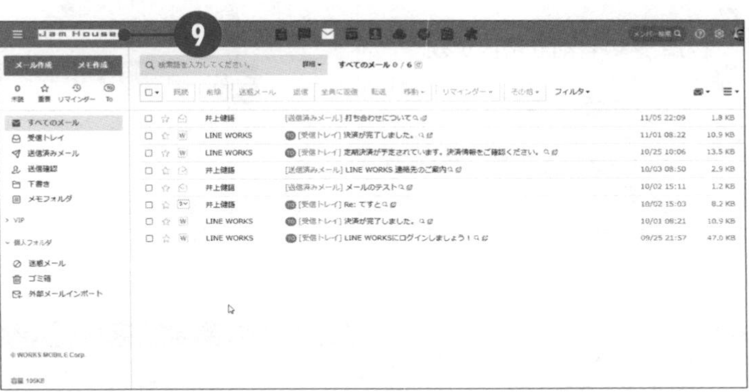

会社ロゴとして使える画像

会社ロゴとして使える画像は、次の条件を満たしている必要があります。

- ファイルサイズは1MB以下
- 画像サイズは最大195×25ピクセル
- ファイル形式はPNG
- ファイル名は半角英数字

ロゴ設定を初期化する

ロゴ設定を元に戻すには、右上の［初期化］をクリックしたあと［保存］をクリックしてください。

4-3-4 ブラウザ版のメニューをカスタマイズする

ブラウザ版LINE WORKSでは、ページの上段に表示されるメニューに新しいメニューを追加することができます。自社サイトや関連するWebサイトなどのリンクを登録しておくと、素早くアクセスできるようになります。追加できるのはアイコン型/テキスト型の2つです。ここではアイコン型のメニューを追加する方法を説明します。

1. 管理者画面で[基本設定]を選択する。
2. [カスタマイズ]を選択する。
3. [ブラウザ版]を選択する。
4. [アイコンメニューを追加]をクリックする。

5. [メニュー名]にアイコンにマウスポインタを合わせたときツールチップ形式で表示される文字を入力する。
6. アイコンをクリックしたとき表示するURLを入力する。
7. [アップロード]をクリックする。

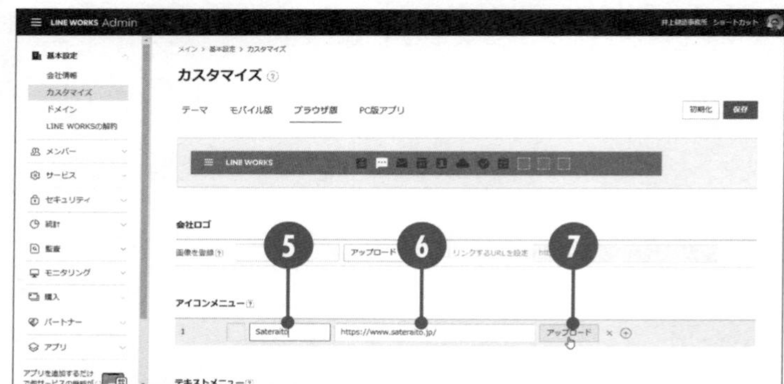

8. アイコンで使用する画像ファイルを指定する。
9. [開く]をクリックする。

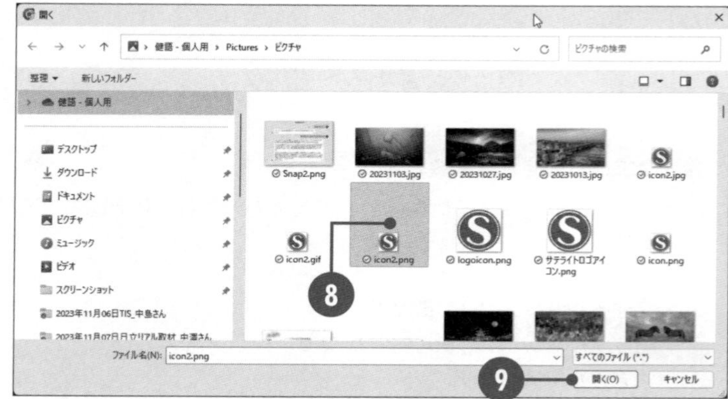

⑩ アイコンが設定されて、プレビューにもアイコンが表示される。

⑪ [保存]をクリックし、確認のメッセージが表示されたら[OK]をクリックする。

⑫ 新しいメニューが追加される。

複数のアイコンを追加する

[アイコンメニュー]の[+]をクリックすれば、複数のアイコンメニューを追加することができます。

アイコンに使用できる画像

アイコンとして使用できる画像は、以下の条件を満たしている必要があります。

- ファイルサイズは1MB未満
- 縦横サイズは25×25ピクセル
- ファイル形式はPNG

メニューのカスタマイズを元に戻す

追加したメニューを削除して元に戻すには、右上の［初期化］をクリックしたあと[保存]をクリックしてください。

テキストメニューを追加する

[テキストメニューを追加]をクリックすれば、文字のメニューを追加することもできます。なお、入力できる文字は全角/半角を問わず最大4文字までです。

4-3-5 モバイル版アプリのスプラッシュ画面を設定する

スプラッシュ画面は、モバイル版のアプリを起動した直後に表示される画面のことです。会社のロゴ画像などを登録しておけば、起動直後にその画像が表示されたあと、アプリ画面に切り替わります。

❶ 管理者画面で[基本設定]を選択する。

❷ [カスタマイズ]を選択する。

❸ [モバイル版]を選択する。

❹ [スプラッシュ画面]の[アップロード]をクリックする。

❺ 画像ファイルを選択する。

❻ [開く]をクリックする。

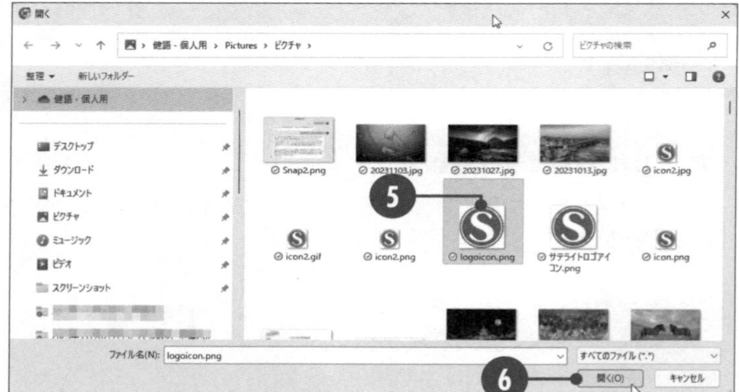

❼ 選択した画像がプレビューに表示される。

❽ 会社名も同時に表示するなら、[会社名の設定]をチェックする。

❾ [保存]をクリックし、確認のメッセージが表示されたら[OK]をクリックする。

スプラッシュ画面の画像として使用できる画像

スプラッシュ画面で使用できる画像ファイルは、次の条件を満たしている必要があります。

・3MB未満
・ファイル形式はPNG
・ファイル名は半角英数字

なお、登録した画像は幅600ピクセルに自動的にリサイズされます。

スプラッシュ画面を初期化する

スプラッシュ画面の設定を解除してもとの状態に戻すには、右上の［初期化］をクリックしたあと、［保存］をクリックしてください。

4-3-6 モバイル版アプリのメニューをカスタマイズする

スマートフォン用のモバイル版アプリのメニューをカスタマイズすることができます。ここでは、メニューの配置を変更する方法を説明します。

1. 管理者画面で[基本設定]を選択する。
2. [カスタマイズ]を選択する。
3. [モバイル版]を選択する。

4. [サービスの順序]でアイコンをドラッグして順序を変更する。移動すると左側のプレビューも変化する。移動のルールについてはHINTを参照。
5. [保存]をクリックし、確認のメッセージが表示されたら[OK]をクリックする。

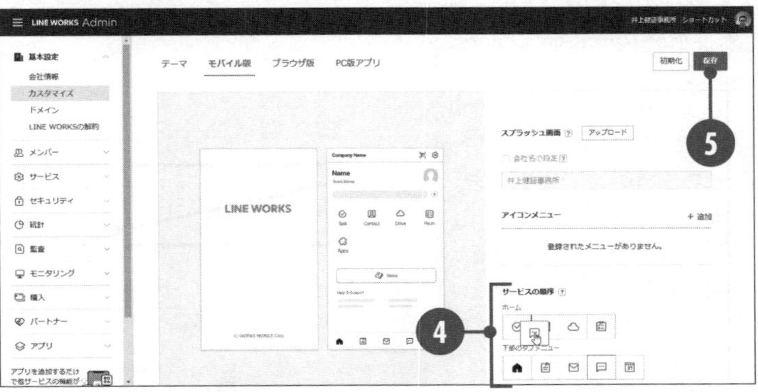

6 モバイル版アプリのアイコンの順序が変更される。

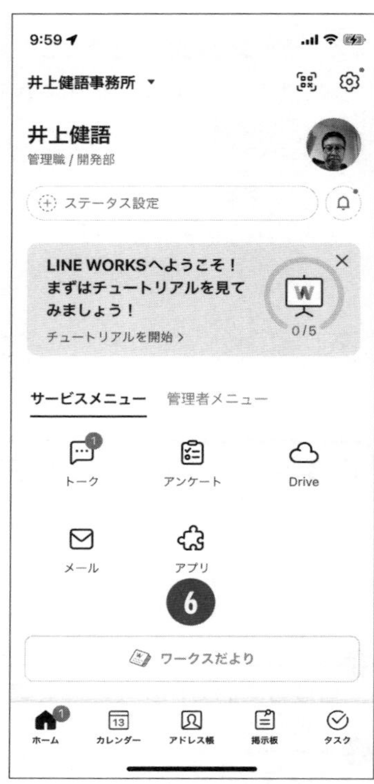

アイコン移動のルール

［ホーム］には4つ、［下部のタブメニュー］には5つのアイコンが並んでいて、左下のホームのアイコンは固定で移動できません。それ以外のアイコンは、右の図のように移動します。

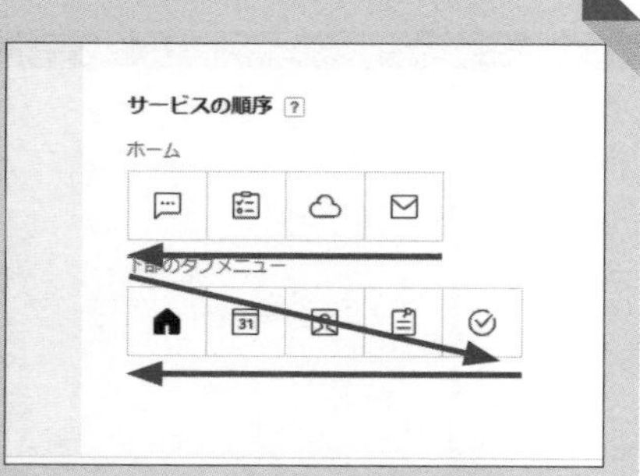

アイコンの順序を元に戻す

アイコンの順序を元に戻すには、右上の［初期化］をクリックしたあと［保存］をクリックしてください。

アイコンメニューの追加

［アイコンメニュー］の［＋追加］をクリックすれば、アイコン画像を追加してアプリやWebサイトを登録することができます。

4-4 メンバー

ここでは、管理者画面の「メンバー」で設定できる主な内容を説明します。メンバーの追加や修正、一時停止、組織やグループの設定について説明しますので、必要に応じて参照してください。

4-4-1 メンバーを追加する／修正する

管理者は、LINE WORKSのメンバーを追加することができます。一人一人を個別に追加することも、Excelファイルを使って一括で追加することもできます。ここでは、各メンバーに招待メールを出して、個別に登録してもらう手順を説明します。

1. 管理者画面で[メンバー]を選択する。
2. [メンバー]を選択する。
3. [メンバーの追加]をクリックする。

4. 氏名を入力する。
5. IDを設定する。
6. パスワードの設定方法を指定する。ここでは[メンバーが作成]を選択する。
7. 相手のメールアドレスを入力する。
8. [追加]をクリックする。

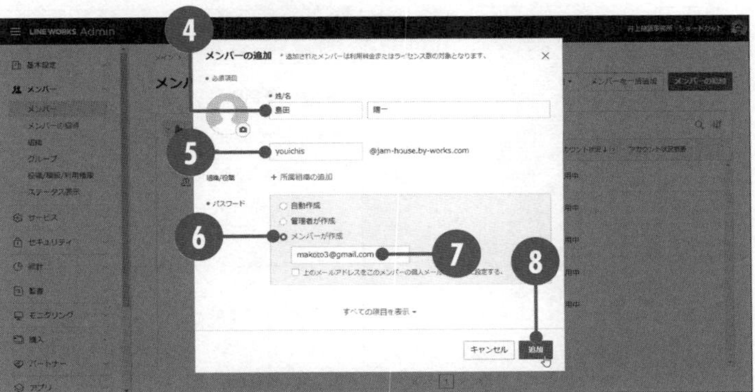

9 設定したメールアドレスに招待メールが送信される。相手が招待メールの内容にしたがって設定すると、メンバーとして登録される。

10 続けて別のメンバーを追加するなら、[メンバーの追加を続ける]をクリックして同じ作業を繰り返す。

11 作業を終了するなら[閉じる]をクリックする。

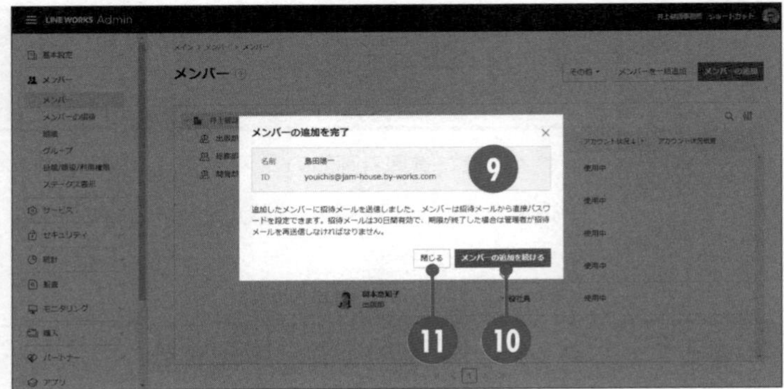

管理者画面のトップページからメンバーを招待する

管理者画面のトップページには、メンバーの数が表示されます。そこにある[追加]をクリックしても本文と同じ手順でメンバーを追加できます。また、[メンバーの招待] をクリックすると、複数の相手のメールアドレスを指定して、招待メールを送信できます。この場合、招待されたメンバーはアカウント作成に必要な情報を自分で入力することで、メンバーとして登録されます。

管理者画面のトップページ

[メンバーの招待] をクリックすると表示される画面

パスワードの設定方法

［パスワード］では、以下の3つを選択できます。

- 自動作成……パスワードを自動的に作成します。追加されたメンバーは、初回ログイン時にパスワードの変更が必要です。
- 管理者が作成……パスワードを管理者が設定します。追加されたメンバーは、初回ログイン時にパスワードの変更が必要です。
- メンバーが作成……パスワードはメンバーがログインするときに設定します。［メンバーが作成］を選択した場合は、相手のメールアドレスを入力する必要があります。

メンバーを一括追加する

メンバー数が多い場合は、アカウントを一括作成することもできます。［メンバーを一括追加］をクリックして、パスワードの作成方法、ファイル登録の順番に作業してください。なお、一括登録用のファイルとしては、CSVファイルとExcelファイル（XLSXファイル）を利用できます。サンプルファイルをダウンロードできるので、それにしたがってファイルを作成したあと、登録してください。

［メンバーを一括追加］をクリックすると表示される画面

メンバーの情報を修正する

登録したメンバーをクリックすると、メンバーの詳細情報が表示されます。右上の［メンバーの修正］をクリックすると、ウィンドウが開いて情報を修正できます。

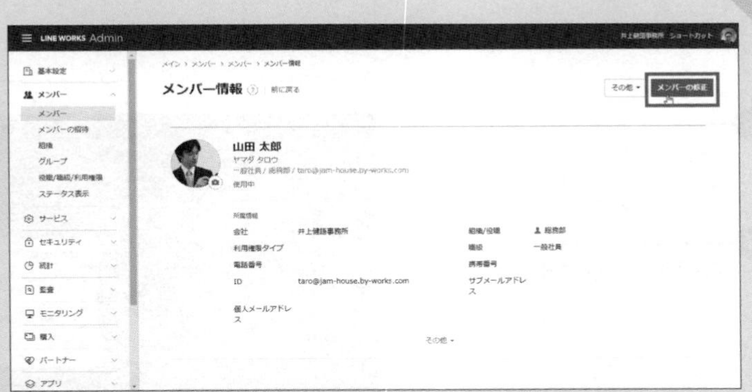

4-4-2 メンバーを一時停止にする

管理者は、メンバーのアカウントを一時停止することができます。一時停止されたメンバーは、一時停止が解除されるまでLINE WORKSにログインできなくなります。長期休暇などでメンバーが一時的に組織やプロジェクトから離れるときに活用してください。

1. 管理者画面で[メンバー]を選択する。
2. [メンバー]を選択する。
3. 一時停止にするメンバーをクリックする。

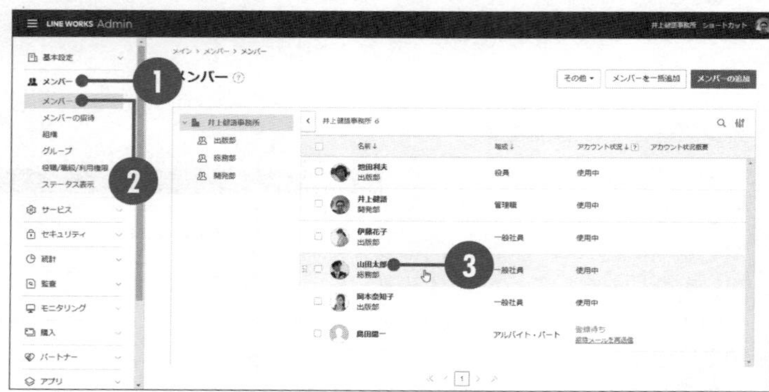

4. メンバーの詳細情報が表示されたら、[その他]をクリックする。
5. [一時停止]を選択する。

6. 確認のメッセージが表示されたら、2つのチェックボックスをチェックする。
7. [OK]をクリックする。

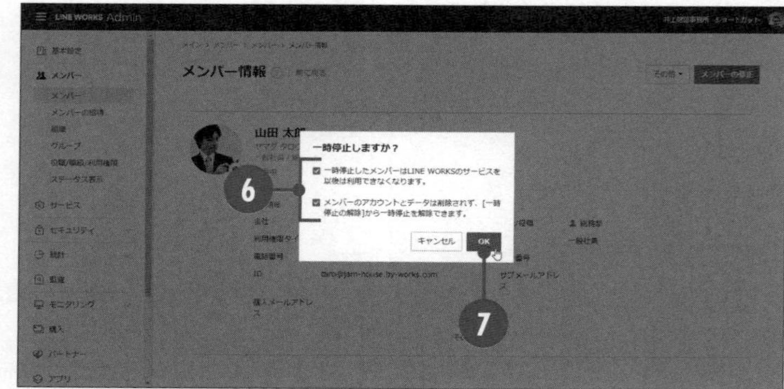

8 メンバーの一覧を表示すると、アカウント状況に「一時停止」と表示される。

一時停止を解除する

一時停止を解除するには、手順5で［一時停止の解除］を選択してください。または、メンバーの一覧で「一時停止」と表示されている箇所の［解除］をクリックしてください。解除すると、再びLINE WORKSにログインして以前と同じサービスを利用できるようになります。

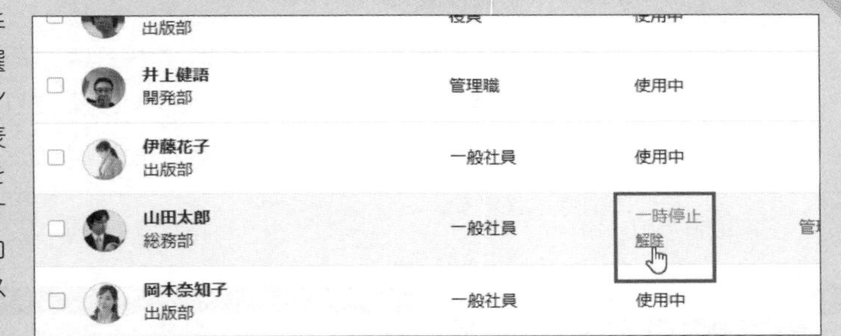

休職にする

手順5で［休職設定］を選択すると、休職にすることができます。必要であれば休職の期間を設定することもできます。

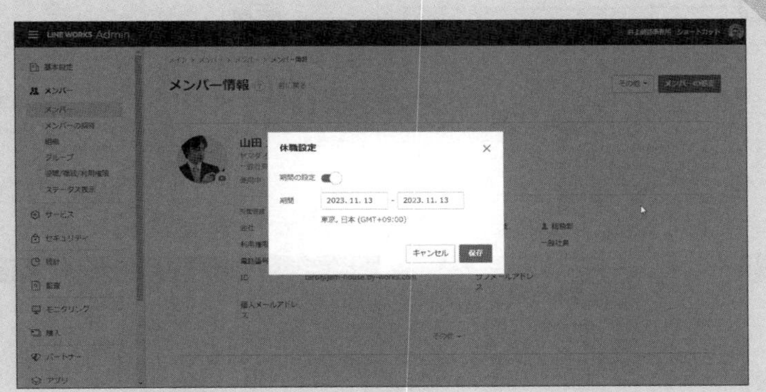

アプリの利用を停止する

手順5で［アプリの利用停止］を選択すると、モバイル版アプリ/PC版アプリの利用を停止できます。ブラウザ版のアクセスはブロックされません。解除するには、［アプリ利用停止の解除］を選択します。

メンバーのアカウント状況

メンバー一覧画面の各メンバーの右端には［アカウント状況］が表示されます。アカウント状況には、次の4種類があります。

- ●使用中……サービスを正常に利用できている状態。
- ●登録待ち……管理者がメンバーに追加後、そのメンバーがパスワードを登録していない状態。または、まだログインしていない状態。
- ●一時停止……管理者によってアカウントが一時停止されている状態。メンバーはログインすることはできない。
- ●削除……管理者によってアカウントが削除されている状態。メンバーはログインできない。7日以内に削除が取り消されるとログインできるようになる。

4-4-3 メンバーを削除する

社員が退職した場合や誤って登録した場合は、管理者はメンバーを削除して、LINE WORKSの利用を停止する必要があります。なお、7日以内であれば、削除をキャンセルすることでメンバーのデータが復元されます。ただし、7日を過ぎるとデータは自動的に削除されます。

1. 管理者画面で[メンバー]を選択する。
2. [メンバー]を選択する。
3. 削除するメンバーをクリックする。

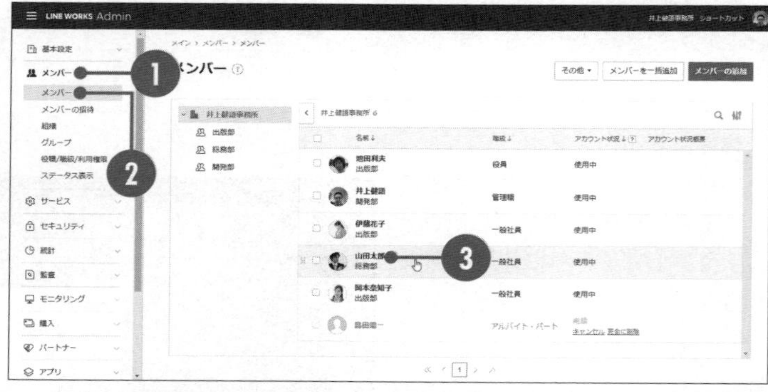

4. メンバーの詳細情報が表示されたら[その他]をクリックする。
5. [アカウント削除]を選択する。

6 確認のメッセージが表示されたら、すべてのチェックボックスをチェックする。

7 [削除]をクリックする。

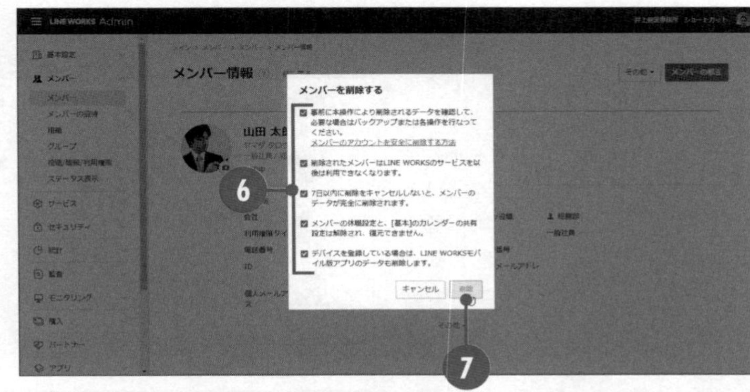

8 メンバーの一覧に戻ると、アカウント状況が「削除」になる。

メンバーをまとめて削除する

メンバーの一覧で先頭のチェックボックスをチェックして［削除］をクリックすれば、まとめて削除できます。

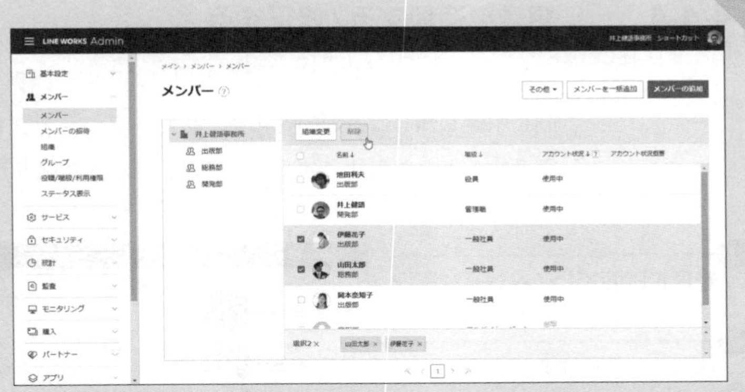

7日以内に削除を取り消せばデータは復元できる

メンバーを削除すると、そのメンバーはLINE WORKSのサービスがすべて利用できなくなります。ただし、7日以内に削除を取り消せば、再びサービスが利用可能になり、データも元の状態に戻ります。ただし、7日を過ぎるとデータ、アーカイブデータともに自動的に削除されて元には戻せなくなります。なお、［完全に削除］をクリックすると、その時点ですべてのデータが削除されます。

メンバーの削除を取り消す

メンバーの削除を取り消すには、メンバーの一覧を表示し、［アカウント状況］の［キャンセル］をクリックしてください。または、メンバーの詳細情報を表示したあと、［その他］をクリックし、［削除をキャンセル］を選択します。

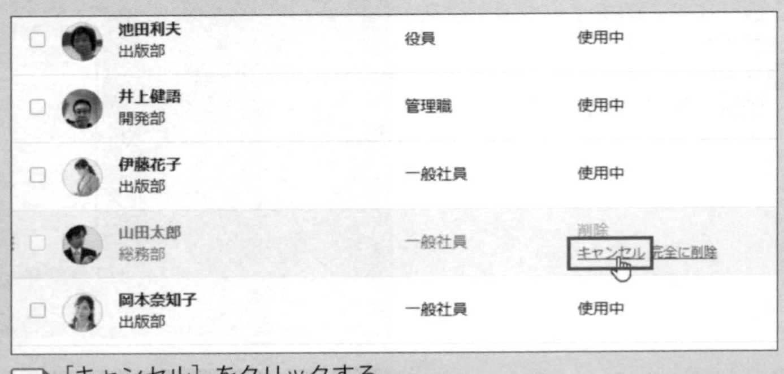

［キャンセル］をクリックする。

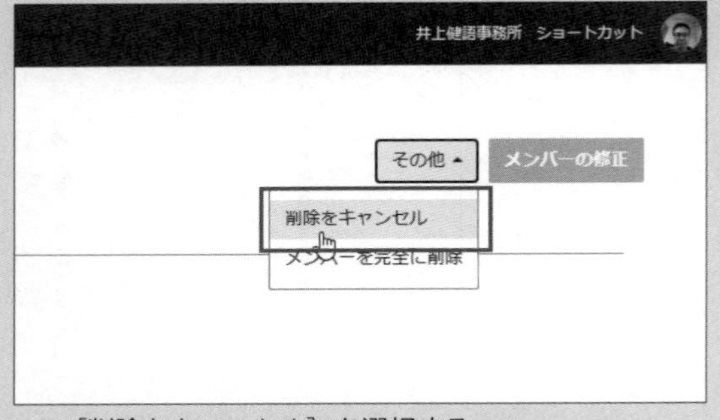

［削除をキャンセル］を選択する。

4-4-4 組織を追加する／修正する

管理者は、営業部や総務部などの企業内の組織構成に合わせて、LINE WORKS上にも同じ組織を作ることができます。また、プロジェクト単位や部門横断的な組織を作って管理することも可能です。ここでは、新しい組織を作る方法を説明します。

1. 管理者画面で［メンバー］を選択する。
2. ［組織］を選択する。
3. ［組織を追加］をクリックする。

4. [組織名]を入力する。

5. [説明]に組織の説明を入力する(省略可)。

6. 組織で利用する機能を設定する。

7. 組織のメーリングリスト用のメールアドレスを設定する。初期設定のままでよければ、そのままにする。

8. [追加]をクリックする。

9. 組織が追加される。

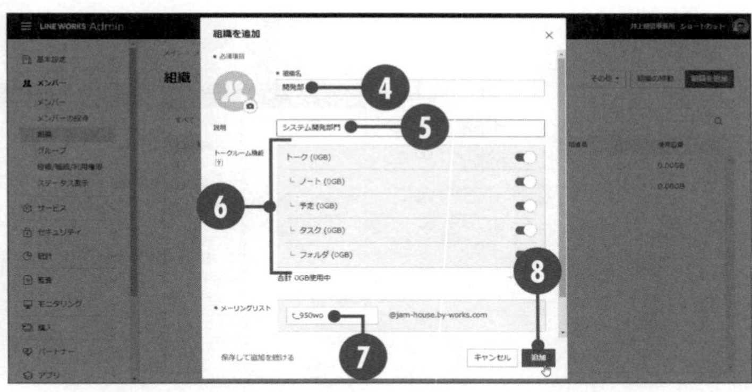

組織の修正・削除

組織の一覧で先頭をチェックして［削除］をクリックすれば、組織を削除できます。また、組織をクリックして詳細情報を表示して［修正］をクリックすれば、情報を修正できます。

組織の移動

組織の一覧で［組織の移動］をクリックすると、組織の先頭部分をドラッグして移動できます。ドラッグして特定の組織に重ねると、組織を階層化することもできます。

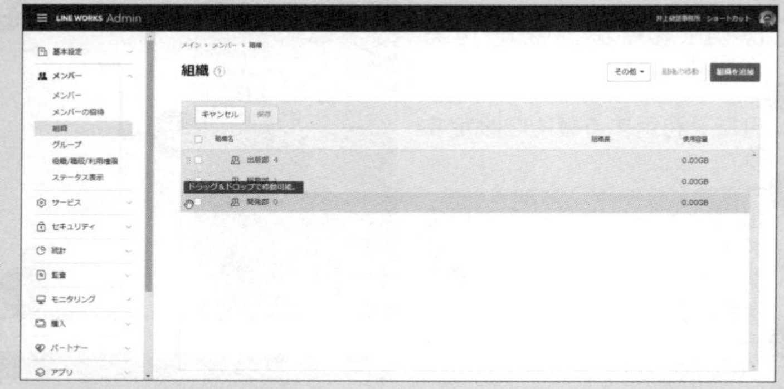

メンバーの設定で組織を設定する

追加した組織は、メンバーの［組織/役職］で選択できるようになります。

メンバーの修正画面。［組織/役職］の［所属組織の追加］をクリックする。

作成した組織を選択できる。

4-4-5　役職/階級/利用権限を管理する

部長や課長などの役職や階級を登録することができます。登録した役職・階級は、メンバーの個人情報として設定できるようになります。なお、LINE WORKSではあらかじめ役職/階級が登録されているので、必要に応じて修正してください。ここでは、役職を追加する方法を説明します。

❶ 管理者画面で[メンバー]を選択する。

❷ [役職/階級/利用権限]を選択する。

❸ [役職]を選択する。

❹ [修正]をクリックする。

❺ 役職を修正できる状態になったら、[役職を追加]をクリックする。

❻ 新しい役職を入力する。

7 追加した役職の先頭をドラッグして移動する。

8 役職の順番が変更される。

9 [保存]をクリックする。

10 新しい役職が追加される。

役職の削除と移動

それぞれの役職の［削除］をクリックすると、役職を削除できます。また、先頭をドラッグすると、順番を変更できます。なお、役職は上位から下位になるように指定してください。

階級と利用権限タイプ

［階級］と［利用権限タイプ］も設定できます。なお、利用権限タイプを設定できるのはスタンダード、アドバンストプランのみです。

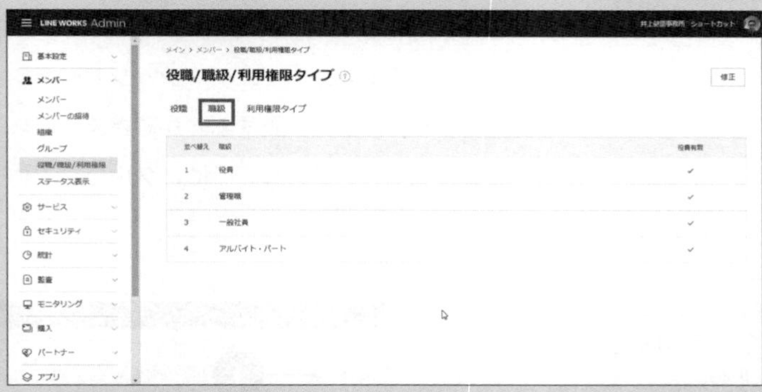

階級の設定

利用権限タイプの設定

4-4-6 グループを管理する

管理者によって許可されている場合、LINE WORKSのメンバーは自由にグループを作ってメンバー同士でコミュニケーションできます。管理者は、これらのグループを確認し、必要であれば設定変更や削除ができます。また、管理者自身が新しいグループを作成することもできます。ここでは、グループで利用できる機能をトークだけに制限する方法を説明します。

1. 管理者画面で[メンバー]を選択する。
2. [グループ]を選択する。
3. 作成されているグループが一覧表示されるので、内容を修正するグループをクリックする。

4. グループの詳細情報が表示されたら、[変更]をクリックする。

5. [ノート]を無効にする。

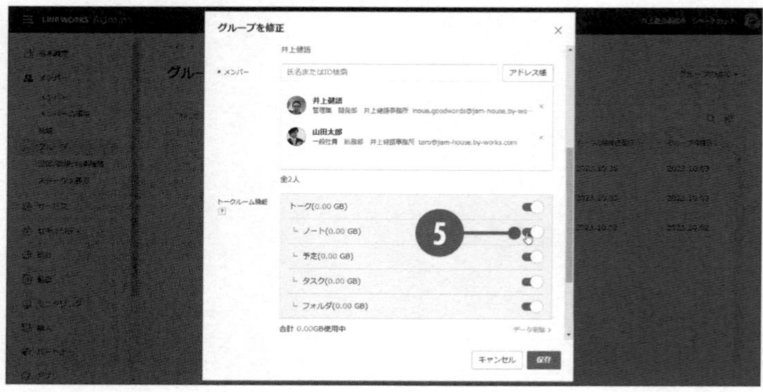

6 確認のメッセージが表示されたらチェックボックスをチェックする。

7 [OK]をクリックする。

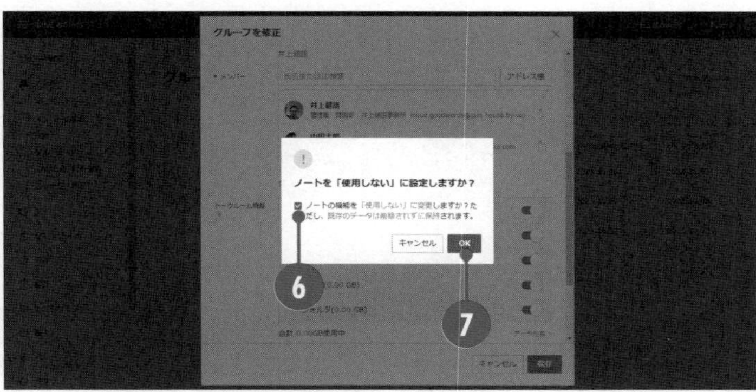

8 [ノート]が無効になる。

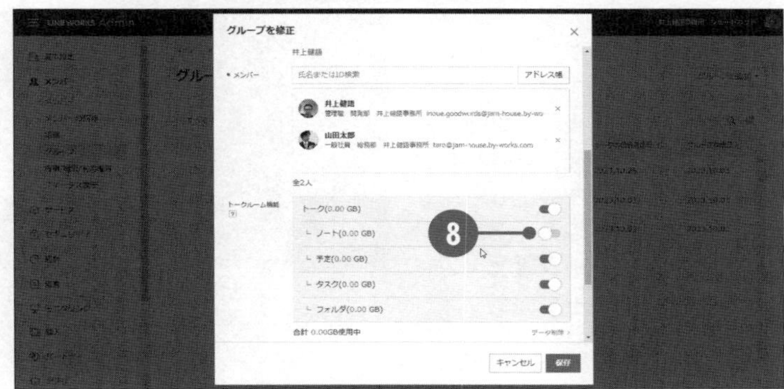

9 同様にして、[トーク]以外の機能をすべて無効にする。

10 [保存]をクリックする。

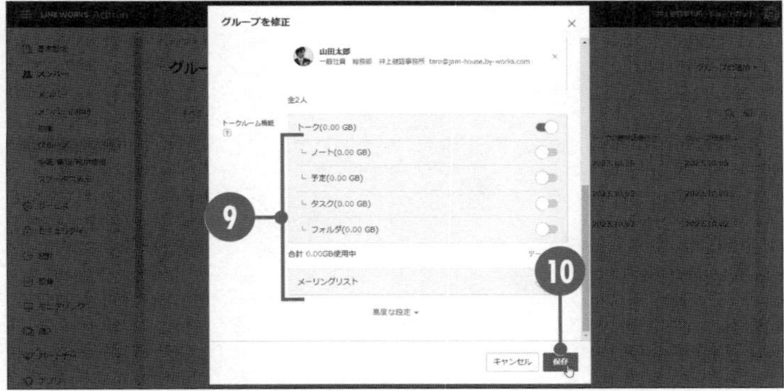

11 [×]をクリックして画面を閉じる。これで、このグループで利用できる機能はトークだけになる。

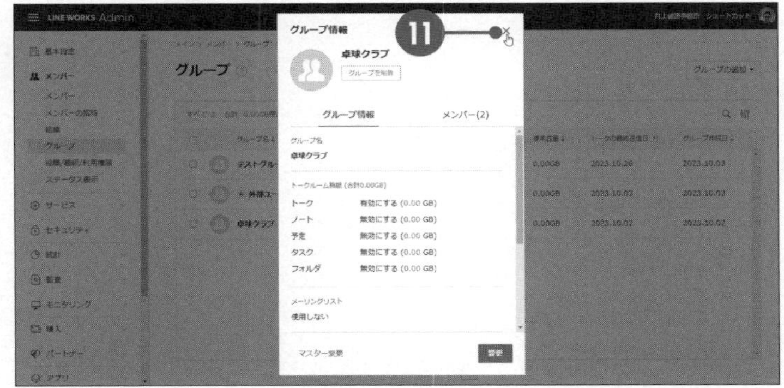

グループマスターについて

　一般のメンバーがグループを作成すると、そのメンバーが「グループマスター」になり、本文のようにグループの機能を設定することができます。なお、管理者の設定によっては、機能を変更できるのは管理者だけになっている場合もあります。

グループの追加と削除

　[グループの追加]をクリックすると。管理者が新しいグループを追加できます。削除するときは、グループ先頭をチェックして［削除］をクリックしてください。または、グループ名をクリックすると表示されるウィンドウで、[グループ削除］をクリックしてください。なお、グループを削除すると、グループ内のすべてのトーク履歴、ノートへの投稿、メーリングリストが削除されます。

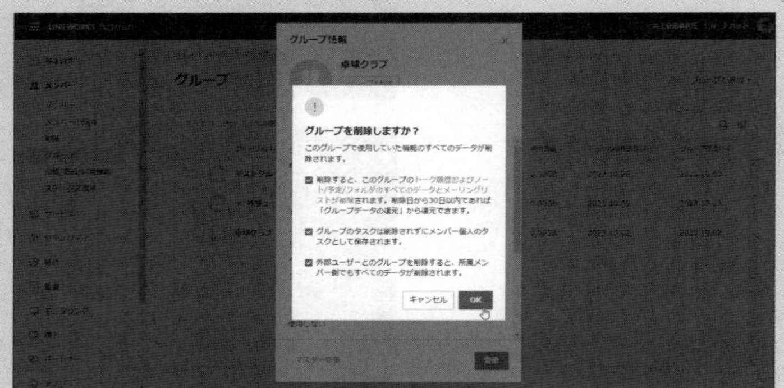

グループを削除するときは、このメッセージが表示される。各チェックボックスをチェックして［OK］をクリックすると削除される。

4-5 サービス

ここでは、管理者画面の「サービス」で設定できる主な内容を説明します。「サービス」では、トークやメール、スケジュールなどのサービスごとに、その機能の詳細を設定できます。ここでの設定によってLINE WORKSのメンバーが利用できる機能が変化するので、設定する際は慎重に作業してください。

4-5-1 [掲示板] 投稿1件あたりの最大サイズを設定する

掲示板にはメンバーが自由に投稿することができます。投稿には画像や動画を挿入したりファイルを添付したりできますが、管理者は、こうした画像、動画、添付ファイルの投稿1件あたりの上限サイズを設定できます。大容量のファイルや画像、動画による共有ストレージの使用を制限したいとき設定してください。

1. 管理者画面で[サービス]を選択する。
2. [掲示板]を選択する。
3. [一般]を選択する。
4. [添付ファイル1個あたりの上限]をクリックする。

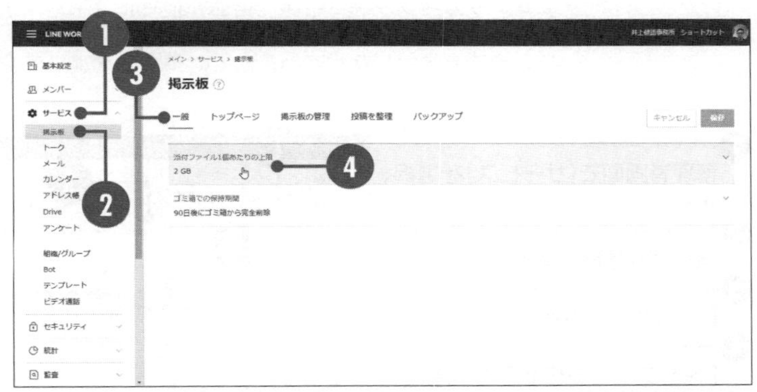

5. サイズを設定できる状態になるので、リストからサイズを選択する。
6. [保存]をクリックする。このあと確認のメッセージが表示されたら[OK]をクリックする。

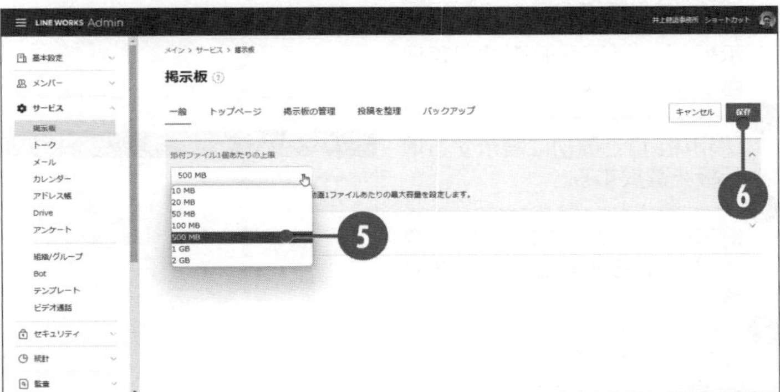

ゴミ箱の保持期間を設定する

［ゴミ箱での保持期間］では、掲示板に用意されているゴミ箱の保存期間を設定できます。ゴミ箱内の投稿は、指定した保存期間をすぎると完全に削除されます。投稿を完全に削除しない場合は、「自動削除をしない」を選択してください。

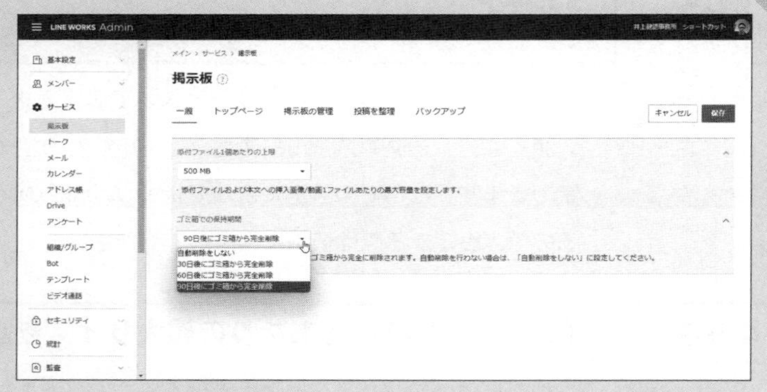

4-5-2 ［掲示板］掲示板の数と表示タイプを変更する

掲示板のトップページに表示する掲示板の数、各掲示板の表示形式（タイプ）は、管理者がカスタマイズできます。重要な掲示板を上位に表示したり、画像の多い掲示板をアルバム形式で表示したりすることで、掲示板をより見やすく便利にすることができます。

1. 管理者画面で[サービス]を選択する。
2. [掲示板]を選択する。
3. [トップページ]を選択する。
4. [トップページに表示する掲示板の数]を指定する。ここでは[4個]を指定する。すると、[掲示板1]～[掲示板4]の設定項目が表示される。
5. [掲示板1]で最初に表示する掲示板を選択する。
6. 掲示板のタイプを指定する(タイプによる違いはHINTを参照)。
7. 残りの[掲示板2]～[掲示板4]も同様にして設定する。

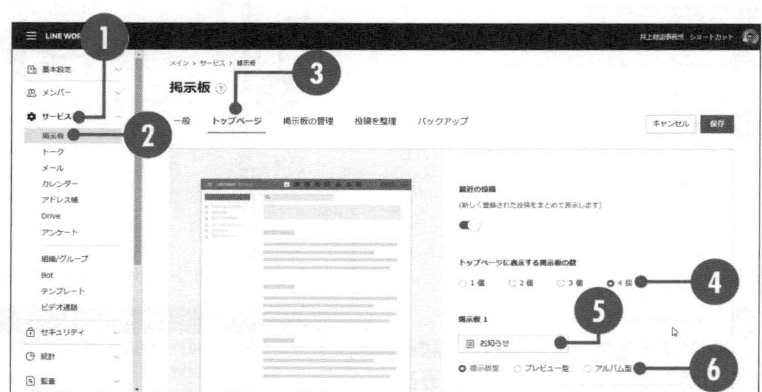

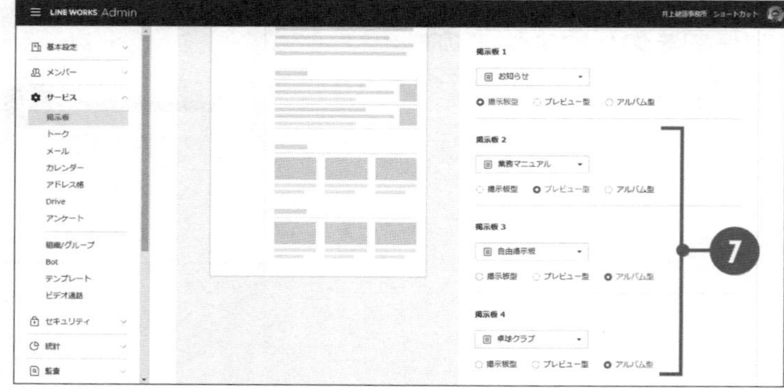

❽ [保存]をクリックする。このあと確認のメッセージが表示されたら[OK]をクリックする。

掲示板のタイプによる違い

掲示板のタイプによる違いは、次項のHINTを参照してください。なお、本ページでの設定はトップページに表示されるときの表示タイプです。各掲示板に切り替えたときは、次項で設定した表示タイプになります。

4-5-3 [掲示板] 掲示板を追加する／削除する

掲示板は管理者が自由に追加・削除することができます。掲示板の内容に合わせてタイプを選択することもできます。ここでは、画像中心の投稿に適した「アルバム型」の掲示板を作成する方法を説明します。

❶ 管理者画面で[サービス]を選択する。

❷ [掲示板]を選択する。

❸ [掲示板の管理]を選択する。

❹ [掲示板の追加]をクリックする。

❺ [掲示板名]に掲示板の名前を入力する。

❻ [共有範囲]で掲示板を利用できる範囲を指定する。すべてのメンバーで利用可能にするには、[すべてのメンバー]を指定する。メンバーを制限したい場合は、[メンバー指定]を指定してメンバーを指定する。

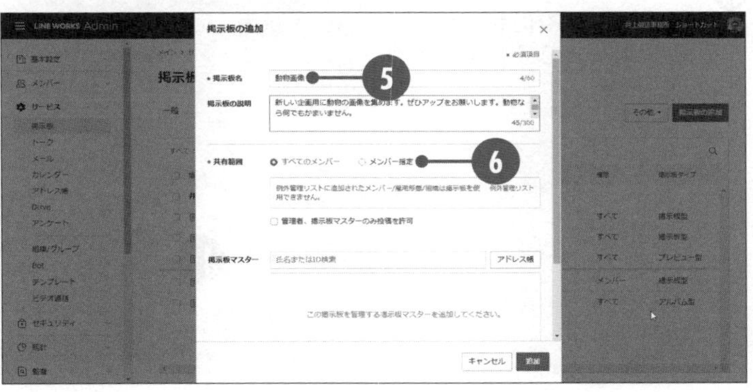

7 [詳細設定]をクリックする。

8 [タイプ]で掲示板のタイプを指定する。ここでは[アルバム型]を指定する。

9 [追加]をクリックする。

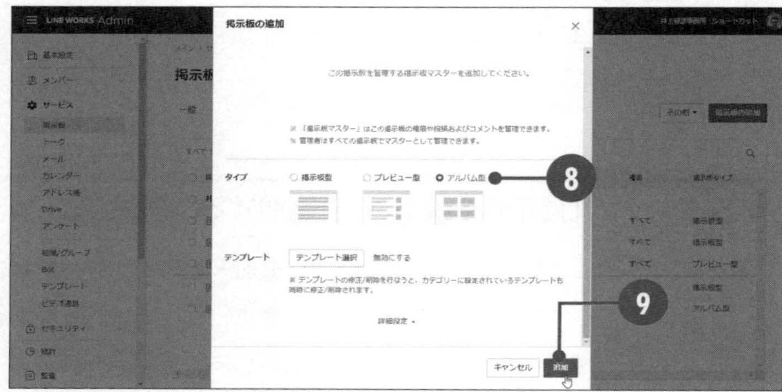

10 掲示板が追加される。

11 掲示板のページにも新しい掲示板が追加されて利用できるようになる。

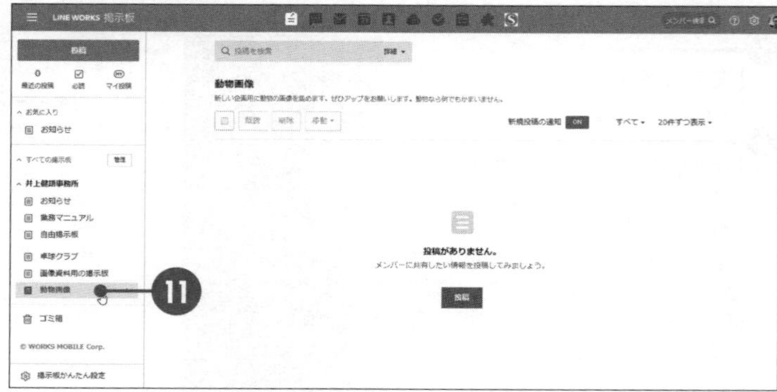

掲示板マスターとは？

掲示板マスターは、掲示板の投稿やコメントを管理できるメンバーのことです。管理者は、自動的にすべての掲示板の掲示板マスターとなりますが、他に掲示板マスターを追加したいときは、[掲示板マスター] の設定で追加してください。

掲示板のタイプによる違い

掲示板のタイプには、「掲示板型」「プレビュー型」「アルバム型」の3つがあります。これは、各掲示板で記事を一覧表示するときの表示形式です。記事の作成方法や投稿の方法は、どのタイプも同じです。あとで掲示板のタイプを変更することも可能です。

掲示板型：文字中心で記事を一覧表示します。

プレビュー型：左側にタイトルと本文の一部を並べる形式で記事を一覧表示します。本文に画像が挿入されている場合は、右側に画像も表示されます。

アルバム型：記事に含まれる画像を大きく表示し、その下に記事タイトルを配置して記事を一覧表示します。

4-5-4 ［トーク］メッセージを取り消せる時間を変更する

トークのメッセージは、初期設定では1時間以内であれば取り消せます。この時間は24時間に変更することも可能です。

1. 管理者画面で[サービス]を選択する。
2. [トーク]を選択する。
3. [一般]を選択する。
4. [トーク送信取消可能時間]をクリックする。
5. 設定を変更できる状態になるので、「1時間」または「24時間」を選択する。
6. [保存]をクリックする。このあと確認のメッセージが表示されたら[OK]をクリックする。

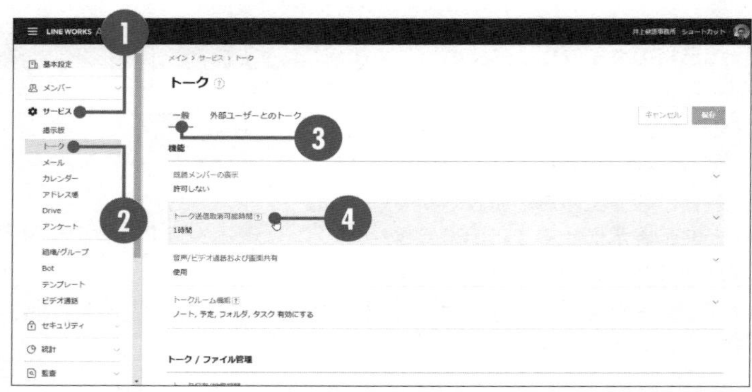

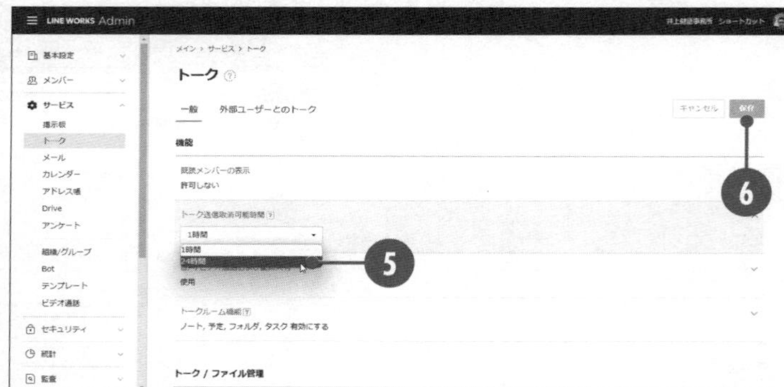

LINEユーザーへのメッセージは取り消せない

メッセージを取り消せるのはLINE WORKSへのメッセージだけです。LINEへのメッセージは取り消せないので注意してください。

既読メンバーの表示設定

［既読メンバーの表示］では、メッセージを相手が読んだかどうかを確認できる「既読」の表示/非表示を設定できます。

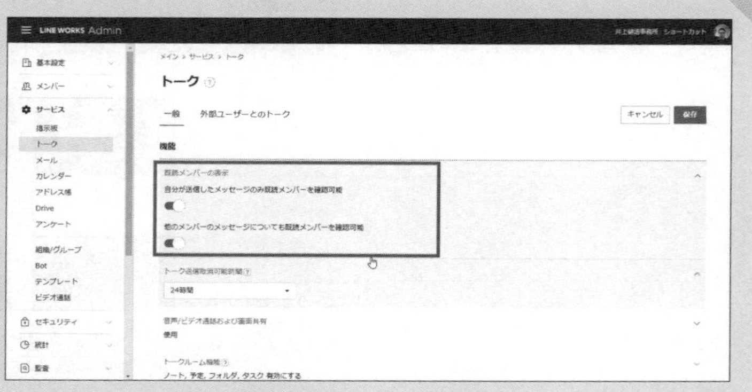

音声/ビデオ通話/画面共有の設定

［音声/ビデオ通話および画面共有］では、音声、ビデオ通話、画面共有の有効/無効を設定できます。

トーク/ファイルの保存期間の設定

［トーク/ファイル管理］では、トークを保存/検索できる期間、トークに含まれる写真やファイルを保存する期間を設定できます。また、添付ファイルの1個あたりの上限サイズも設定できます。

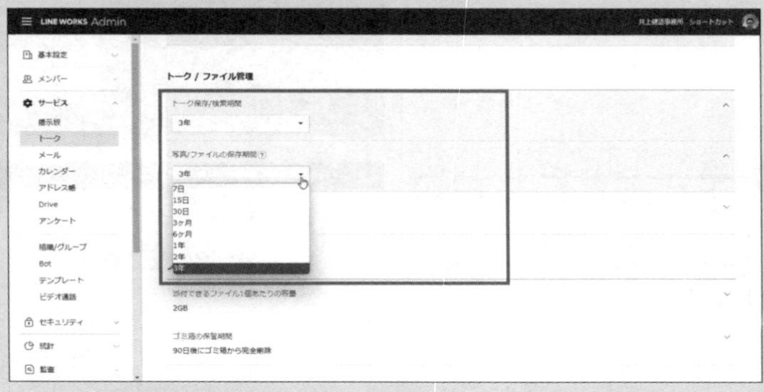

4-5-5 ［トーク］LINE連携/外部LINE WORKS連携の有効/無効を設定する

LINE WORKSでは、LINEおよび外部LINE WORKSユーザーとトークメッセージをやりとりできますが、その有効/無効は管理者が設定できます。また、連携できるユーザーを制限することもできます。ここでは、両方の機能を無効にする方法を説明します。

1. 管理者画面で［サービス］を選択する。
2. ［トーク］を選択する。
3. ［外部ユーザーとのトーク］を選択する。
4. LINEとの連携は［LINE連携］の［連携設定］をクリックして無効にする。

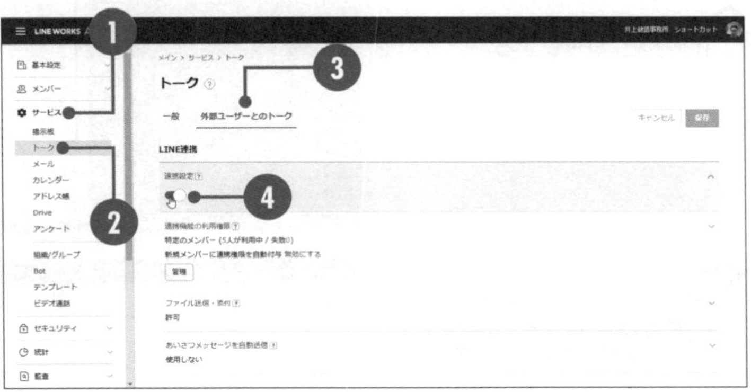

5 トークルームやアンケートが削除されることを確認するメッセージが表示されるので、すべてをチェックする。

6 [OK]をクリックする。

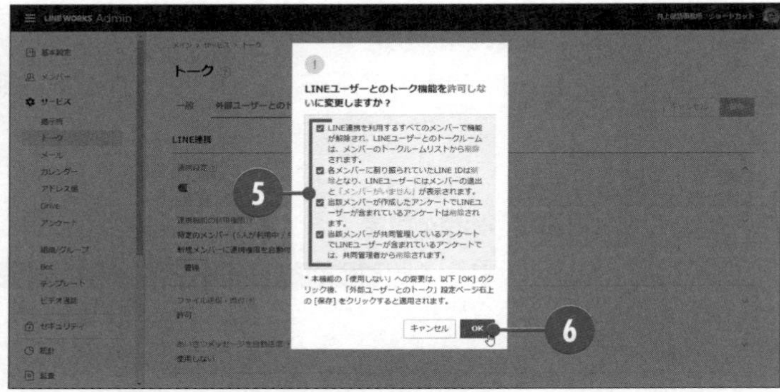

7 外部LINE WORKSとの連携は[外部LINE WORKS連携]の[連携設定]をクリックして無効にする。

8 トークルームやアンケートが削除されることを確認するメッセージが表示されるので、すべてをチェックする。

9 [OK]をクリックする。

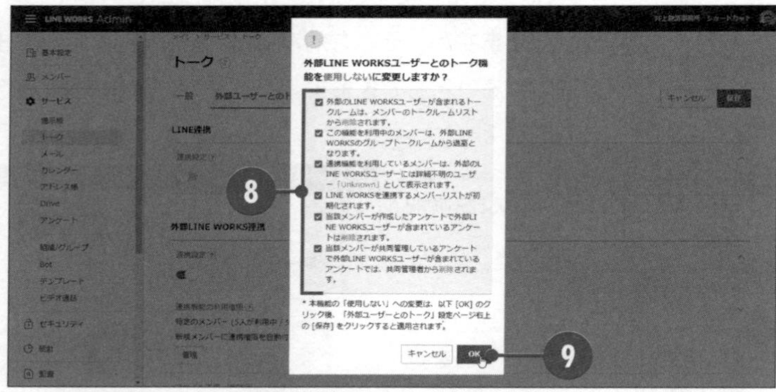

10 [保存]をクリックする。このあと確認のメッセージが表示されたら[OK]をクリックする。

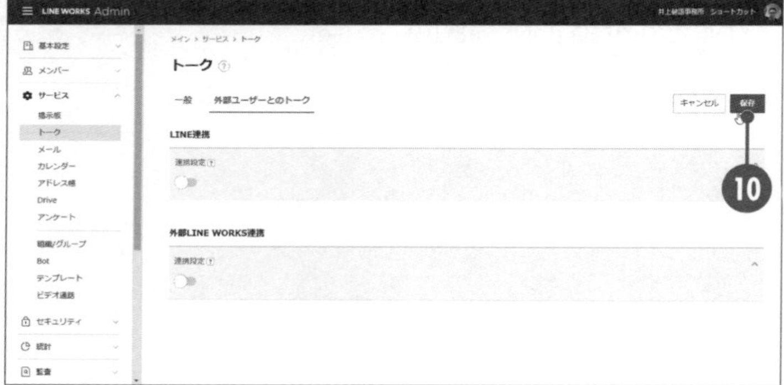

再び連携を有効にする

再び連携を有効にするには、［LINE連携］の［連携設定］、［外部LINE WORKS連携］の［連携設定］を有効にしてください。

特定のメンバーだけ外部LINE/LINE WORKS連携を許可する

LINE連携、外部LINE WORKS連携は、特定のメンバーだけに許可することもできます。それぞれ［連携機能の利用権限］で設定してください。

ファイル送信の有効/無効

［ファイル送信･添付］を無効にすると、トークルームで画像/動画/連絡先/ファイルの送信を禁止できます。

4-5-6 ［メール］添付ファイルの最大サイズを設定する

管理者はメールの開封確認やセキュリティなどの機能を設定できます。ここでは、メールに添付できるファイルサイズの上限を設定する方法を説明します。初期設定では上限の25MBが設定されているので、あまり大きいサイズをやりとりさせたくない場合は、サイズを小さくするとよいでしょう。

1. 管理者画面で［サービス］を選択する。
2. ［メール］を選択する。
3. ［一般］を選択する。
4. ［ファイル添付］の［添付できるファイルの容量］をクリックする。

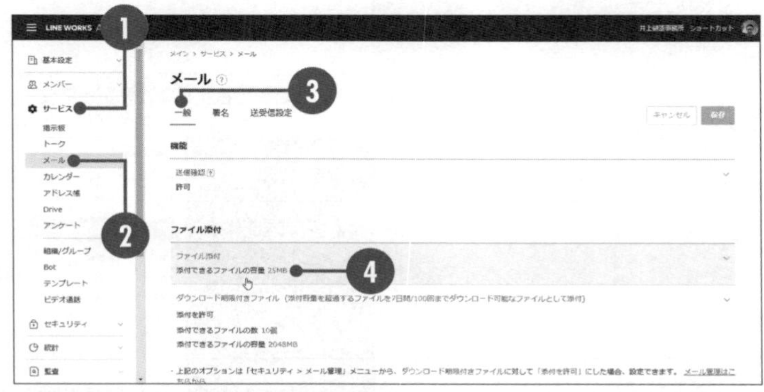

5. 容量を設定できる状態になるので、数値を入力する。
6. ［保存］をクリックする。このあと確認のメッセージが表示されたら［OK］をクリックする。

その他のメール設定

［メール］の［一般］では、次のような設定ができます。

- ●送信確認……受信者がメールを開封したかどうかを確認できる機能の有効/無効を設定します。
- ●ファイル添付……添付するファイルの容量を設定します。
- ●ダウンロード期限付きファイル……添付容量を超過するファイルを7日間/100回までダウンロード可能なファイルとして添付する機能を設定します。

メンバーの共通署名を作成する

［メール］の［署名］では、メンバー全員が共通で利用できる署名のテンプレートを作成できます。［共通署名］の［追加］をクリックし、必要な項目を設定すれば共通署名を作成できます。また、［フッター］でメンバーに共通するフッターを作成することもできます。

［共通署名］の［追加］をクリックする。

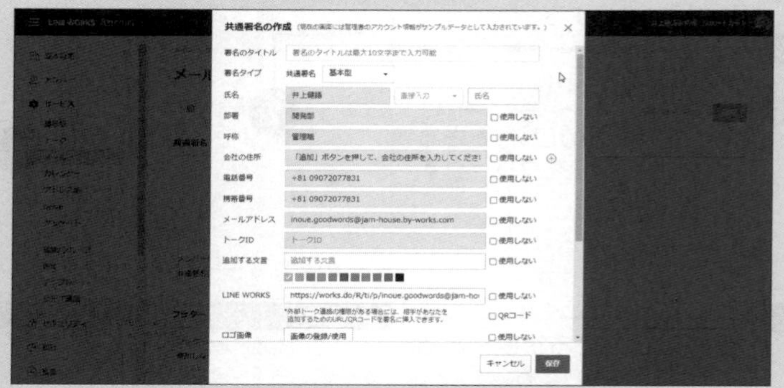

表示されたウィンドウで必要な設定を行うと共通署名を作成できる。

メールの送受信設定

［メール］の［送受信設定］では、受信を許可する/拒否するIPアドレスを設定できます。受信を許可すると、そのIPアドレスから送られたメールは迷惑メールのフィルタリングを経由しないで受信されます。

4-5-7 ［カレンダー］会社カレンダーで会議室を共有設備に登録する

会社カレンダーとは管理者が作成し、すべてのメンバーに共有されるカレンダーのことです。会社カレンダーの予定は、管理者のみ登録・修正・削除することができます。ここでは、会社カレンダーを利用可能にして、予定を登録する方法を説明します。なお、初期設定では会社カレンダーは利用可能になっています。

1. 管理者画面で［サービス］を選択する。
2. ［カレンダー］を選択する。
3. ［一般］を選択する。
4. ［会社カレンダー使用］が「使用」になっていることを確認する。「使用しない」になっている場合は、クリックして「使用」に変更する。

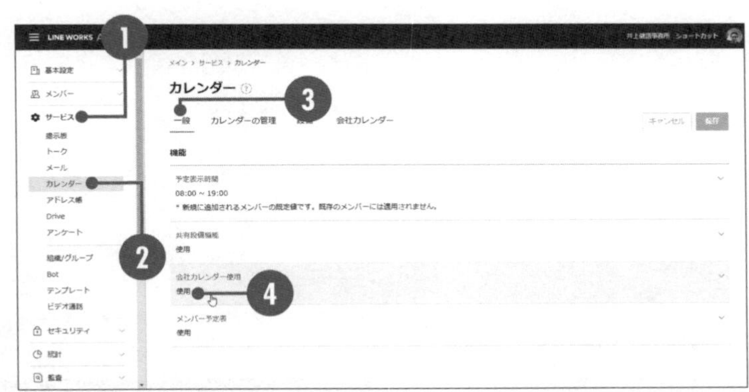

5. ［会社カレンダー］を選択する。
6. ［予定作成］をクリックする。

7 件名や日時などの情報を設定する。

8 [保存]をクリックする。このあと確認のメッセージが表示されたら、[OK]をクリックする。

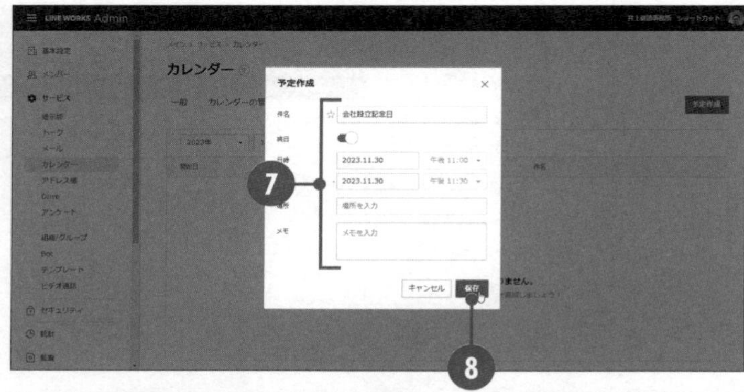

9 会社の予定が登録される。

10 メンバーのカレンダーにも予定が表示される。

登録した予定の修正・削除

登録した予定をクリックすると、予定を修正できるウィンドウが表示されます。修正して[修正]をクリックすれば予定を修正できます。削除するには[削除]をクリックしてください。

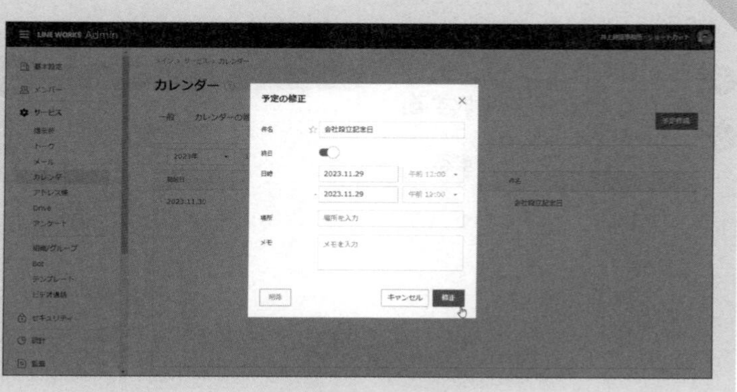

4-5-8 [カレンダー] 会議室を共有設備に登録する

カレンダー機能を使うと、会議室などの共有設備を予約することできます。ただし、予約可能な設備は、管理者があらかじめ登録しておく必要があります。ここでは、共有設備として会議室を登録する方法を説明します。

1. 管理者画面で[サービス]を選択する。
2. [カレンダー]を選択する。
3. [設備]を選択する。
4. [設備追加]をクリックする。

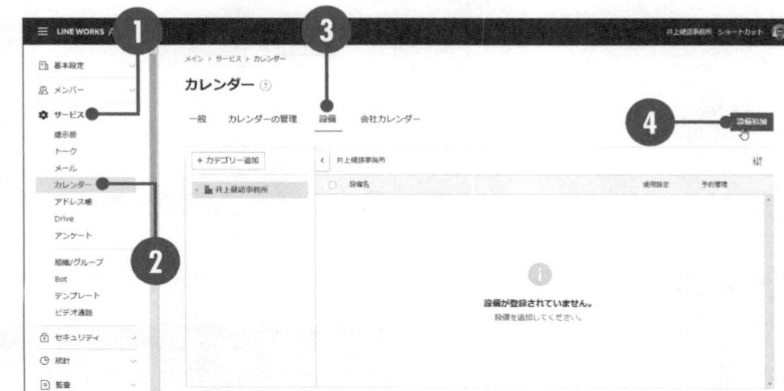

5. [設備名]に設備の名前を入力する。ここでは「第一会議室」と入力する。
6. [使用設定]を有効にする。これによって、メンバーがカレンダーで予定を登録するとき設備を予約できるようになる。
7. [収容人数][説明]などのその他の項目も必要に応じて設定する。
8. [保存]をクリックする。このあと確認のメッセージが表示されたら[OK]をクリックする。
9. 設備が登録される。

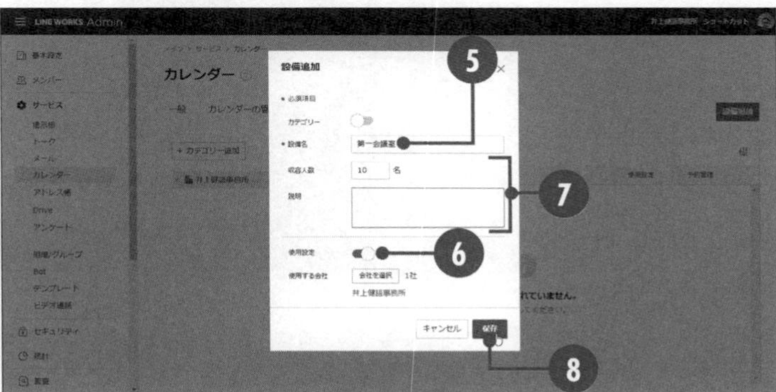

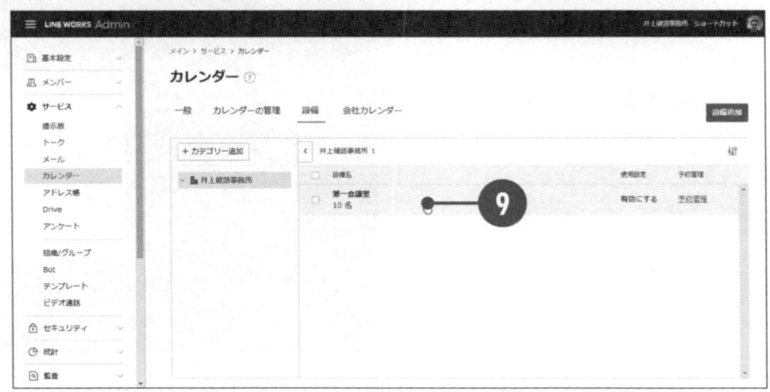

設備の予約方法

登録した設備は、カレンダーの予約登録画面で［設備］の［設備の予約］をクリックすると予約できます。

設備の設定変更・削除

設備をクリックすると、設備の設定を修正できるウィンドウが表示されます。［修正］をクリックすると設定を変更できる状態になります。削除するには［削除］をクリックしてください。

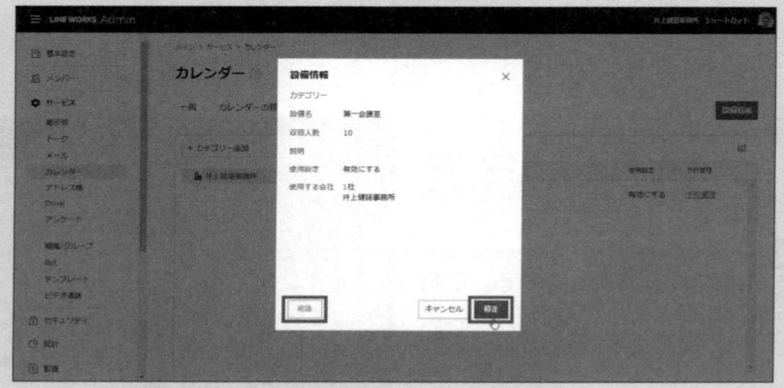

設備が多いときはカテゴリーで分類

利用できる設備が多い場合は、［カテゴリー追加］をクリックして、カテゴリーごとに設備を分類することもできます。

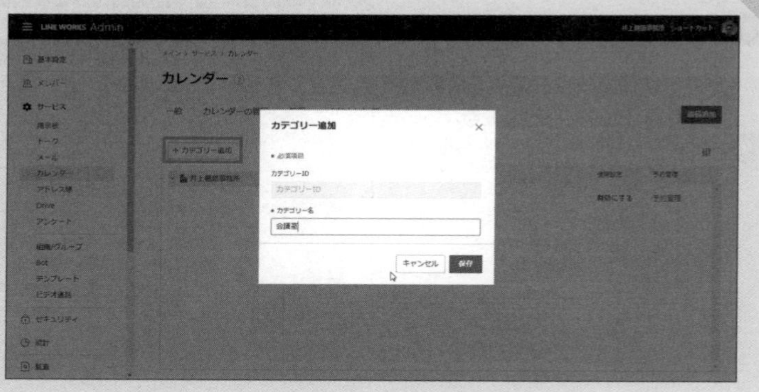

4-5-9 [アドレス帳] グループを作れるのを管理者だけにする/メンバー全員にする

LINE WORKSのアドレス帳を利用すると、自由に社内メンバーのグループを作ってトークしたり、メーリングリストをやりとりしたりできます。管理者は、社内メンバーのグループを作成できるのを管理者だけに限定するか、メンバー全員に許可するかを設定できます。

1. 管理者画面で[サービス]を選択する。
2. [アドレス帳]を選択する。
3. [一般]を選択する。
4. [グループ]の[グループ作成権限]をクリックする。

5. 権限を設定できる状態になるので設定を変更する。
6. [保存]をクリックする。このあと確認のメッセージが表示されたら、[OK]をクリックする。

外部ユーザーとのグループは作成可能

この設定は社内メンバーのみが参加するグループに適用されます。外部ユーザーとのトーク権限を持つメンバーは、この設定に関係なく外部ユーザーを含むグループを作成できます。

グループ機能の使い方

グループ機能を活用すると、拠点の離れたマネージャ同士、同じサークル、プロジェクト単位など、企業の組織にしばられない自由なグループを作って、お互いにコミュニケーションをとることができます。また、外部のLINE WORKSユーザーを含むグループも作成できます。なお、グループの作り方は「3-2-10 [アドレス帳] グループを作る」を参照してください。

4-5-10 [Drive] 個人フォルダ（MyDrive）を有効にする

ドライブの初期設定では、メンバーが各自の個人ファイルを自由に管理できる「MyDrive」は使用できません。使用する場合は、機能を有効にする必要があります。

1. 管理者画面で[サービス]を選択する。
2. [Drive]を選択する。
3. [マイドライブ]を選択する。
4. [マイドライブの使用]をクリックする。

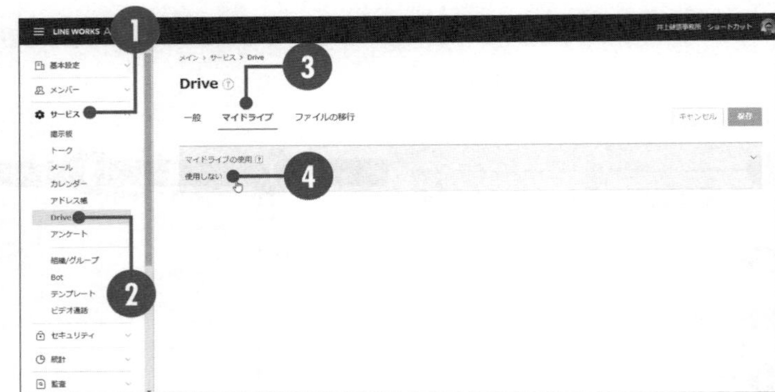

5. マイドライブを設定できる状態になる。

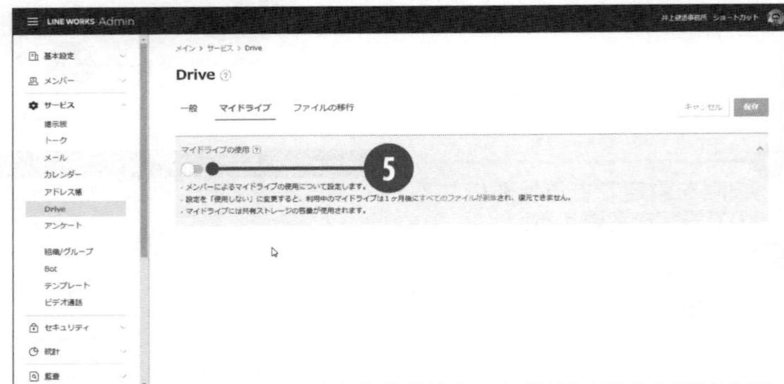

6. [マイドライブの使用]をクリックして有効にする。
7. [保存]をクリックする。このあと確認のメッセージが表示されたら、[OK]をクリックする。

8 各メンバーの[Drive]で「マイドライブ」が利用できるようになる。

マイドライブを無効にする

マイドライブを無効にするには、手順4で［マイドライブの使用］をクリックして無効にしてください。なお、無効にすると、マイドライブに保存されているすべてのファイルは1か月後に削除され、復元することはできなくなります。データそのものは1か月間保持されるので、1か月以内にマイドライブを有効にすれば、再び同じデータを利用できるようになります。

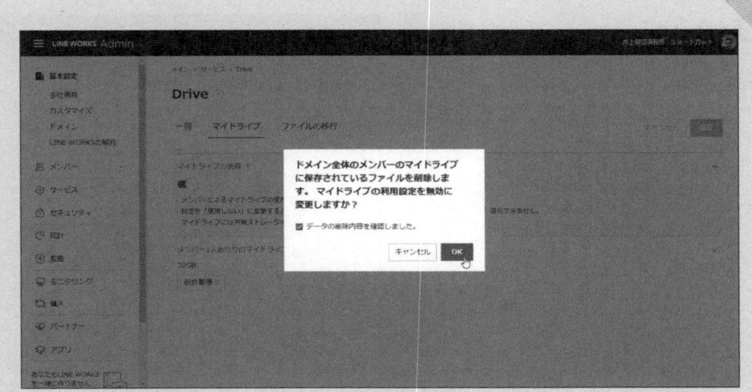

マイドライブを無効にするときは、このようなメッセージが表示される。

4-5-11 [アンケート] アンケートのテンプレートを追加する

「3-2-14 アンケートを作成する」で説明したように、アンケートはテンプレートを元に作成することができます。LINE WORKSには、あらかじめ便利なテンプレートが用意されていますが、管理者はオリジナルのテンプレートを作って登録することもできます。作ったテンプレートは、メンバー全員で利用できます。

1. 管理者画面で[サービス]を選択する。
2. [アンケート]を選択する。
3. [テンプレート]を選択する。
4. [テンプレートの追加]をクリックする。

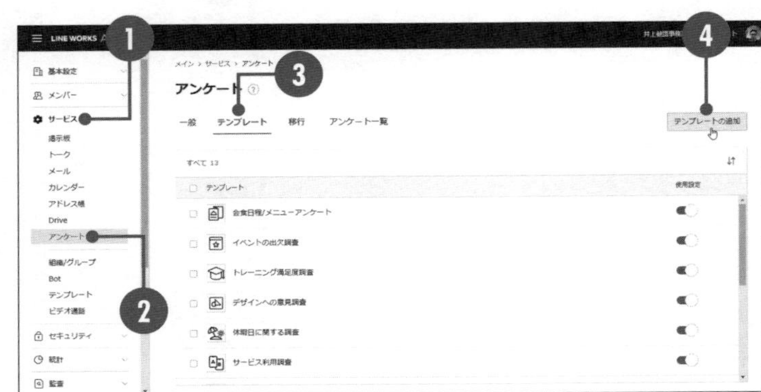

5. テンプレート用のアンケートを作成できる状態になる。

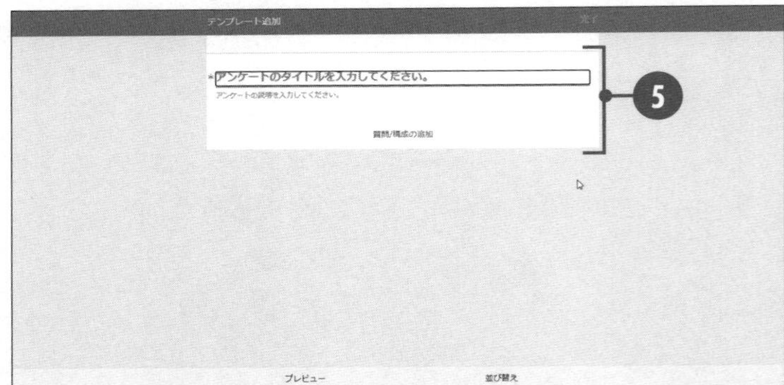

6. アンケートを作成する。
7. アンケートが完成したら[完了]をクリックする。

8 確認のメッセージが表示されたら[OK]をクリックする。

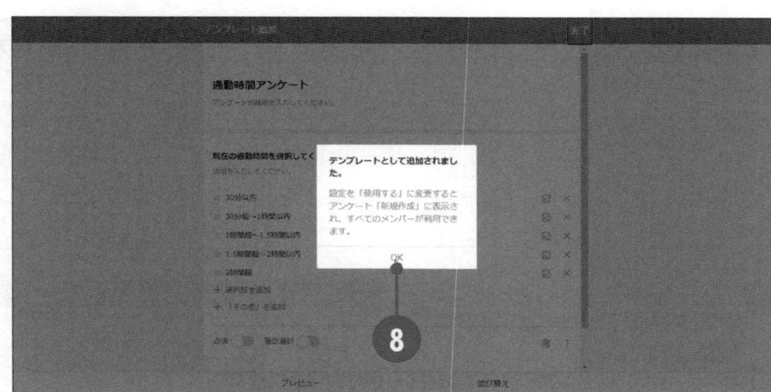

9 新しいテンプレートが追加された。

10 使用するには[使用設定]を有効にする。

11 [保存]をクリックする。

12 アンケートを新規作成する画面で、作成したテンプレートが利用可能になる。

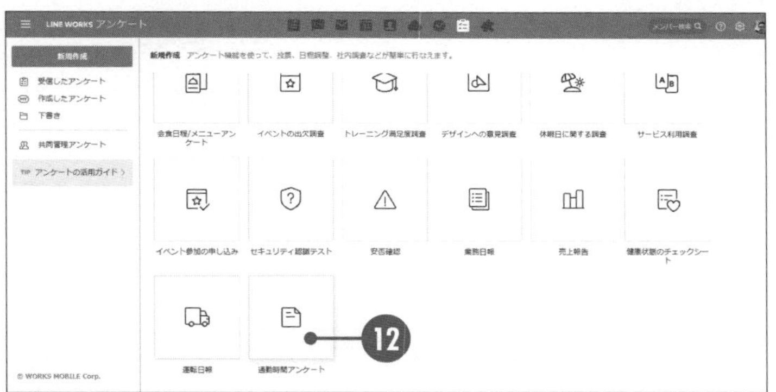

テンプレートの管理

テンプレート管理の画面では、[使用設定] で個々のテンプレートの使用する/しないを設定できます。また、先頭をチェックして [削除] をクリックすれば削除できます。なお、管理者が作成したテンプレートはクリックして内容を修正できますが、あらかじめ用意されているテンプレートは修正できません。

4-5-12 [アンケート] 作成されているアンケートを確認する

管理者は、他のユーザーが作成したアンケートを一覧表示して、その実施状況を確認できます。アンケートの数が多い場合は、アンケートの作成者や実施期間で検索することも可能です。

1. 管理者画面で[サービス]を選択する。
2. [アンケート]を選択する。
3. [アンケート一覧]を選択する。
4. アンケートの一覧が表示される。

アンケートを検索する

アンケート一覧の右上にある虫眼鏡のボタンをクリックすれば、タイトルや作成者、期間などを指定してアンケートを絞り込めます。

作成できるアンケートに制限を設ける

［アンケート］の［一般］では、作成するアンケートに制限を設けることができます。たとえば、［回答者の表示］で「記名」を指定すると、匿名でのアンケートは作成できなくなります。また、［回答を修正］を無効にすると、回答者が自分の回答を修正できるアンケートは作成できなくなります。

アンケートの「移行」とは？

［アンケート］の［移行］は、アンケートを作った作成者の権限を別のメンバーに移行する設定です。権限を移行すると、移行先のメンバーがアンケートの作成者となり、アンケートの編集や結果確認ができるようになります。

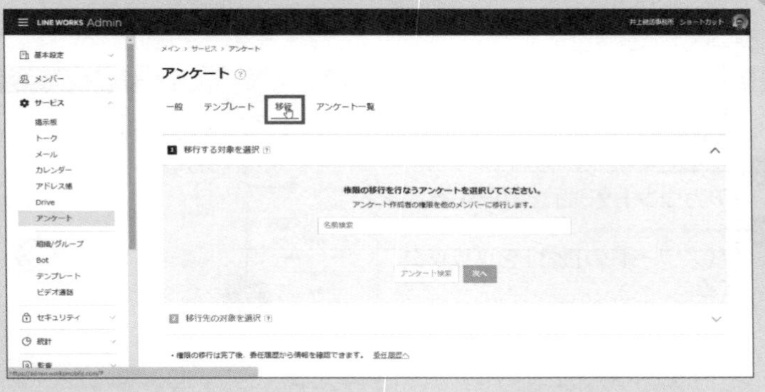

4-6 セキュリティ

ここでは、管理者画面の「セキュリティ」で設定できる主な内容を説明します。LINE WORKSを安全に運用するために必要なセキュリティの設定が用意されていますので、企業のセキュリティの考え方に合わせて最適な設定を行ってください。

4-6-1 パスワードの文字数や有効期限を設定する

管理者は、LINE WORKSのログイン時に必要なパスワードの文字数や有効期限などを設定できます。設定した制限はすべてのメンバーに適用されるため、セキュリティを強化するうえで最も重要で基本的な設定といえます。ここでは、パスワードの最小の文字数を設定する方法を説明します。

1. 管理者画面で[セキュリティ]を選択する。
2. [アカウント管理]を選択する。
3. [パスワードの長さ]をクリックする。

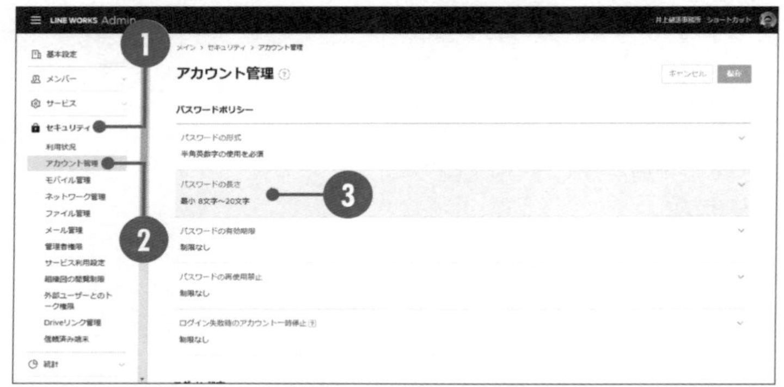

4. 長さを設定できる状態になるので、[−] [+]ボタンをクリックして最小の長さを設定する。なお、設定できるのは8～20。
5. [保存]をクリックする。このあと確認のメッセージが表示されたら[OK]をクリックする。

パスワード管理で設定できる内容

［パスワードポリシー］では、次のような設定ができます。

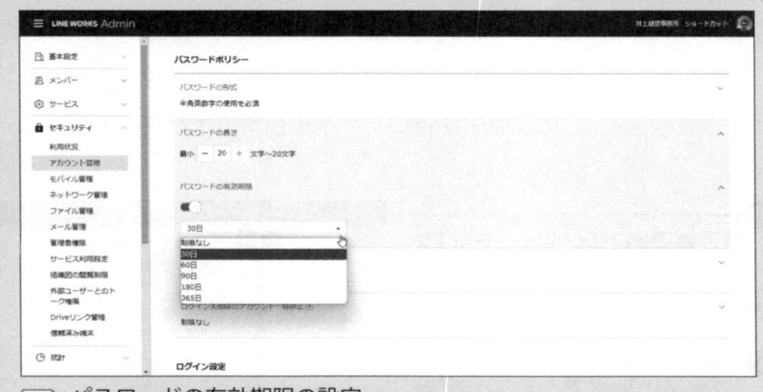

パスワードの有効期限の設定

- ●パスワードの形式……パスワードを構成する文字の種類を設定する。「半角英数字」と「半角英数字と特殊文字の組み合わせ」を選択できる。
- ●パスワードの長さ……パスワードの最小文字数を指定する。半角で8～20文字以内で設定できる。
- ●パスワードの有効期限……パスワードの有効期限を設定する。指定した日数が経過すると、メンバーはパスワードの再設定が必要になる。期限を設けない場合は「制限なし」を選択する。
- ●パスワードの再使用禁止……パスワードを再設定するとき、最近使ったパスワードを新しい順番に何個まで使用不可にするかを設定する。1個～5個から選択できる。制限を設けないなら「制限なし」を選択する。
- ●ログイン失敗時のアカウント一時停止……ログインを何回失敗したらアカウントを一時停止するかを設定する。一時停止しない場合は「制限なし」を選択する。

ログイン設定について

［ログイン設定］では、2段階認証の設定、携帯番号でのログイン、LINEでのログインなどを設定できます。

4-6-2 トークやメールで添付できるファイルを制限する

特定のファイルをトークやメールで送信できないように制限することができます。設定するときは、ファイルの拡張子を指定します。なお、初期設定では「.bat」「.exe」などの拡張子を持つファイルが制限されています。

1. 管理者画面で[セキュリティ]を選択する。
2. [ファイル管理]を選択する。
3. [ファイル形式での制限]の[制限対象のファイル形式]をクリックする。

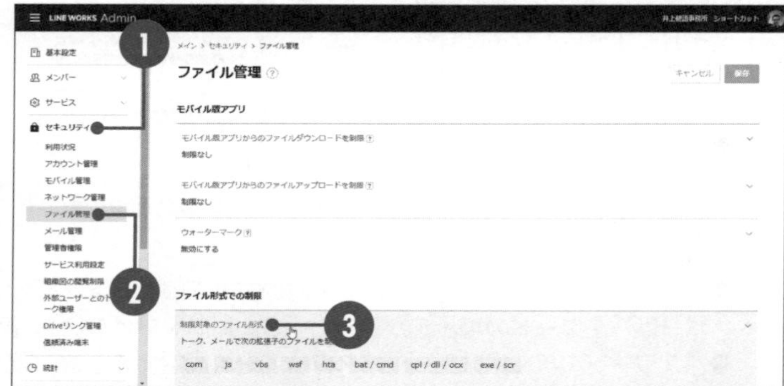

4. 設定できる状態になったら、[制限するサービス]でファイルを制限するサービスをチェックして指定する。
5. [制限する拡張子]の[拡張子を入力]に制限したいファイルの拡張子を入力する。
6. [追加]をクリックする。

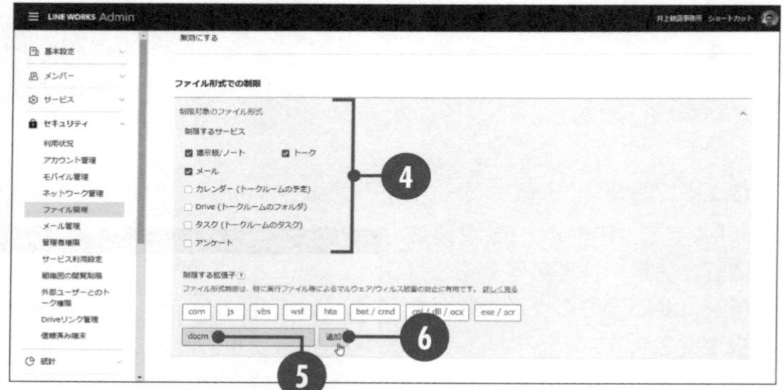

7. 拡張子が追加される。他にもある場合は、同じ手順を繰り返して拡張子を指定する。

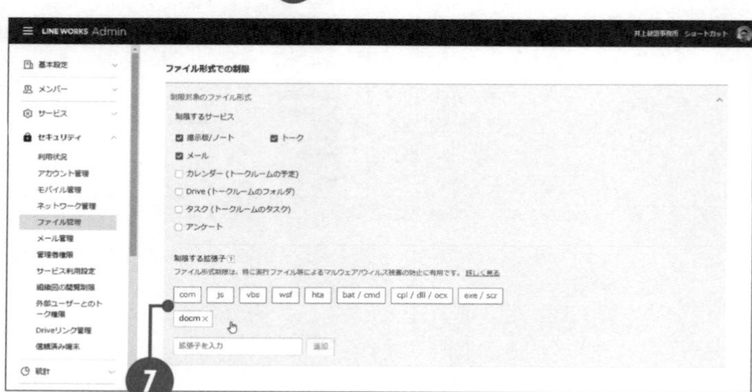

8 [保存]をクリックする。このあと確認のメッセージが表示されたら、[OK]をクリックする。

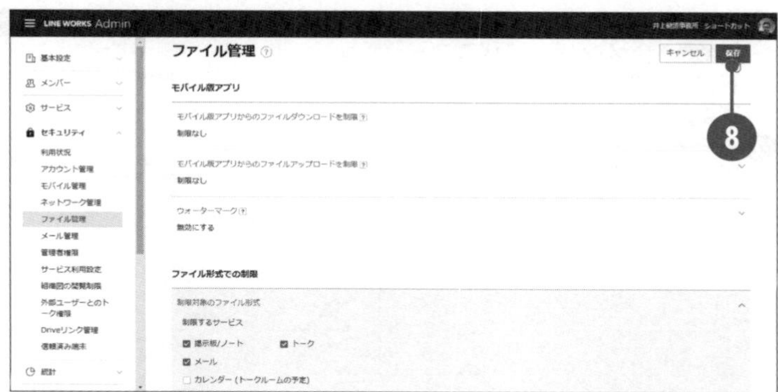

ファイルの制限を解除する

追加した拡張子は［×］をクリックすれば削除できます。また、「com」「js」などのあらかじめ登録されている拡張子は、拡張子をクリックしてグレーにすれば制限を解除できます。もう一度クリックして青にすると、制限がかかります。

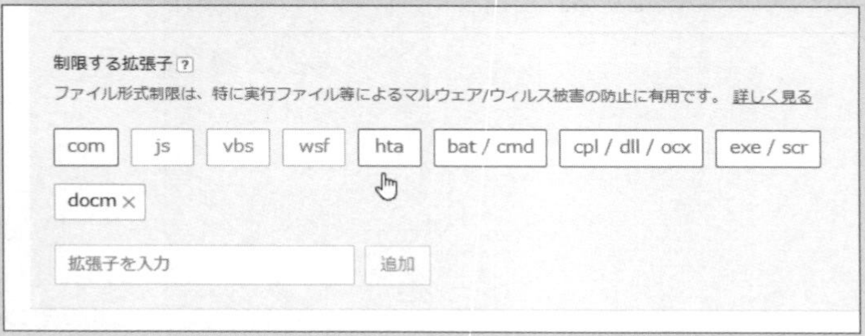

4-6-3 モバイル版アプリ起動時にパスコード入力を必須にする

管理者は、メンバー全員に対してモバイル版アプリ起動時のパスコード入力を必須にできます。必須にすると、LINE WORKSのモバイル版アプリ起動時に必ずパスコードの入力を求められるので、万が一、端末が盗難に遭っても、第三者が勝手に利用することを防止できます。なお、初期設定では、メンバーが個別に選択できる設定になっています。

1 管理者画面で[セキュリティ]を選択する。

2 [モバイル管理]を選択する。

3 [パスコードロック]の[パスコードロックの使用]をクリックする。

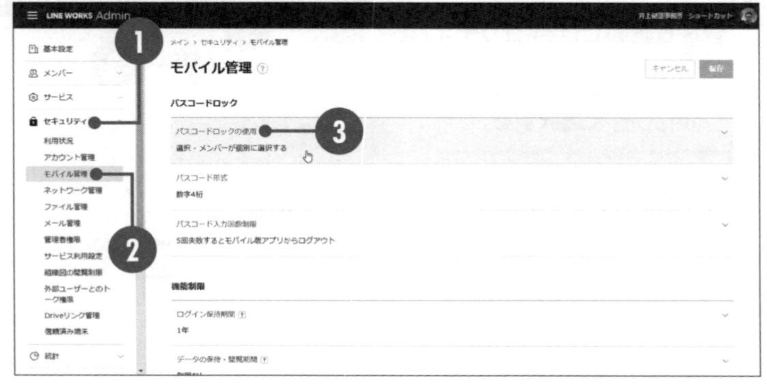

4 [必須ー全メンバーにパスコードロックを必須にする]を指定する。

5 [保存]をクリックする。このあと確認メッセージが表示されたら[OK]をクリックする。

6 各ユーザーのモバイル版アプリでパスコードの設定を求められるようになる。[OK]をタップしてパスコード設定する。

パスコード形式と入力回数制限

［パスコード形式］ではパスコードの形式、［パスコード入力回数制限］では何回失敗したらログアウトするかを設定できます。

4-6-4 メンバーがモバイル版アプリ/PC版アプリを利用している端末の情報を確認する

管理者は、メンバーがモバイル版アプリ/PC版アプリを利用している端末の情報を確認できます。端末のOSや製品名（iPhoneやiPad）まで確認することが可能です。

1 管理者画面で[セキュリティ]を選択する。

2 [利用状況]を選択する。

3 [モバイル]ではモバイル版アプリが利用されている端末の情報が表示される。

4
[PC]ではPC版アプリが利用されている端末の情報を確認できる。

端末ごとに表示される

利用状況の一覧は、1台の端末が1行に表示されます。したがって、1人のメンバーが3台の端末を利用している場合は、3行で表示されます。

アップデートの有無も確認できる

端末にインストールされているアプリが古い場合は、「アップデートが必要」と表示されます。クリックすると、そのメンバーにアップデートの通知を送信できます。

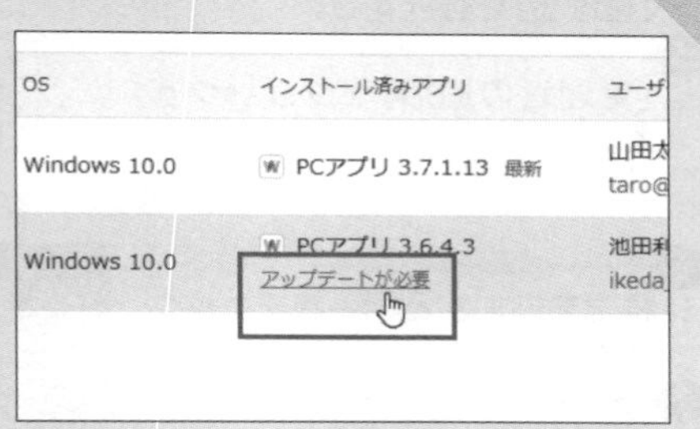

名前や製品名、OSで絞り込む

端末の数が多い場合は、右上の虫眼鏡のボタンをクリックしてメンバーで検索できます。右上の［詳細］をクリックすると、モデルや製品OSなどの設定欄が表示されます。

リストをダウンロードする

右上の［ダウンロード］をクリックすると、リスト全体を「Device_List.xlsx」というExcelファイルとしてダウンロードできます。

4-6-5 管理者の権限を管理する（副管理者を追加する）

LINE WORKSでは、サービスに申し込んだメンバーがただ一人の「最高管理者」となります。最高管理者は、すべての設定・作業が許可された最も高い権限を持つ管理者です。また、別のメンバーを副管理者や運用担当者などに割り当てて、役割を分担することもできます。組織が大きい場合は、管理者の役割を分担することで管理の負担を減らすことができます。ここでは、副管理者を追加する方法を説明します。

❶ 管理者画面で[セキュリティ]を選択する。

❷ [管理者権限]を選択する。

❸ [副管理者]を選択する。

❹ [管理者]を選択する。

❺ [管理者の追加]をクリックする。

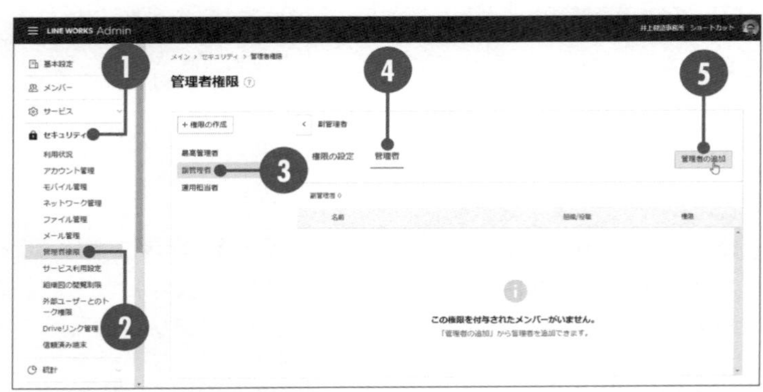

❻ 権限を追加する相手をチェックする。

❼ [OK]をクリックする。

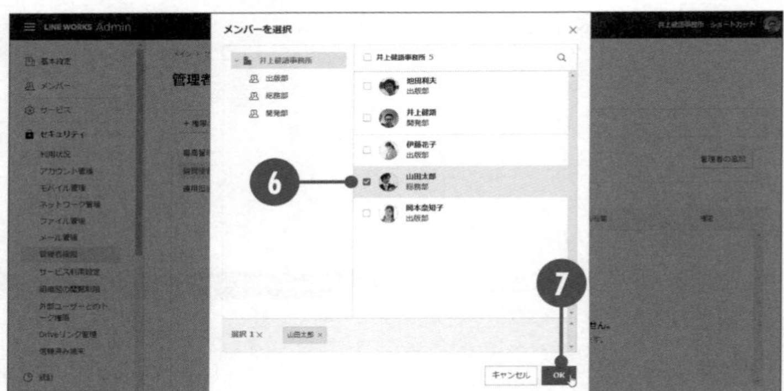

❽ 指定したメンバーが副管理者に追加される。

管理者権限の解除

最高管理者は、その他の管理者の権限を解除することができます。解除する場合は、登録した管理者の右端にある［解除］をクリックしてください。

管理者ができること

LINE WORKSの初期設定では、「最高管理者」「副管理者」「運用担当者」の3種類が用意されています。各管理者に許可された内容は、［権限の設定］で確認できます。また、この3つ以外の管理者が必要な場合は、［権限の作成］をクリックして作成することもできます。

［権限の設定］で各管理者に許可された内容を確認できる。

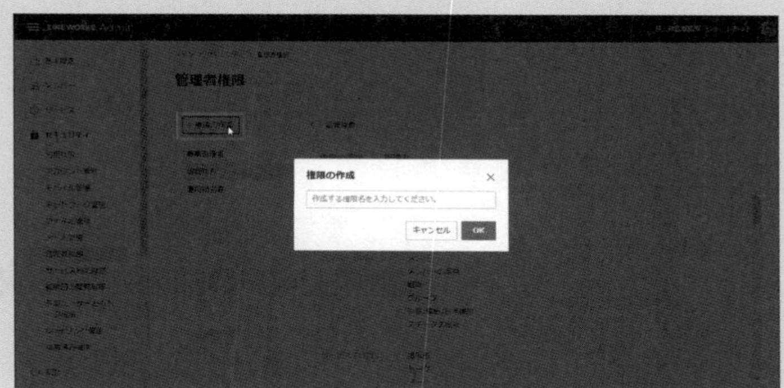

［権限の作成］をクリックすると、権限の組み合わせを設定して新しい管理者を作成できる。

最高管理者の権限を別の人に委任する

初期設定では、LINE WORKSに申し込んだ人が最高管理者として設定されています。別の人にするには、［権限委任］をクリックして相手を指定してください。相手にメールが送信され、相手が14日以内に承諾すると委任が完了します。

右上の［権限委任］をクリックする。

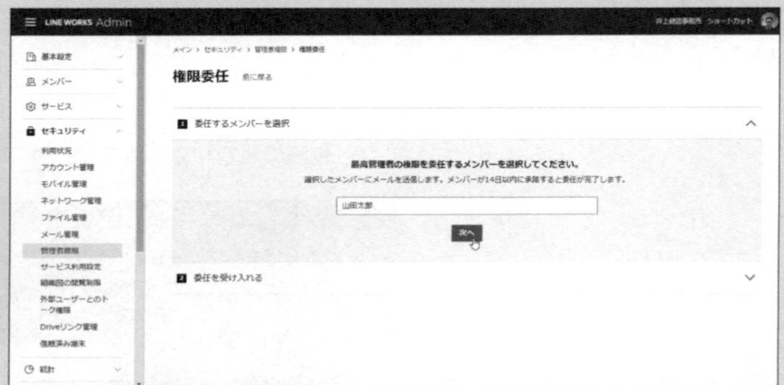

相手を指定して［次へ］をクリックすると、相手にメールが送信される。

相手が14日以内に承諾すると委任が完了する。［委任をキャンセル］をクリックすれば委任の手続きをキャンセルすることもできる。

4-7 統計

ここでは、管理者画面の「統計」の主な機能を説明します。メンバーの数や掲示板の投稿数、アプリのインストール状況など、サービスがどれくらい利用されているかをグラフなどで確認することができます。

4-7-1 トークの利用状況を確認する

メンバーがトークをどれくらい活用しているのか、また時間とともに利用状況がどのように変化しているかを確認できます。テキスト、スタンプ、音声通話などの種類ごとに利用状況を確認することもできます。

1. 管理者画面で[統計]をクリックする
2. [トーク]をクリックする。
3. 日付ごとにトークの数がグラフ表示される。
4. 特定の日付にマウスポインタを合わせると、テキスト、スタンプなどの種類ごとの数も確認できる。

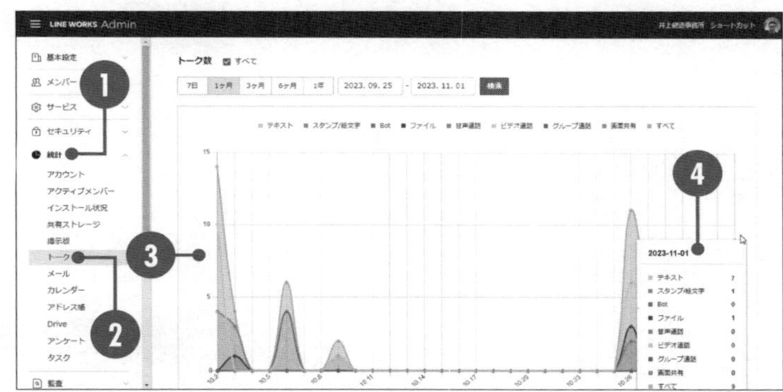

期間、種類の変更

「7日」「1ヶ月」などのボタンをクリックすることで、表示する期間を設定できます。また、「テキスト」「スタンプ/絵文字」などの種類をクリックすることで、その表示/非表示を切り替えられます。

その他のサービスの利用状況もグラフで確認できる。

［統計］のメニューを選択すると、各サービスの利用状況もグラフで確認できます。たとえば［アカウント］はアカウントの数、［掲示板］では掲示板の投稿数などを表示できます。期間を指定して表示したり、［ダウンロード］をクリックして、グラフの元になっているデータをダウンロードしたりすることもできます。

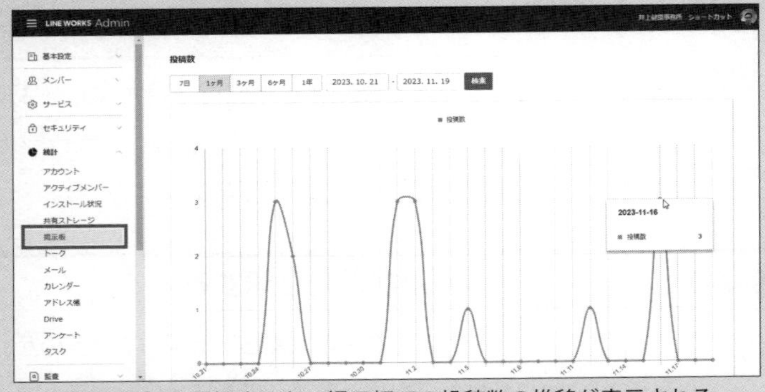

［掲示板］を選択すると、掲示板での投稿数の推移が表示される。

［インストール状況］を選択すると、モバイル版アプリ、PC版アプリのインストール状況を確認できる。

4-8 監査

管理者画面の「監査」は、メンバーの活動ログを確認する機能です。ここでは、監査機能で確認できる主な内容を説明します。なお、ログは180日まで保管されます。ただし、フリープランではログを検索できる期間は直近2週間に限られ、ログのダウンロードはできません。

4-8-1 監査機能をはじめて利用する/管理者画面を表示する

監査機能は、メンバーのLINE WORKS上での活動を確認できる機能です。個人の行動を確認することになるため、利用するためにはメンバーの同意を得る必要があります。ここでは、すでに同意を得ているという前提で、監査機能を初めて利用する際の操作を説明します。

1. 管理者画面で[監査]を選択する。
2. 監査のメニューのいずれかを選択する。ここでは[管理者画面]を選択する。

3. 監査機能を利用するには、メンバーの同意を得ていることが必要であることを知らせるメッセージが表示されるので確認する。
4. [上記の内容をすべて確認しました]のチェックボックスをチェックする。
5. [OK]をクリックする。

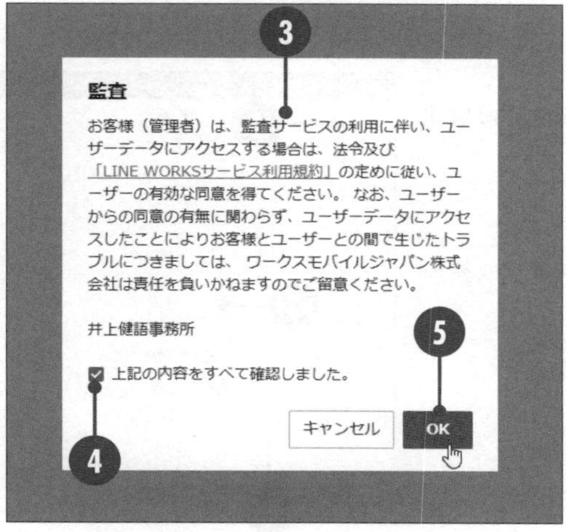

❻ 監査機能の管理者画面が表示される。

管理者画面で確認できる内容

管理者画面では、管理者画面で実行されたすべてのタスクの履歴と操作したメンバーを確認することができます。条件を設定して検索したり、結果をダウンロードしたりすることもできます。

同意確認のメッセージが表示されるのは初回のみ

メンバーの同意を得ていることが必要であることを知らせるメッセージは、監査機能の他のメニューを選択しても表示されます。ただし、表示されるのは初回のみです。［上記の内容をすべて確認しました］のチェックボックスをチェックして［OK］をクリックすれば、以降は表示されなくなり、監査機能をすぐに利用できるようになります。

4-8-2 特定のメンバーのログイン状況を確認する

管理者画面の「監査」では、LINE WORKSの全ユーザーのすべての操作ログを確認できます。ただし、データが膨大なので、効率的に確認するには、条件を設定してログを絞り込む必要があります。ここでは、例として特定のメンバーの特定期間のログイン状況を確認する操作を説明します。

❶ 管理者画面で[監査]を選択する。

❷ [ログイン]を選択する。

❸ 全メンバーのログイン情報が表示される。

❹ [詳細]をクリックする。

5 検索条件の設定画面が表示されたら、[メンバー]でメンバーを指定する。名前やメールアドレスの一部を入力するとリストが表示されるので、そこから選択する。

6 [期間]で期間を設定する。カレンダーが表示されるので、そこから選択する。

7 条件を設定したら[検索]をクリックする。

8 指定したメンバーの指定した期間におけるログイン情報が表示される。

ログをダウンロードする

条件を指定してログを絞り込んだあと、右上の［ダウンロード］をクリックすると、絞り込んだログをCSVファイルとしてダウンロードできます。CSVファイルは［監査］の［ログダウンロード］からダウンロードできます。

CSVファイルは［監査］の［ログダウンロード］からダウンロードできる。

4-8-3 「会議」というキーワードが含まれるトークの履歴をすべて確認する

管理者画面の「監査」では、さまざまな条件を設定してトークの履歴を確認できます。ここでは、発言に「会議」というキーワードが含まれているトークの履歴を確認する方法を説明します。

1. 管理者画面で[監査]を選択する。
2. [トーク]を選択する。
3. [ログを表示]をクリックする。

4. 全メンバーのログが表示される。
5. [詳細]をクリックする。

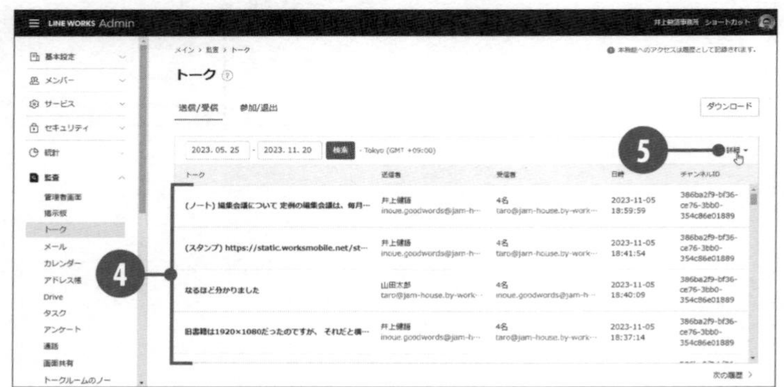

6. 検索条件の設定画面が表示されたら、[トーク]に「会議」と入力する。
7. [検索]をクリックする。

8 「会議」というキーワードが含まれるトークが検索される。

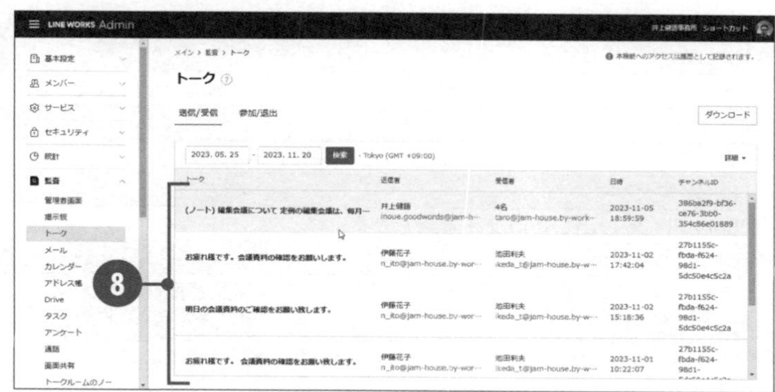

トークの送信者や受信者で検索する

検索条件を設定する画面では、送信者や受信者を指定して検索することもできます。

参加/退出のログを確認する

［参加/退出］では、トークルームに参加/退出した履歴を確認できます。

監査機能で確認できる情報

［監査］では、左側のメニューをクリックすることで、次のような情報を確認できます。

表　監査機能で確認できる情報

管理者画面
管理者画面で実行されたすべてのタスクと操作したメンバーを表示する。
掲示板
掲示板における投稿、編集、削除などの履歴を表示する。
トーク
モバイル版/PC版アプリ、ブラウザ版でやりとりされたすべてのトークの履歴を表示する。
メール
受信メール、送信メール、削除メールの履歴を表示する。
カレンダー
カレンダーにおけるすべての作業履歴を表示する。
アドレス帳
アドレス帳における情報照会などの履歴を表示する。
Drive
Driveにおけるファイルのアップロード/ダウンロード、作成、更新、削除、共有などの作業の履歴を表示する。
タスク
タスクの作成、編集、削除などの履歴を確認できる。
アンケート
アンケートにおける作成、編集、削除などの履歴を確認できる。
通話
通話の履歴を確認できる。
画面共有
画面共有の履歴を確認できる。

トークルームのノート
トークルームのノートでの投稿、編集、削除などの履歴を確認できる。
テンプレート
テンプレートの作成、編集、削除などの履歴を確認できる。
Bot API
Bot APIを呼び出したログを確認できる。
Developer Console
Developer Consoleで実行されたすべてのタスク履歴と操作したメンバーを確認できる。
ログイン
LINE WORKSのサービスにログインした記録を確認できる。ログインの成功/失敗や疑わしいアクセスを確認可能。
ファイル
LINE WORKSでのファイルのダウンロードや閲覧記録を確認できる。
ログのダウンロード
作成された監査ログファイルをダウンロードする。ダウンロードの準備が完了すると、ここにファイルが表示される。

モニタリングとは

管理者画面では「モニタリング」の機能も利用できます。これは、あらかじめ何らかの条件を登録し、メンバーが条件に当てはまる行動をしたときメールやトークで通知する機能です。たとえば、トークでのメッセージに特定のキーワードが含まれるとき通知するといった使い方ができます。なお、モニタリングを利用するときは、メンバーの同意を得る必要があり、初めて設定する際にはその確認が求められます。

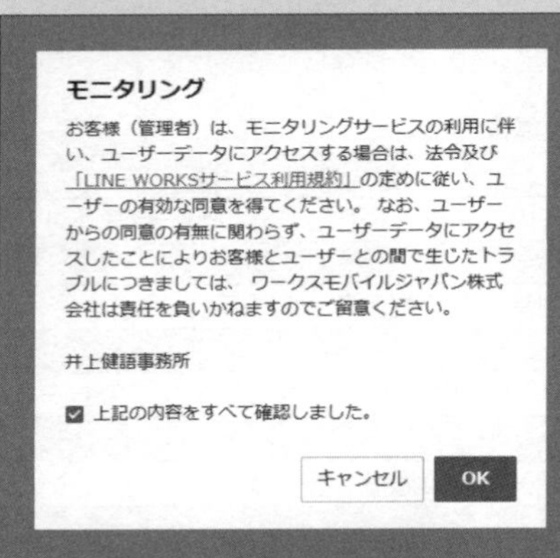

モニタリングを初めて設定するとき表示されるメッセージ。表示されるのは初回のみ。

［モニタリング］の［トーク］の設定画面。

4-9 購入

ここでは、管理者画面の「購入」で設定できる主な内容を説明します。支払い方法やプランを変更する際に必要な設定が用意されていますので、必要に応じて参照してください。

4-9-1 現在のプランを確認する

現在利用しているプランの情報を確認することができます。また、プランは同じで、月払いを年払いに変更することもできます。

❶ 管理者画面で[購入]をクリックする

❷ [利用状況]を選択する。

❸ 現在選択しているプランの情報が表示される。

オプション商品の購入

[オプション商品の管理]を選択すると、追加で利用できるオプションのサービスを購入できます。

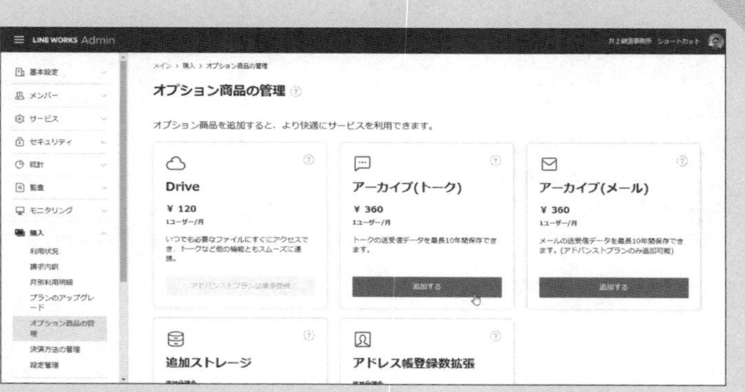

年払いに変更する

現在、月払いにしている場合は、［設定管理］の［更新商品］で［変更］をクリックしてください。月額契約を年額契約に変更できます。年払いの方が割安なので、1年以上利用する場合は年払いをおすすめします。

［設定管理］の［更新商品］で［変更］をクリックする。

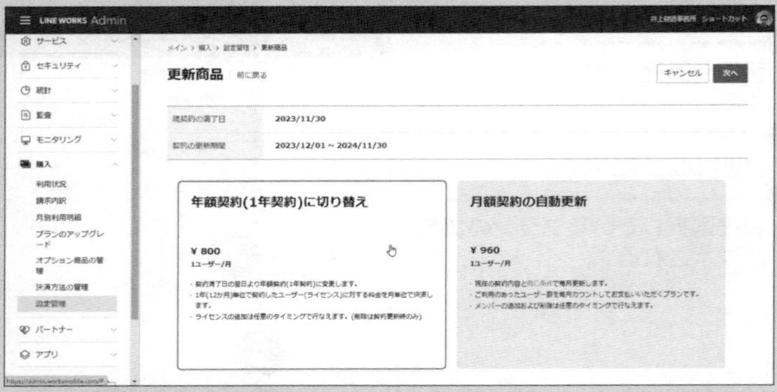

年額契約に変更できる。

LINE WORKSを解約するには？

LINE WORKSの利用を解約するには、管理者画面の［基本設定］で［LINE WORKSの解約］を選択します。なお、解約するには、あらかじめ最高管理者以外のメンバーを削除し、利用料金の精算が完了している必要があります。表示された画面で［メンバーの削除へ移動］をクリックすると、順番に作業できます。

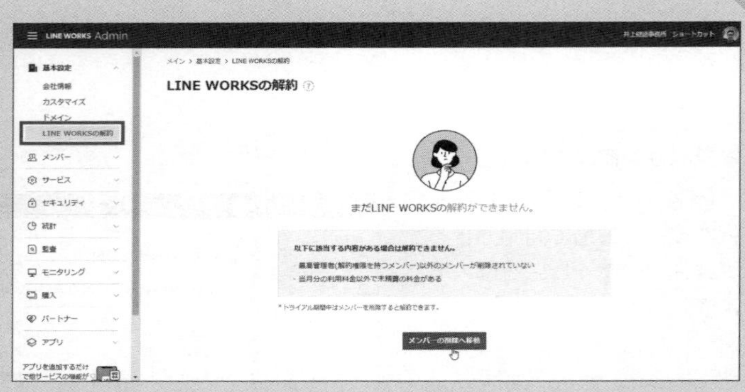

4-9-2 決済情報を確認して請求書を表示する

管理者画面では、毎月の利用料金を確認することができます。また、決済に使用しているカード情報を変更したり、請求書を表示・印刷したりすることも可能です。ここでは、請求書を表示する方法を説明します。

1. 管理者画面で[購入]をクリックする
2. [請求内訳]を選択する。
3. 請求内訳を表示する年、月を設定する。
4. 請求内訳が表示されたら、[請求書]をクリックする。
5. 請求書が表示される。[PDFダウンロード]をクリックすれば、請求書のPDFファイルをダウンロードできる。

発行日. 2023/11/01　支払い期限. 2023/11/30　No.2113142022 請求書

2023年**10月**

PDFダウンロード

井上健語事務所

ご利用期間 2023/10/01 ~ 2023/10/31

ご利用状況内訳

ご利用期間	製品プラン	契約タイプ	ライセンス数/ユーザー数	ご利用料金	小計（円）
2023/10/01 ~ 2023/10/31	アドバンスト	月額契約	5	4,800 円	4,800 円

LINE WORKSの利用料金	4,800 円
オプションプラスの利用料金	0 円
利用金額（10%対象） 合計（円）	4,800 円
消費税（10%） 合計（円）	480 円
ご請求金額（円）	5,280 円

・すべての金額は小数点以下で切り捨てした金額です。
・オプションプラスは有料アプリの使用料を足した金額となります。

WORKS MOBILE
ワークスモバイルジャパン株式会社

決済情報と支払い方法の変更

［決済方法の管理］を選択すると、請求書に記載される住所の変更、および支払い方法の変更ができます。支払い方法としてクレジットカード/LINE Payを変更したり、利用するクレジットカードを変更したりする際に設定変更してください。

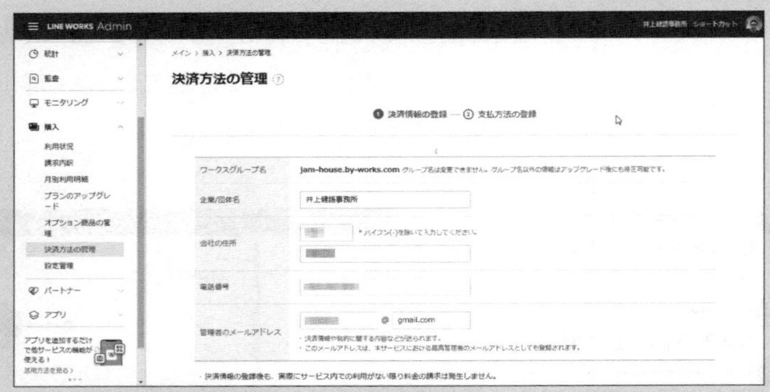

請求書に記載される住所を変更できる。

［変更］をクリックすると支払い方法を変更できる。

連携するアプリを管理する

管理者画面の［アプリ］では、LINE WORKSと連携するアプリを追加できます。管理者はアプリを選択して［LINE WORKSに追加］をクリックして、利用許可するメンバーを設定します。許可されたメンバーは、トークの［+］ボタンからアプリを追加できます。

Column

サテライトオフィス・シングルサインオン for LINE WORKS

「サテライトオフィス・シングルサインオン for LINE WORKS」は、LINE WORKS向けのシングルサインオン環境を実現するサービスです。本サービスを利用すると、LINE WORKSはもちろん、Google WorkspaceやMicrosoft 365などのその他のクラウドサービス、および社内システムに対して、1つのアカウントだけでサインインできるようになります。

また、IPアドレスや端末ごとのログイン制御、パスワード強度や有効期限の設定など、セキュリティを高める機能も提供されています。

複数のクラウドサービスおよび社内システムをそれぞれ異なるアカウントで利用している場合は、「サテライトオフィス・シングルサインオン for LINE WORKS」を利用することでシングルサインオン環境を実現するとともに、セキュリティも強化することが可能です。

「サテライトオフィス・シングルサインオン for LINE WORKS」。1組のログインIDとパスワードの組み合わせで複数のクラウドサービス、社内システムを利用できる。

Chapter

5

LINE WORKS 導入事例

LINE WORKSは、ビジネスの現場で、どのように活用されているのでしょうか。実際の導入事例を見ることで、他のツールと比較してのメリット、便利な活用方法について、知ることができます。

5-1 自社運用の必要がないクラウドサービスのメリット

株式会社東祥

URL http://www.to-sho.net/

スポーツクラブ事業、ホテル事業、不動産事業を柱としている株式会社東祥。トーク機能を活用することで限られた時間にレスポンスができるようになりました。

── LINE WORKSを導入したきっかけは？

以前、グループウェアを自社サーバーで運用していましたが、システム面で課題が出てきました。当社は全国の広い地域で約70店舗を展開していますが、各店舗からのアクセススピードが遅いという点や、出張が多い役員や社員から、外部からのアクセスが不便という点が指摘され、業務効率に大きな影響を与えていたのです。迷惑メールも多く、対策の必要性を感じていたものの、情報システム部門がない当社では自社での対応が難しい状況でした。

そこで、自社運用の必要がないクラウドサービスに乗り換えようとしていたところ、今年の初めに、社長がLINE WORKSをニュースで偶然目にし、導入を検討することになりました。

—— 数あるチャットツールの中で、LINE WORKSを選んだ理由を教えて下さい。

メール、カレンダーに加え、掲示板機能が備わったツールを検討しました。その点でLINE WORKSは当社が求める機能が揃っており、さらにこれまでにないトークというツールに魅力を感じました。「LINEと同じ」というのも社内に説明しやすく、評価したポイントです。価格的にも手ごろで、モバイルで使いやすそうなことから、これなら外出先でも使えると考え、導入を決めました。

—— 導入決定から、本格運用開始までの流れは？

試験的な導入を経て、各店舗の店長への説明会を開催し、既存のグループウェアから一気に移行を行いました。特にトラブルなくスムーズに移行できました。

—— 現在、導入されているアドオンツールは？

LINE WORKSのパートナーであるサテライトオフィスの、シングルサインオン、ワークフローを導入しています。

LINE WORKSにはワークフロー機能がなく別サービスで探していたところ、ちょうどリリースされたばかりで、LINE WORKSの一機能のように使えるところと価格が魅力的でした。

—— LINE WORKSおよびアドオンツールを導入して良かったと思ったことは？

トークを使って店舗のスタッフとやりとりを行うことで、限られた時間や、休憩などのちょっとした隙間時間でも状況の確認や返信ができるようになりました。「本社の設備担当者と店舗のトークルームを作って、店舗の設備不良などの連絡を行っていますが、修理の対応が効率的になりました」との声もあります。総務・人事担当者は「トークを通じて社内の若手から様々な相談が直接来るようになり、課題が見えやすくなりました」と話しています。

—— 社内での評判、アドオンツールの使い勝手はいかがですか？

外出先からでもグループウェアに快適にアクセスできるようになり、運用はとても楽になりました。また、迷惑メールが自動的にフィルターされてほとんど来なくなりました。トークについては、特に使い方の指示はしませんでしたが、現場で様々に使い方を工夫して自発的に使い始めてくれました。今後は、店舗の設備不良に対する対処方法などを、ナレッジデータベースにしていきたいと考えています。

―― 導入後の運用面で、何か気を付けている点があれば教えてください。

慣れてくるといろいろな使い方の要望が出てくるので、管理者としてはある程度使い込んで使い方のアドバイスができるようにしています。

また、ユーザー側の端末やブラウザに依存するトラブルがあるので、メジャーな端末やブラウザで検証しておくことが必要だと思います。

―― 今後導入する企業へのアドバイスがあれば教えてください。

ユーザー側の使いやすさ、管理者側の管理ツールの充実など、導入から運用までスピーディに行えると思います。定期的なアップデートで新機能の追加や不具合の修正がされるので安心感もあります。永く使い続けられるツールだと思います。

＜会社情報＞

- 導入アカウント数：（2019年3月末現在）：439ユーザー
- 全社員数：458名（2018年4月1日現在）
- 資本金：15億8000万円
- 本社所在地：愛知県安城市三河安城町1-16-5
- 主な事業内容：スポーツクラブ事業、ホテル事業、不動産事業

5-2 リアルタイムの情報共有でより良い顧客対応を実現

田村産業株式会社

URL http://www.tamura-sangyo.co.jp/

国内シェア最大を誇るナブコ自動ドアの販売・施行・メンテナンスをしている田村産業株式会社。リアルタイムでの情報共有がより良い対応につながっています。

── LINE WORKSを導入したきっかけは？

これまで、社員全員にスマートフォンを配布しているものの、現場写真の撮影・メール送受信程度にしか利用しておらず、また全員に対する情報の一斉通知、回覧の仕組みが構築されておりませんでした。

社員は朝外出して夕方に戻ってくるため、事務所からの連絡は常に1対1の電話であり、当然リアルタイムで他の社員がその内容を把握することなどできませんでした。例えば、ある案件について社員が対応したところ、それは以前に別の社員が関わっていた案件であった、ということも時にはあり情報共有に課題を抱えていました。

── 数あるチャットツールの中で、LINE WORKSを選んだ理由を教えて下さい。

まず、既読機能があること。あえて既読を付けないポリシーのチャットツールも試しましたが、情報がちゃんと伝わっているかが分からず便利なメール程度のものでした。

またインターフェイスがLINEと同じものであるため、教育コストがかからないことも魅力でした。

―― 導入決定から、本格運用開始までの期間は？

導入を決定してから本格運用までは、1週間程度です。みんな使い方はだいたい分かっているので、大まかなルールを決め、使いながら運用を固めていきました。

導入時に考えたのは、いかに使ってもらえるか。導入当初は率先して他愛もない内容も含めて送ったり、スタンプを使用したりしました。

―― LINE WORKSを導入して良かったと思ったことは？

リアルタイムに情報を共有できることになったことが、やはり大きいです。緊急修理の内容を通知することにより、ノウハウを持った別の社員が補足説明をすることができたり、また事務所に入った連絡を共有することができるので、当事者でないと思っていた社員にも情報が入り、より良い対応ができるようになりました。

また、取引先とLINEのアカウントを交換する流れになった際も、プライベートアカウントを教えなくて済むというのは地味に有難いです。

―― 社内での評価は勝手はいかがですか？

社員が移動中でも連絡を取ることができ、電話番号もリンクから発信可能なので、メモする必要がなくてとても便利です。また情報伝達の電話をする必要がないので、仕事の中断が発生せずに業務効率が上がったとの声を聞きます。

―― 導入後の運用面で、何か気を付けている点があれば教えてください。

Liteプランのため、一定期間経過すると内容が消えてしまうので、ログを忘れずに取得するようにしています。

―― 今後導入する企業へのアドバイスがあれば教えてください。

いかに優れたツールでも使われなければ意味がないと思います。その点、LINE WORKSはLINEと同じインターフェイスのため、教育コストが不要であり、ハードルはぐっと低くなると思います。あとは使い方・運用をルール化すれば活用度合いは広がるのではと感じております。

＜会社情報＞

- ●導入アカウント数：約20アカウント
- ●全社員数：24名
- ●資本金：3,000万円
- ●本社所在地：福岡県北九州市小倉北区神幸町10-12
- ●主な事業内容：全国シェアNo1 ！ナブコ自動ドアの販売・施工・メンテナンス。

索引

著者・監修者紹介

著者

井上 健語（いのうえ けんご）

フリーランスのテクニカルライター。オールアバウトの「Wordの使い方」「パソコンソフト」のガイドも担当。初心者向け記事から技術解説記事、企業取材記事まで幅広く手がける。近著は「誰でもできる！Google for Education導入ガイド」（日経BP）など。
個人サイト：https://www.makoto3.com
Facebook：https://www.facebook.com/inouekengo

池田 利夫（いけだ　としお）

株式会社ジャムハウス（1997年創業）の代表。IT関連や自然科学に関する書籍の執筆・編集などを行う。主な著書に「ゆび１本ではじめるScratch 3.0かんたんプログラミング」「最新版　親子で学ぶインターネットの安全ルール　小学生・中学生編」（いずれもジャムハウス刊）などがある。近年は、数多くプログラミング教材の開発を手がけている。
Web サイト：https://www.jam-house.co.jp/
X（旧twitter）：@jamhouse97

監修者

株式会社サテライトオフィス

クラウド環境またはAI環境でのビジネス支援に特化したインターネットシステムソリューションベンダー。あらゆるビジネスモデルに最適なソリューションパッケージにより、ユーザーの立場に立った戦略の企画・提案を行っている。また、「サテライトオフィス・プロジェクト」というプロジェクト体制のもと、LINE WORKSのほか、Google Workspace、Microsoft 365、ChatGTP、Azure OpenAI Service、Google VertexAIなど、クラウドコンピューティング+AIに関わるビジネスの可能性を追求している。
ホームページ：https://www.sateraito.jp

●本書についての最新情報、訂正、重要なお知らせについては下記Webページを開き、書名もしくはISBNで検索してください。ISBNで検索する際は-(ハイフン)を抜いて入力してください。

https://bookplus.nikkei.com/catalog/

●本書に掲載した内容についてのお問い合わせは、下記Webページのお問い合わせフォームからお送りください。電話およびファクシミリによるご質問には一切応じておりません。なお、本書の範囲を超えるご質問にはお答えできませんので、あらかじめご了承ください。ご質問の内容によっては、回答に日数を要する場合があります。

https://nkbp.jp/booksQA

誰でもできる！ LINE WORKS導入ガイド　第3版

2017年7月31日　初版第1刷発行
2024年3月18日　第3版第1刷発行

著　者	井上 健語、池田 利夫
監　修	株式会社サテライトオフィス
発 行 者	中川 ヒロミ
編　集	田部井 久
発　行	株式会社日経BP 東京都港区虎ノ門4-3-12　〒105-8308
発　売	株式会社日経BPマーケティング 東京都港区虎ノ門4-3-12　〒105-8308
装　丁	コミュニケーションアーツ株式会社
DTP制作	株式会社シンクス
印刷・製本	図書印刷株式会社

ISBN978-4-296-07082-4　Printed in Japan